高等院校新生入学教育推荐读本

迈进大学　奋斗青春

陈　静　陈家宇　主编

人民日报出版社

北　京

图书在版编目(CIP)数据

　　迈进大学　奋斗青春／陈静，陈家宇主编.—北京：
人民日报出版社，2020.9
　　ISBN 978－7－5115－6546－4

　　Ⅰ.①迈…　Ⅱ.①陈…②陈…　Ⅲ.①大学生—入学
教育　Ⅳ.①G645.5

　　中国版本图书馆 CIP 数据核字(2020)第 174359 号

书　　　名:迈进大学　奋斗青春
　　　　　　MAIJINDAXUEFENDOUQINGCHUN
主　　　编:陈　静　陈家宇
出 版 人:刘华新
责任编辑:梁雪云
封面设计:博林文化 Bolinwenhua
出版发行:人民日报出版社
社　　　址:北京金台西路 2 号
邮政编码:100733
发行热线:(010)65369509　65369512　65363531　65363528
邮购热线:(010)65369530　65363527
编辑热线:(010)65369511
网　　　址:www.peopledailypress.com
经　　　销:新华书店
印　　　刷:河南理想印刷有限公司
开　　　本:787mm×1092mm　1/16
字　　　数:190 千字
印　　　张:12.75
版次印次:2020 年 9 月第 1 版　　2020 年 9 月第 1 次印刷
书　　　号:ISBN 978－7－5115－6546－4
定　　　价:42.00 元

亲爱的大学新生朋友们，欢迎进入大学学习、生活，请接受我们由衷的祝贺和真诚的欢迎！习近平总书记在北京大学师生代表座谈会上强调：大学是立德树人、培养人才的地方，是青年人学习知识、增长才干、放飞梦想的地方。青年与大学是一次美好的遇见，这次遇见也意味着又一段新的成长征程的开启。在这段美好的生命时光里，我们将与美丽青春做伴，以人生理想引路，用激情、汗水去演绎最美好的青春，成就一个独一无二的自己。在这里机会与挑战并存，成功与失败同在；在这里可以拥有很多，同样也可能失去不少……欲将善其终，必先固其始，这场遇见也不例外。要想在这场遇见中欣赏到最美的风景，我们需要有一个良好的开局，这意味着我们在迈进大学校门之时，甚至在迈进大学校门之前就应该了解高等教育和大学生活特点，熟悉所学专业及其发展趋势，以便快速实现角色转变，适应大学生活。

为帮助大学新生快速适应大学生活，高校会依据高等教育的特点和规律，遵照国家教育方针、学校的培养目标和大学生身心发展规律，在新生入学之初，针对生活、学习、思想、心理等方面，有目的、有计划、有组织地实施一系列入学教育活动。

入学教育是提高人才培养质量的基础性工作，对同学们的整个大学生涯具有指导作用，直接影响同学们的成长与发展。入学教育既承担着解决同学们如何有效适应大学生活的显性功能，也承担着促进同学们身心发展、塑造健全人格的隐性功能；既承担着引导同学们树立正确"三观"的宏观功能，也承担着疏导、调节同学们具体问题的微观功能。

编写组根据应用型高校的人才培养目标、教育教学规律，深入研究应用型高校入学教育的基本规律、基本原则、内涵特点以及教学内容和实施方案，总结多年的入学教育实践经验，结合当前"00后"大学新生的心理特征、行为特点、认知方式，编写了这本入学教育辅导读本，旨在引导帮助同学们正确认识大学，适应并融入大学生活，实现角色转变，树立远大目标，为顺利完成大学学业奠定坚实的基础。

本书以"认识大学　规划学业生涯""转变角色　适应大学生活""坚定信仰　书写奋斗青春""调试方法　学会主动学习""学会相处　构建和谐人际关系""管理时间　提升生活品质""主动选择　驾驭校园生活""面向阳光　关注心理健康"八个话题为基本框架，运用信息化技术，针对一些具体话题，以郑州财经学院为例加入了可视化数字素材，同学们可以通过扫描相应位置的二维码读取相关内容。全书内容丰富翔实，结构系统严谨，表述通俗简练，既可作为刚迈入大学校门的新同学的辅导读本，又可以作为高校辅导员等一线学生教育管理工作者的参考资料。

本书主编为陈静、陈家宇，参编者有陈静（第一章和第二章）、吕洛乐、王文君（第三章）、陈家宇（第四章和第六章）、吕婧（第五章和第七章）、石英华（第八章），陈志强、周二涛、张继栋参与了本书内容的设计规划、章节体系的研讨论证以及文稿的校对整理工作，全书由陈静、陈家宇统筹、审定。

由于学识水平有限，加之时间仓促，尽管竭力为之，但书中难免有不足、不妥之处，恳请专家、同行和读者给予批评和指正。本书在编写的过程中参考了大量相关著作、教材等，在此谨向所有参考文献的作者表示诚挚的谢意！

编　者
2020 年 6 月

目录
Contents

第一章
认识大学　规划学业生涯

　　十年寒窗苦读，亲历高考洗礼，再加两个月的等待煎熬，终于，我们开始了期待已久的大学旅程。如果说，人的生命历程就是一次一次相遇的叠加，那么，大学无疑是一次重要的相遇。放眼一生，这无疑是一个承前启后的重要节点，也是一个继往开来的全新起点。

　　征程伊始，你心情如何？是激动新奇，是茫然无措，还是有点恐慌呢？你做好心理准备了吗？你了解这将是一段什么样的旅程吗？你希望这段旅程最终将你带到何方呢？你又想在这段旅程中收获什么样的风景呢？

　　现在，让我们从这里出发，携手同行！

第一节　端正态度，认识大学

　　在迈入大学之初，同学们应该对"什么是大学"有一个基本的认识，对"为什么要读大学"有一个基本的思考，这样才能帮助自己更快地适应大学生活，更好地度过大学生涯。

一、大学是什么

　　1810年，威廉·冯·洪堡建立柏林大学，将研究和教学结合起来，并确立了大学自治和学术自由的原则，开启了现代意义上的大学发展历程。

　　在教育实践中，不同的教育理念和角度使人们对大学产生了不同的理解。德国当代教育思想家雅斯贝尔斯说："大学是研究和传授科学的殿堂，是

阅读随感

教育新人成长的世界,是个体之间富有生命的交往,是学术勃发的世界。"历史学家哈罗德·珀金从历史的角度判断:大学是人类社会的动力站。曾任牛津大学校长的卢卡斯认为:具有创新思维能力的人是推动未来发展和繁荣的源泉,大学就是一个培育这种人才的场所。曾任哈佛大学校长的陆登庭认为:大学的使命是发现和创造新知识并为探索者提供探寻真理的氛围。

在基本专业或通识教育上,哈佛大学教授亨利罗索夫斯基根据对大学教育目标的理解给出了下列标准:必须能够清晰而明白地书写;对认识和理解宇宙、社会以及我们自身的方法具有一种判断鉴别的能力;不应该是一个狭隘无知的人,能够用开阔的目光看待自己的生活经历;懂得思考伦理学与道德的问题;在某些知识领域拥有较高的成就。五项标准涵盖且透析了大学教育的目的、理念,即将学生作为独立的人来对待,激发求知欲,培养开拓进取精神,承担社会国家责任。

怀特海在《大学及其功能》中说:"大学是实施教育的机构,也是进行研究的机构。但大学之所以存在,主要原因并不仅在于向学生们传播知识,也不仅在于向教师们提供研究的机会。大学存在的理由在于,它联合青年人和老年人共同对学问进行富有想象的研究,以保持知识和火热的生活之间的联系。"由此可知,大学承担了对人类文明的承继、对未知领域的求索和对人的培养。三者构成了一个整体,缺一不可。简而言之,大学负有教育教学、科学研究、社会服务的职责。

我国著名教育家、曾任北京大学校长的蔡元培先生认为:"大学者,'囊括大典,网罗众家'之学府也""大学者,研究高深学问者也"。他提倡学术研究,主张以美育代宗教,对新旧思想兼容并包。著名科学家、曾任浙江大学校长的竺可桢教授认为:"大学是社会之光,不应随波逐流。"两位教育界泰斗分别从不同的角度给了大学绝好的诠释。蔡元培先生从大学的学术角度切入,认为大学是学术自由、教学自由、学习自由的中心;而竺可桢教授则从道德的角度切入,认为大学是高尚情操和独立自由精神的发源地,应恒久保持其既有的道德标准,指引世人,教化众生。

大学开展专业教育、培养高级专门人才的基本功能为大学生提供了一个学习成长、定向发展的机会。与初等教育和中等教育以普及人的基础知识、训练人的基本技能不同,大学针对特定行业和岗位需求开展专业教育,将一个具备基础知识和技能的人培养成一个具备专业基础知识、掌握岗位基本技能的准人才。社会发展离不开人才，而人的成长更离不开学习和教育。大学所提供的严格、系统的专业教育既能帮助个人积累知识、锻炼能力，又能训练思维、拓展智慧；既能强化素质、铸炼人格，又能发展个性，提高精神境界，为终身教育和今后的工作奠定坚实的基础。

现代大学是一个学术团体，是一个承担人才培养、科学研究、社会服务、文化传承等多种功能的社会组织，是传播人类文明和科学知识并推动科技进步、文化创新的机构。我们这里所说的大学泛指在完成中等教育基础上开展专业教育、培养高级专门人才、直接服务社会需求的高等学校。大学在现代已经逐渐发展成高等教育系统，由各种类型的高校组成，不同类型的高校社会职能与社会定位、人才培养目标、对学生的要求、教育教学模式各不相同。

二、正视应用型高等教育

2017 年，教育部《关于"十三五"时期高等学校设置工作的意见》将我国高等教育的人才培养定位为基础，分为研究型、应用型和职业技能型三类。研究型和职业技能型高等教育已为大家所熟知。这里特别提醒我们广大新同学要正视应用型高等教育。应用型高等教育是围绕行业产业需求与地方支柱产业、战略新兴产业发展和社会发展需要，培养适合生产第一线或施工现场的实用型、应用型的高级专门人才的教育，主要以应用型本科教育为主。

1. 应用型高等教育的产生

随着技术革新的加速和人工智能的深化，社会对应用型和实用型人才的需求不断增加和细化，这就要求高等教育不仅要培养具有科研能力的学术人才，还要为工农业生产发展培养应用型科技人才和基层工作人员。此外，经济的发展也使得广大民众有能力也有需求接受高等教育。这些因素促使高等教育开始关注大众的教育需求和生产一线的人才需要，把应用型课程逐步引入大学课堂，以培养应用型、职业型专门人才来满足更广泛的社会需求，"直接为社会服务"成为大学的另一个功能。大学功能的分化促使大学类型也逐渐多样化，一种新类型的大学诞生了，这种大学兼有普通高等教育和职业教育的特点，即在人才培养上，一方面要培养高级专门人才，另一方面又要突出职业能力的培养。我们把这种大学称为应用型高等教育，其培养的是满

阅读随感

足社会、经济现实和未来发展趋向需求的直接服务于生产、建设、管理、服务第一线的高素质应用型专门人才，是主要从事成熟理论与技术的应用和操作的高级技术和管理人员。

2. 应用型高等教育的特征

第一，应用型高等教育以为地方支柱产业或行业经济发展服务为宗旨，而研究型高等教育则要承担国家经济发展所必需的尖端技术的研究和开发任务。第二，应用型高等教育以应用型人才培养为目标。与研究型高等教育培养的学术人才相比，应用型高等教育培养的是要直接为生产、生活服务的一线应用型人才。其应用型集中体现在两方面：一是学术、技术和职业三者相结合，二是重视学生的社会适应能力和工作能力。第三，应用型高等教育专业设置以新兴专业或新的专业培养方向为主体。应用型高等教育与经济生产第一线和地方大众生活紧密联系并直接为之服务。因此，它的专业设置应以社会经济发展需要的新兴专业和新的专业培养方向为主体，主要培养工程应用型、技术应用型、服务应用型、职业应用型、复合应用型等专业应用型人才。第四，应用型高等教育以构建应用型学科体系，进行应用型科学研究作为学科建设的指导思想。第五，课程体系设计强调学科和应用两个方面，对应的课程模式分为三个平台：学科基础课程平台、应用能力平台、基本素质课程平台。每个平台都包括理论课程和实践课程，三个平台的课程都贯穿于本科四年，学科基础课程平台和基本素质课程平台的课程逐年减少，应用能力平台的课程逐年增加。第六，教学方法是学科型教学方法与应用型教学方法相结合。应用型教育认为，学科不仅是专业的基础，也是专业的背景，学科基础课程体系和应用能力课程体系可以同步进行，学生应在学习和实践过程中掌握理论、训练技术。因此，应用型高等教育的教育教学过程把研究型教育和应用型教育两种教学理念结合起来，构建应用型教育的教学模式。第七，师资队伍具备较强的实践应用能力。应用型高等教育培养的是应用型人才，所以师资队伍不仅要具备较高的学术水平，同时还要有丰富的实践经验和较强的应用能力。第八，"产学研结合"是实现应用型人才培养的根本途径。应用型高等教育培养的是面向生产一线的应用型人才，因此建立产学合作的机制是保证其健康和可持续发展的关键。

3. 正视应用型高等教育

随着社会经济的不断发展和高等教育的大众化，应用型高等教育的兴起

阅读随感

是高等教育发展的必然结果。

教育源于劳动,教育是为传授生产劳动经验和社会生活经验而产生的一种社会活动。应用型教育与研究型教育的区别不是层次的差别,它们是两种不同类型的教育。应用型高等教育以工作过程为导向,以职业能力为本位,以培养高素质、高技术的应用型人才为目标,根据行业需要开设专业,根据岗位要求构建课程,根据工作过程组织教学,实行产学结合、工学交替、手脑并用、订单式培养,是适应教育发展要求的一种有效模式。

中国特色社会主义进入新时代,应用型高等教育在人才培养和教育供给中发挥着越来越重要的作用。它是促进经济、社会发展和劳动就业的重要途径,是现代教育的重要组成部分,是工业化和社会化、现代化的重要支柱。大力发展应用型高等教育是推进社会主义现代化建设的迫切需要,也是完善现代国民教育体系的必然要求。

三、审视大学的意义

1. 为什么上大学

行为学上有一个非常重要的理念:一个人不可能持续不断地做好他自己不知道为什么要做的事情。对于刚刚迈进校门的我们来说,弄明白"为什么来上大学"对开启大学旅程并走好这段年轻美好的青春时光确实具有非凡的价值和意义。不知道此刻的你对这个问题是否已经有了答案呢?你的答案是什么呢?

这个问题的答案本来应该是十分清晰、明确且个性化的,但现实中,却有一些同学对这个问题很茫然。因此,我们有必要对"为什么上大学"这个问题讨论一番。

2. 上大学是为了满足人的发展需求

马斯洛需求层次理论从一个角度为我们论证了人的发展需求。对我们而言,我们之所以主动选择读大学,也是因为我们有相应的需求。当然这个需求是动态的,它既要满足当下的需求,也要为实现未来的需求积累能量。上大学可以让我们在学习生活中掌握知识、训练能力,并寻找、发现内心渴求的"自我",为未来在自食其力满足生理、安全需求的基础上,构建和谐的人际环境,赢得社会的尊重,并更加有效地实现自我甚至超越自我而积累资本。

阅读随感

从前面对大学概念的解析中我们不难看到,大学教育就是帮助学生在"读书明理"的过程中提升修养、磨砺品质、增长智慧,进而培养独立人格,成为一个完整而健康的社会个体。

3. 大学的本质任务是培养健全的人

大学应该是塑造既能"脚踏实地"又会"仰望星空"的人的地方。大学教育对于人的世界观、价值观、人生观的形成以及理解生命的意义和人的社会价值具有极其重要的作用。大学校园里培养出来的人,应该拥有独立人格和自由思想,有专长、有抱负、有襟怀。这里借用英国教育家约翰·亨利·纽曼《大学教育的目的》中的生动描述来解析大学教育的目的:如果一定要赋予大学教育一个切实的目的,我的主张是培养优秀的社会公民。大学教育是一条通向伟大而平凡的目标的伟大而平凡的途径。大学教育旨在提高社会的知识氛围,培养国民的公德心,净化国民的情趣,为浮躁的公众提供真正的公理,为公众的理想提供确定的目的,扩大时代的思想库,并注入冷静的思考,促使政治权力的行使,提高人际交流的质量。他还说:大学教育教会人们如何适应他人,如何设身处地地为他人着想,如何把自己的想法转达给他人,如何相互理解、相互包容。与任何群体的人相处,他都融洽自然;与任何人相交,他都有共同之处。他明白何时该说话,何时该沉默;他善于交谈,也善于倾听;当自己没有什么可述说的时候,他能够中肯地提出问题,并适时地接受教育。

曾任哈佛大学校长的陆登庭强调人文学习和基础研究的重要性。他说:由于高等教育资源配置非常昂贵,因此有一种日渐增加的压力,要求大学教育和研究有直接的、实质性的经济效益。然而大学教育具有无法用经济效益衡量的更重要的方面是,它不仅有助于我们在专业领域更具创造性,还使我们变得更善于深思熟虑,更有追求,更有理想,更有洞察力,成为更完美、更成功的人。陆登庭认为,基础研究是指一种并未考虑其实际应用性,而源于一种深入探索自然和人类的科学研究。21世纪许多具有实际意义的科学发现之所以实现,是因为学者们不是出于追求发明创造的实用性,而是基于对自然界知识的探索。

大学所提供的智能、理性和思考的互动环境是其他教育形式无法替代的。复旦大学前校长杨福家曾指出:传播知识在新世纪到来时变得不太重

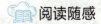

要,重要的是让学生学会如何做人,如何思考。如今,知识和信息可以从网上或其他方便的途径中获得,但大学以直接的人与人——知识分子、大学生之间交往,形成具有活力的文化交流。这不仅是互联网不能取代的,而且它还会成为互联网所依赖的文化中心。他还说,社会生活固然会教人如何做人,但现代社会精英不能以世俗标准来衡量和支配自己的为人方式。必须要有大学——与历史文化、与世界文明、与未来命运相联系的最高学府——这是日常生活的训练不可替代的。

第二节 接纳学校,放飞梦想

从入学的第一天起,我们崭新的大学生活就拉开了序幕。一切都是新的,新同学、新老师、新环境。面对全新的学习生活环境,除了好奇与兴奋之外,也许还会有茫然和失落,你是否意识到你首要的任务是尽快适应大学生活,尽快进入大学生角色呢?你面对一个新的转折点,一个新的起跑线,是否能成为一个敏捷的起跑者呢?你是否有了一个新的精神面貌,一个新的人生目标,一个新的成长规划呢?开启美好的大学之旅,当从了解学校、接纳学校开始。

一、了解环境,认识你的学校

大学是人生中一个重要的转折点,我们将在这里度过最绚烂的青春时光。在踏进校门之初对学校做一个全面、深入的了解和认识,既是为适应新的学习生活环境所做的基础工作,也是为我们的未来发展所做的功课。了解学校我们可以从以下几方面入手。

1. 了解学校的环境与设施

了解学校的基本环境和配套设施是愉快生活、有效学习的基础。

第一,了解餐厅、饮水点等就餐环境。吃饭、饮水是最基本的生活问题,我们应该详细地了解学校餐厅的分布情况,各餐厅的基本特点,各窗口的饭菜类型、口味特点、价格等基本信息,尽快找到适合自己的就餐地点,以尽量减少饮食不习惯、水土不服等问题带来的困扰。

阅读随感

第二，了解学校的基本生活配套设施。在分清方向、辨别方位、熟悉校园主要路段和基本布局的基础上，要尽快熟悉学校的商业街、医务室等基本生活配套设施的位置和相关情况，知道在什么地方可以买到生活用品，在什么地方可以买到学习文具，什么地方可以看病就医，以解决基本的日常生活问题。

第三，了解宿舍环境。紧张有序地办完入学手续，与前来陪送的家长告别之后，就真正开始了自己的大学生活。而适应宿舍生活是适应大学生活的起点，同时宿舍也是大学最重要的生活场所，可以说宿舍就是我们未来三四年的"家"了。我们要首先熟悉"新家"的内外环境，记清楼号、房间号，保证能找到"回家"的路。其次，我们要了解宿舍中水电、卫生、安全、封楼落锁时间等基本管理规定，以便规划管理自己的生活。

校园剪影

第四，了解学校的教育教学配套设施。有些同学在第一个学期的期末考试中找不到考场，究其原因是一个学期过去了还没有弄明白学校有几栋教学楼。大学里上课、实验、各种校园活动都不会固定在一个地方，总在不断地变换、调整。我们应该尽快弄清楚学校的教育教学设施的分布情况，记清楚每栋楼的名称、功能，以便知道理论课在什么地方上，实验在什么地方做。这里特别强调要对图书馆做全面、深入的了解，作为大学的心脏，这里将是我们最重要的学习场所之一，我们不仅要知道图书馆在哪里，更要弄清楚图书馆的书库分布、借阅手续管理规定等问题。当然，大部分高校针对新生都安排有系统的入馆教育，帮助我们尽快熟悉图书馆。

高校简介案例：
郑州财经学院

第五，了解学校的周边环境和配套生活设施。除了解学校内部的信息外，我们还要对学校的周边情况做基本的了解，弄清楚最近的银行、超市、医院在什么地方，学校附近有哪几路公交车、都通往哪里，以备不时之需。

2. 了解学校的管理机制和制度

普通高校学
生管理规定

没有规矩不成方圆，每个学校都有自己的制度体系。这里所说的管理机制和制度主要是指与学生相关的学生管理制度和教学管理制度。这是未来三四年我们必须遵守的"游戏规则"，是"游戏"进行下去的前提，我们要想继续"大学"这个"游戏"就必须熟知这些规则。对学籍管理、违纪处分管理规定、综合素质测评量化管理办法、国家助学贷款实施办法、奖助学金管理办法、宿舍管理规定、考试管理规定等各种与自身紧密相关的各项规章制度进行深入学习，这既可有效维护自身权益，也能够规范自我言行。每个学校的规章制度所涉及的内容和侧重点都不尽相同，但多数学校都会安排统一学习，切不可以为这些都与自己无关，视而不见，听而不闻，甚至排斥，都很有可能犯下一些无心之过。

阅读随感
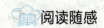

3. 了解学校的精神内涵和文化理念

我们不仅要了解学校的外在环境、硬件设施，还要深入理解学校的精神内涵和文化理念。这是我们全面深入地认识学校，增强对学校认同感的基础。

案例：高校文化理念

首先，主动了解学校的发展历史，了解学校建校以来所取得的成绩和荣誉，不管是百年老校还是新兴院校，都有其成长历程，这一历程折射了学校的办学定位和基本特点；了解学校的建设现状，学校当前的办学规模、重点专业等一系列的问题；了解学校未来的发展规划，知道学校未来的发展方向。

其次，了解学校的优势和特色。每一所高校在其建设、发展过程中都会逐步形成自身的优势和特色，或者是在科学研究领域的专长与突破，或者是在教育教学方式方法上的创新与改进，或者是在学生管理与素质培养模式上的经验积累，这是学校内涵与文化的重要体现，都与我们的成长息息相关，值得深入了解。

最后，认识学校的办学理念和精神内涵。办学理念是高校治学育人的出发点，是学校办学治校价值观的集中体现，是对"办什么样的学校"和"怎样办好学校"的深入思考。认识学校的文化内涵是融入学校的基础。我们要从学校的办学宗旨、办学目标、办学原则、办学策略、校训校规、学风校风、教育理念、育人取向、培养目标、育人途径、校园文化等多方面去深入认识学校的办学理念和精神内涵。

4. 认识学校的"大师"

所谓"大学者，大师也"，学者、老师是大学最重要的资源之一。进入大学结识几位"大师"则可受益匪浅。当然，这里所说的"大师"也并非一定是某领域中的学术专家，只要是自己认同、喜欢，能够在他那里学习成长受益即可。所谓"读万卷书不如行万里路，行万里路不如阅人无数，阅人无数不如名师点悟"，在入学之初能够有人帮你破疑解惑不仅是成长的一大幸事，也是增加对学校的认同感、归属感的有效途径。

阅读随感

5. 初步认识学校的途径

了解环境才能融入环境,我们应该积极开拓各种途径来加强、加速自己对新校园的了解和认识,常用的途径包含以下几方面。

(1)主动探索。对新的环境的感知和认识是无法通过教材和他人经验来完成的,需要我们主动走出去,亲自去体验感受。例如,有人告诉你学校餐厅某个窗口的饭很好吃,但是到底好不好吃、有多好吃只能自己去吃过之后才能得出对你而言有价值的结论。办理完入学手续、安顿好住宿之后不要空等着学校的安排,应该主动在校园里转转,并有意识地收集相关信息,形成对学校概况的初步了解。在接下来的一段时间里也要主动地、有意识地强化对学校各方面的了解和认识。

(2)咨询学长。在新生报到期间,每个学校都会安排高年级的学长协助接待,他们在校园中生活了一年,甚至更长时间,对校园已经十分熟悉。报到之初就可以向他们了解学校的相关情况,而经过自己一段时间的探索之后,可能会有一些疑问,还可以面对面地咨询他们来获得解答。学长是一种资源,善待之,善用之。

(3)认真参与入学教育。各高校基本上都安排有系统的新生入学教育,这是特别为帮助我们大学新生更快、更好地适应大学生活而准备的,其中蕴含很多重要信息。我们要高度重视,认真参与,自可从中受益良多。

二、调整心态,接纳我们的大学

随着对学校的认识不断增多,一方面我们渐渐融入新的生活环境,适应新的生活,另一方面,你可能会发现,原来大学也有一些不尽如人意的地方存在。这个时候,笔者想告诉的是:学会接纳我们的大学是驾驭大学生活的基础与关键。

对现实的不满意是人们追求理想的正常表现,调查显示,即使是进入一流学府的学生也存在对学校不满意的现象。追求完美是好的,但不能苛求现实。只有接纳我们的学校,才能够与学校一同成长。

有一位老鞋匠,在进入城镇所必经的道路上修补鞋子已经四十年。有一天一位年轻人经过,正要进入这城,看到老鞋匠低着头修补鞋子,他问老鞋匠:"老先生,请问你是不是住在这个城里?"老鞋匠缓缓抬起头,看年轻人一眼,回答说:"是的,我在这里已经住了快40年了。"年轻人又问:"那么你对这个城镇一定很了解。因为工作的关系,我要搬到这里,这是一个怎样的城镇?"老鞋匠看着这个年轻人,反问他:"你从哪里来,你们那儿的民情风俗又怎么样?"年轻人回答:"我从某地来,我们那里的人哪!别提了!那些人都只会做表面功夫,表面上好像对你很好,私底下却钩心斗角,没有一个人会真正地对你好,在我们那里,你必须很小心才能活得很好,所以我才不想住在那里,想搬到你们这儿来。"老鞋匠默默地看了这个年轻人一眼,然后回答他说:"我们这里的人比你们那里更坏!"这个年轻人哑然离开。

过了一阵子,又有一个年轻人来到老鞋匠面前,也问他:"老先生,请问你是不是住在这个城镇?"老鞋匠缓缓抬起头,望了这个年轻人一眼,回答他:"是的,我在这里已经住了快四十年了。"这个年轻人又问:"请问这里的人都怎么样呢?"老鞋匠反问:"你从哪里来,你们那儿的民情风俗又怎么样?"年轻人回答:"我是从某地来,那里的人真的都很好,人们彼此关心,每个人都急公好义,不管你有什么困难,只要邻居、周遭的人晓得,他们就会很热心地来帮助你,我实在舍不得离开,可是因为工作的关系,不得不搬到这里。"老鞋匠注视着这个年轻人,绽开温暖的笑容,告诉他:"你放心,我们这里每一个人都像你那个城镇的人一样,他们心里都充满了温暖,很热心地想要帮助别人。"

同样的一个城镇、同样的一群人,这位老鞋匠却对两位年轻人做了不同的形容与描述。聪明的你一定已经知道:第一位年轻人无论到世界的哪一个角落,都可能碰到冰冷的面孔;而第二位年轻人,无论到天涯海角,都会有温馨的笑容等待他。我想你一定有这样的经验:当你满心欢喜时,看到的世界是美好的,到处都是光明的,每一个人都是可爱的。可是当你遇到挫败时,同样的人、同样的事、同样的物可能会变得无法让你忍受!其实世界仍是相同的,只是因为你内在的感觉不同,才看到了不同的世界。

站在大学生活的起点上,我们不仅要认识学校的外在环境,更要充分认识到大学对于成长的重要意义,真诚地接纳我们的学校,全身心投入即将开始的大学生活,我们相信:今天播种真诚,明天收获美好!

三、继往开来,放飞青春的梦想

1. 高考是人生最值得珍藏的经历

对于即将迈进或者已经迈进大学校园的我们来说,高考已经安然落幕。

阅读随感

虽然高考即将成为我们的记忆,不管我们考得如何,成绩是否令自己满意,在迈进大学校门之际,我们要明白:高中三年是夯实基础知识的三年,是磨炼意志心性的三年,那段日子所经历的一切都值得我们一生珍藏。

恭喜你顺利走过了这一段艰辛的旅程,收获了这一路的成长和蜕变。这里,想对各位新同学说:请你善待这份经历,并用心珍藏,它将成为你一生的财富。

高考对我们而言具有非凡的价值和意义,不仅仅是一个分数、一张录取通知书,还有很多其他的价值和意义。高中阶段的学习是基础知识的全面积累过程,高中三年对科学知识的学习训练了我们尝试探索不同的学习方法,运用分析、归纳等不同的思维解决具体问题的能力。

或许有人说这些知识有很多在不久的将来会被忘记,但忘记并不意味着对我们的成长没有价值和意义,就如人喝水,水经过身体的循环之后最终被排出体外,但我们能说喝水没有意义吗? 另外,忘记是因为"储存"不当,不能将其归因于知识积累的过程。

高中是磨炼个性意志的成长特训营。我们大多是在物质条件相对丰富的环境下成长起来的,备受呵护与关爱,少有逆境与磨炼。一路走来,唯有在面对高考这件事情上,家长不会妥协、自己不敢放松,也正是这样的氛围给了我们一次集中特训的机会。

请认真品味一下高考这一路所经历到的,所体会到的,所感悟到的以及所付出的。这其中不只有汗水和泪水,还有快乐、充实和为了理想付出努力的畅快淋漓。不久的将来,你就会发现,在这段时光里,我们学会了在巨大的压力中自我激励,学会了面对目标时执着与坚守,学会了追寻梦想的责任与担当;也是在这个过程中我们感受到了付出的充实,品读到了收获的喜悦,体验到了挫败的伤感,感悟到了生活的真谛。

随着高考渐行渐远,你会慢慢发现,高考的价值和意义远不止这些。当然,其对每个人而言有着各不相同的内涵和故事,留我们在岁月的河流中静静品读。

2. 继往开来——写出自己的精彩

为什么读大学? 怎么样读大学? 大学读什么? 也许没有人能够给出一个让所有人都心满意足的答案。但可以肯定的是:大学,对于每个人而言都是一种独特的、不可替代的经历。

不知有多少同学在大学即将结束的时候会感叹：曾经美好的大学生活摆在我面前，但我没有珍惜……每个人都只有一次大学经历，这是我们人一生中最为关键的阶段，我们务必珍惜。正如李开复所说：进入大学是你终于放下高考的重担，第一次开始追逐自己的理想、兴趣。这是你离开家庭生活，第一次独立参与团体和社会生活。这是你不再单纯地学习或背诵书本上的理论知识，第一次有机会在学习理论的同时亲身实践。这是你第一次不再由父母安排生活和学习中的一切，而是有足够的自由处置生活和学习中遇到的各类问题，支配所有属于自己的时间。这是你一生中最后一次有机会系统性地接受教育。这是你最后一次能够全心建立你的知识基础。这可能是你最后一次可以将大段时间用于学习的人生阶段，也可能是最后一次拥有较高的可塑性、集中精力充实自我的成长历程。这也许是你最后一次能在相对宽容的、可以置身其中学习为人处世之道的理想环境。在这个阶段，我们都应当认真把握每一个"第一次"，让它们成为未来人生道路的基石；在这个阶段我们也要珍惜每一个"最后一次"，不要让自己在不远的将来追悔莫及。真诚地希望每一个跨入大学校门的人都能真正明白大学能够为我们提供什么，我们需要什么，进而在大学里努力提升综合素质和专业能力，给自己的未来加注更多的"能源"。

第三节　深化职业意识，规划大学生涯

教育与学习本来是无功利性的，但大众化的教育不可回避的职责之一就是要教会学生如何生存，学生学习不可回避的目标之一就是要获得实现自我价值的能力与素养。当这两者在就业压力日趋增大的社会现实中相遇的时候，无意间迷惑了一些人，不仅有大学生，也包括部分家长。当我们带着父母的意志选择一个所谓社会热门但自己并不一定喜欢的专业跨进大学校门的时候，就已经为未来的发展种下了"病毒"。当然，这种病毒并不一定都会发作最终形成疾病，这就要求我们必须加强"体质锻炼"，对这种"病毒"产生抗体。具体而言，我们必须从入校之初就树立强烈的职业观，不断深化自己对

阅读随感

所学专业的认识,拓展自己对职业选择和职业发展的认知,在学习和实践中寻找并明确自己的职业生涯规划。

一、深化专业认知　强化职业意识

1.深化专业认知

这里所说的专业,简言之,就是高等教育培养学生的各个专门领域,是高等教育为满足社会分工的需要而进行的教育管理活动,也是高等教育区别于其他层次教育的特征之一。在人类文明的发展历程中,最早的生存方式萌芽了最初的专业雏形,如狩猎;以劳动工具为代表的先进技术开创了专业的先河,如铁匠、木匠等;以蒸汽机为代表的工业革命开启了现代工业的专业化分工,不断催生教育实践和工业、商业实践为某一特定人群的工作内容进行规划、设计、研究,推动了现代专业的发展;规模化的工业发展对人才的多方面需求促成了以专业化的培训、教育、人才培养为代表的现代化专业模式的形成;随着社会科学技术的高度迅猛发展,相应的专业也在高度发展中不断地分化与合并。

从教育的角度来看,专业是为学科承担人才培养职能而设置的;从社会的角度来看,专业是为了满足从事某类或某种社会职业的人必须接受相应的训练而设置的。因此,从人才培养供给与人才培养需求上看,专业是人才培养供给与需求的一个结合点。社会分工的需要作为一种外在刺激促成了专业的产生;学科知识的发展作为一种内在支撑促进了专业的完善。一个专业要完成培养人才的任务,首先要结合社会对人才的需求,同时依托与此专业相关的学科来组织课程体系,然后实施教学。从这个角度出发,我们可以认为,认识专业就需要深刻认识两个关键概念:社会需求与学科基础。

专业繁多,各有特点,难以详述,但每一个大学新生都应该树立深化专业认知的基本理念,并在今后的学习中不断深化对专业的理解认识。认识专业我们可以从以下几方面入手。

(1)这个专业学什么?首先我们要清楚这个专业的学科内涵是什么,培养目标是什么,学校教学的课程设置如何,在这个基础上梳理清楚这个专业所对应的知识结构体系。

(2)这个专业做什么?既然专业设置是为了满足社会需求而设置的,我

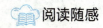
阅读随感

们选择学习这个专业就应该明白学好这个专业之后可以做什么,它所对应的社会职业都有哪些,具体的岗位有哪些,以初步明确未来可能的职业发展方向。

(3)这个专业怎么学? 每一个专业都是在成熟的学科之上发展形成的,而每个学科都有其内在的结构特点。这对学习者提出了不同的学习要求。在开始专业学习之前我们应该基本掌握这个专业对应学科的学习特点、规律要求。

2. 树立职业发展意识

20世纪以来,职业意识问题一直是国际人文社会学家讨论的热门话题,随着相关研究不断深入,逐步形成了基于职业发展理念并贯穿于学校教育和成长始终的职业生涯规划理念。

职业意识是自我意识在职业选择领域的表现,是在职业定向与选择过程中对自己现状的认识和对未来职业的期待与愿望,它在很大程度上影响了大学生的择业态度和择业方式。职业意识有广义与狭义之分。广义的职业意识,是一个随着求职而逐步形成的心理过程,并伴随着人的成长而逐渐发展;狭义的职业意识是指人们为追求职业发展而对职业发展过程和环节所做的思想和行为的准备。

大学生职业发展意识不仅是指大学生对未来职业发展过程所需要的专业知识、综合素质、职业能力的认识与反映,也包括大学生在提高综合素质和职业能力过程中发生作用的经验、想法、判断、想象、领悟等以及大学生对自己和他人在提升综合素质和职业能力的行为背后意义的深层省思。具体来说,大学生职业意识的内涵包括以下三个层面。

(1)认知层面,包括自我认知与职业认知。自我认知是指我们在接受高等教育过程中,对自身条件、素质、才能、职业兴趣、职业人格、职业能力等各方面情况的一种判断;职业认知是指我们对所学专业相关知识系统、目标职业所处行业的现状及前景、以目标职业的工作内容及未来发展的认识与看法。这是我们职业意识的基础层面。

(2)观念层面,即我们在提高综合素质和职业素养过程中所产生的观念。我们在学习实践过程中,对专业知识的掌握、道德品质的养成、综合能力的提升、职业素质的提高等方面都有自己的方式,方式的背后总是隐藏着许多经验、判断、想象、领悟等，这是我们在认知的基础上通过长期的同化与顺应升华而形成的。

（3）思维层面，即我们对自己和他人提升综合素质和职业素养的缘由、价值、成效等的分析、判断及评估。在学习和实践过程中，我们会以自己的知识和经验为依据，反思现存的职业知识体系、职业价值观念上存在的问题，并在对其批判和反思的基础上，构建自己的职业知识体系、职业价值观念及思维方式等。

3. 大学生职业意识的现状

因为基础教育阶段职业意识养成教育的匮乏，大学生职业意识呈现一定程度的缺失状态。例如，一些同学认同就业形势严峻的事实，但这种认同还仅停留在"知道"层面，面对严峻的就业形势仍深感无措；有些同学存在知行不一的情况，虽认同终身学习的重要性，但学习功利性较重、态度浮躁、应付考试，职业目标和学习动力不足。随着社会经济变革的加快和就业压力的增大，我们面对择业的各种困扰、挫折和冲突加剧，出现了不同程度的职业意识失当现象，主要表现在职业选择的功利性、随意性、从众性、依赖性等方面。另外，职业意识失当的一个重要表现就是对职业生涯的理解存在误区，择业、就业的能力不足。

4. 强化职业意识的意义

职业意识是伴随着人的成长而逐渐发展的心理过程。其形成与确立受诸多因素的影响，包括性别、心理特征、价值取向等个体因素，学历层次、所学专业等教育状况因素，社会变革与产业结构、社会评价、社会文化等社会环境因素以及生活方式、经济条件等家庭环境因素。大学生正处于职业准备和职业选择的重要阶段，职业意识对我们大学阶段的学习效果、未来的职业定位甚至人生的发展都会产生直接影响。我们应该在学习过程中有目的、有计划地通过各种途径做好择业、就业、职业发展的思想和行为的准备，树立正确的学习观、职业观，做好职业生涯规划，培养良好的职业品德和素养，从而形成充满希望和目标的生活态度。

正确合理的职业意识是实现大学生可持续发展的基础，也是作为社会个体实现其人生价值的保障。对于大学新生而言，正确合理的职业意识更是其正确认知大学，合理规划大学的内在驱动力之一，意义深远。首先，以人为本的理念追求的是人的自由全面发展，而职业意识首先为人的自我实现提供内在动力。其次,职业意识为个人实现高质量就业保驾护航。高质量的就业注重的是人的现实需求、生存需要与长远需求的一致性,并能最大限度地发挥人的潜能。这就需要我们在就业之前做好观念上的准备,即树立职业意识。最后,职业意识着眼于人的终身发展,科学的职业意识是终身发展的基础和指引,其影响将延伸到个人以后的职业生涯乃至整个生命历程。可以说,职业意识的内涵就是终身教育。

 阅读随感

5. 大学生职业意识的构成要素

一般认为,职业意识由职业价值观、职业定位、职业理想、职业风险意识和职业调适意识五个要素构成。

(1)职业价值观。职业价值观也叫工作价值观,是人们对待职业的一种信念和态度,或是人们在职业生活中表现出来的一种价值取向。人们在择业时的选择标准以及对具体职业的评价集中反映了他们的职业价值观。

(2)职业定位。职业定位是指对在未来的择业中将自己置于一种什么样的社会位置的思考,主要体现在对地域、职业以及择业标准的考虑,是对自身价值的定位,是大学生价值观在职业选择中的具体体现和运用。

(3)职业理想。职业理想是指人们对未来工作的部门、工作的种类及在工作上达到何种成就的向往和追求,反映了人们的目标追求和生活理想。合理的职业理想能够引导个体找到和社会的契合点,使个体职业与社会需要和谐统一,减少择业的盲目性。

(4)职业风险意识。任何职业都是有风险的,可能会出现一些不可预期的挑战甚至难以解决的矛盾。职业风险主要有职业生存风险、职业从众与跟风风险、职业岗位风险、跳槽风险和结构性失业风险五种类型。

(5)职业调适意识。人们的择业过程不可能都一帆风顺,难免会出现择业困难、就业后变动、基于发展需求的动态调整等。在这个过程中,我们需要面对各种挑战和新的抉择,这就要求我们不仅要具有百折不挠的精神和对自己负责的态度,还应该提前做好面对挑战的心理准备,树立对职业调适过程的正确认知。

6. 大学生职业意识的自我培养

大学生的职业意识不是自然生发的,而是通过大学阶段的学习和实践培养的,在这一培养过程中渐渐使自己的知识系统、能力系统、价值系统与未来

阅读随感

职业发展相适应。诚然,对于我们而言,职业意识的培养才刚刚起步,不必奢求立即形成科学的职业意识。这里的职业意识培养,更准确地说应该是树立培养职业意识的意识。具体实践中我们可以从以下几方面入手。

(1)主动加强对职业的认知和行业的了解。摆正自己的位置,客观、冷静地面对职场,认识社会,了解社会,积极主动地适应社会需要,在规划职业的同时,接纳社会对人才的要求,根据社会需要,注重综合素质培养,使专业学习更多地与社会接轨。

(2)增强专业学习的方向性与自觉性。加强知识管理,拓展学习内涵。大学的学习并不终结于对知识的掌握,还需要建构合理的知识结构,并不断地将所学的知识转化为职业技能,能够根据职业和社会发展的具体要求,将已有的知识科学地重组,形成合理的结构,并满足岗位应用的需要。在学好专业知识的同时,还应该突破专业限制,完成必要的通识积累,为长远发展夯实良好的知识体系,力争实现:既能很好地适应社会需要,又能充分体现个人特色;既能满足专业要求,又有良好人文素养;既能发挥群体优势,又能展现个人专长。

(3)自觉强化职业素养意识的培养。职业素养意识是大学生职业意识必不可少的素质支撑。大学期间不仅要重视智力素质的培养,更应该重视非智力素质的提高,既要学会如何"做事",又要学会如何"做人"。广泛意义上的职业素养不仅包含与之对应的专业知识和实践能力,还包括诚信意识、责任意识、合作与竞争意识、大局意识、社会意识、创新意识等综合素养。这是在职业发展中凌驾于专业能力之上的核心竞争力。

(4)要有敢于竞争的心理准备。强化竞争意识也是大学生职业意识的重要内容,一方面要在正确自我评价的基础上,充分相信自己的实力,敢于面对挑战,达到理想的目标;另一方面,必须从社会进步和深化改革的角度来加深对竞争机制的认识,正视发展需求,树立终身学习的成长理念。

(5)能正确面对挫折。挫折难免,勇敢面对,挫折是造就强者的必由之路,是锻炼意志、增强能力的好机会。顺境时脚踏实地,逆境中不卑不亢。正视人才市场竞争中可能遇到的挫折和困难,培养爱岗敬业、积极进取、敢于创新的精神。

(6)深化综合能力的培养,建立健全知识结构。职场中不仅要求人们具备扎实的专业知识和职业技能,还要具有综合运用知识的能力、对环境的适应能力、对文化的整合能力和实际操作能力等。故此,大学新生从入校之初就应该注重运用专业知识解决实际问题的实践能力、组织协调人物资源的领导管理能力、运用语言(书面语言、文字语言)进行交流沟通的表达能力、协调人际关系的团队合作能力、自我学习的能力等各项综合能力的培养。

(7)明确职业生涯规划,落实大学生涯规划。初步确定自己的职业生涯发展目标,并依据该目标制订自己大学期间的学习成长规划。也许这份规划在未来的发展中不是既定不变的,但启程前的准备无疑是非常必要而不可或缺的,它是"变"的坐标与参照。

(8)端正职业价值观,树立正确的职业理想。职业价值观是职业意识的核心成分,也是人的价值观的重要组成部分。树立正确的职业价值观不仅对就业意识的培养大有裨益,甚至对整个人生观都有重大意义。大学生应把选择职业的出发点定位在社会需求的现实之上,把个人理想与社会需要结合起来,将服务社会与实现自我结合起来。同时,还应深化对职业理想、职业道德、择业价值取向的认知,既有正确的职业理想,又有良好的职业道德;既有正确的成才意识,又有正确的成才途径;既追求个人的自我实现,又能在共赢中服务社会。

二、设计学业旅程 规划大学生涯

大学是职业生涯的萌芽阶段,在很大程度上决定了未来的人生走向。因此,制订大学生涯规划是当务之急,影响深远、意义重大。

1. 进行大学生涯规划的必要性

大学生涯规划就其内涵来看,是指大学生根据自身的天赋、兴趣及社会的需要,为实现自己的职业发展目标而制订的大学期间的学习、成长计划,是大学生自我管理的基础,对提升大学期间的成长效率具有重要的价值与意义。

(1)有利于突破人才"标准化",形成个性。在大学,如果依然严守学校的教学计划,跟随教师的指挥棒,按照学校和教师的要求去学习,那只能是"批量"生产下的"标准化"产品。我们应该根据个性特征和个人需求,制订个性化的发展规划,以便形成个性化的知识结构,构筑自己的竞争优势,以保证"出厂"时既符合专业标准又具有突出个性。

阅读随感

（2）有助于增强学习主动性，提高学习效率。调查发现，大学学习效果（这里所说的大学的学习效果不完全等同于学习成绩）较好者，大多数是做过一定规划的学生，如规划在大学阶段在什么时间考取什么样的证书、在学校的教学计划之外自学哪些课程、参加哪些课外活动、侧重锻炼自己哪方面的能力、假期如何安排、是否升本或考研等。科学地进行大学规划能使我们的学习目的更加明确，有了近期和远期的目标，就会增强学习、成才的主动性，从"要我学"转变为"我要学"，提高学习效率。

（3）大学生涯规划是职业生涯规划的基础。大学阶段是走向社会的缓冲期。大学生在走出校园之前，应该为参加社会工作做好准备。通过大学生涯规划，大学生能够更好地认清自我，发现自身优势，提高综合能力，根据自己的特点，结合社会实际需要，规划好自己的职业目标，即所谓"凡事预则立，不预则废"。所以，大学是职业准备和选择阶段，大学生涯规划正是职业生涯规划的前奏。

2. 大学生涯规划的步骤

（1）进行自我评估。自我评估是心理学中自我意识的一个方面，是指人对自身条件、素质、才能等各方面情况的一种判断。对自我的评估得当与否，将直接影响到大学生活中的学习效能、职业选择和事业奋斗中的自信心。自我评估包括自身的性格、兴趣、技能、特长、思维方式及目前已有的知识和能力水平等内容。自我评估既要客观也要结合他人评价。客观就是在进行自我评估时，实事求是不盲目夸大，也不妄自菲薄；他人评价就是周围的人（如父母、亲戚、朋友、同学等）对自己的意见。只有正确认识自我，才能给自己进行合理定位；反之，就会影响整个规划的制订和实施。我们可以通过性格测试、情绪测试、智力测试、技能测试、记忆力测试、创造能力测试、观察力测试等途径进一步认识自我。

自我评估就是收集和挖掘个人信息，进而分析这些个人信息对自我生涯规划的影响。显然，对自己的了解越全面、越准确、越深刻，制订的生涯规划就越合理，越可行。自我评估是进行大学生涯规划的前提和依据。具体评估途径可以从以下几方面入手。

人格类型测试：人格是个体所具有的独特而稳定的特征，这些特征决定了个体在适应环境时的行为模式。人格类型是指人格特征相似的一群人所具有的共同特征，具有共同特质的人就可称为某一种人格类型的人，认清人

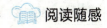

格类型可以有效辅助选择职业。较为著名的测试工具是基于瑞士著名心理学家、精神分析学家卡尔·古斯塔夫·荣格的心理学研究成果设计的 MBTI 职业性格测试。

智力测试:智力是一种最基本的能力,是心理能力的核心。智力测试的方法多种多样,目前使用最为广泛的两个智力测试量表是:韦克斯勒智力测试量表(WAIS)、瑞文标准推理测试。其中瑞文标准推理测试经常被企业用于人才的选拔和培训。

能力倾向测试:能力倾向是指具有掌握某种能力的潜力。例如,文字表达能力倾向是指现在还不具备驾驭文字的能力,但具有掌握它的潜力。能力倾向测试是为了判定一个人能力倾向的有无和程度,学生可以通过测试进行自身能力诊断,从而预测适合自己的职业,有针对性地进行培养。

上述相关测试均有专著论述,网络上也有免费的测试工具。我们可以购买相关图书或通过网络进行在线测试。

(2)进行环境分析。职业生涯规划中的环境分析就是对自己的家庭环境、所学的专业、社会对人才的需求等与未来就业相关的内外环境有一个系统、全面的认识。大学生涯规划的环境认知重在对学校的认识和了解。

(3)确定职业目标。职业选择是生涯规划的首要内容,也是生涯规划制订的前提,只有先进行职业的选择,才能够进行大学阶段的生涯规划和大学毕业后的职业生涯规划。首先,了解职业的分类。2015 版《中华人民共和国职业分类大典》的职业分类结构为 8 个大类、75 个中类、434 个小类、1481 个职业。其次,了解所学专业适用的职业范围或自己感兴趣的职业。了解这些职业的特点及人才需求标准。最后,根据自我评估和环境分析的结果,并结合各职业的具体要求,选择并确定自己的职业意向。

(4)制订大学生涯规划。有了前面的基础,就可以制订符合自身实际的大学规划了。规划要将总体目标细化成分步目标,制定每一学年、每一学期、每一个月要完成的任务,应在第一学期结束前完成大学生涯规划初案。大致而言,大学生涯可以分为三个阶段,即预备期、强化期、实现期。大学第一学年即为预备期,其核心任务是主动适应大学的生活、学习,加强对专业的认识、成长的规划,尽快实现角色转变、适应学习生活。第二、三学年即强化期,主要完成专业课程学习,夯实专业基础素养,拓展综合素质,并启动就业或升

阅读随感

学准备。第四学年(专科的第三学年)即实现期,主要是参加专业实习、进行求职、继续深造等。

(2)检查与调整。在每个阶段计划完成之后,要将完成情况和预计情况进行对比,在每个学期结束之际,要通过总结和反思全年的学习、生活,检验自己大学生涯规划的完成情况及效果,检查计划制定的有效性和可行性,并根据当时的条件进行必要的调整。这样才能及时发现问题,弥补不足,保证生涯规划更加合理。

【乐学善思】

1.迈进大学之后,你对大学的认识和之前相比有什么变化?

2.为什么要上大学呢? 对你而言,这个问题的具体答案是什么呢? 你希望在大学期间收获哪些成长?

【知行合一】

1.认真思考"我是谁"这一问题,为自己画一幅自画像。

2.结合所学的专业初步确立自己的职业意向,并结合职业意向制订一份大学生涯规划书。

第二章
转变角色　适应大学生活

大学新生初来乍到，面临着生活上的自理、管理上的自治、目标上的自我选择、学习上的自觉、思想上的自我教育等一系列问题，心理和思想将发生急剧变化。正如瑞士心理学家让·皮亚杰所说，智慧是一种适应形式，而适应依赖于有机体的同化与顺应两种机能的协调，是有机体与环境之间的一种平衡状态。从一名大学生到一名合格的大学生，其间总要有一个适应过程。我们要正确认识自我，实现角色的转变，尽快适应大学生活，顺利地完成从中学到大学的过渡，争取一个良好的开端，顺利通过入学适应阶段，为大学生活奠定良好的基础。

第一节　正视迈进大学后的感知失衡

大学，对我们而言是一个既熟悉又陌生的词，说熟悉，是因为她是我们多年来一直为之奋斗的目标和努力的方向；说陌生，是因为这个我们朝思暮想、为之忘我的地方，到底是什么样子的，也许我们谁也说不清楚。因为"爱之至真"，所以，"用情至深"；十载寒窗方得"一睹芳容"，此时此刻，当她来到我们的面前，当我们真正迈入其中的时候，内心是不是在欣喜中又突然有了一些莫名的不安与忐忑呢？有人说，带着什么样的心情启程，更多地决定了我们将看到什么样的风景。从中学到大学，开启了人生发展的一个新阶段，同样面临着生活上的自理、管理上的自治、学习上的自主、思想上的自觉、目标上的自立等新变化，有轻缓的，也有急剧的。在这个新阶段中，困难和矛盾将接踵而来。每个大学生都会经历一个从盲目到自觉、从被动到主动、从不适应

阅读随感

到适应的过程。

一、憧憬中的大学

"迈进大学 赢在起点"

为着大学不懈拼搏的人，大多都在脑海里曾经无数次地想象过大学的样子。当我们踏入校门的时候，有一条笔直的、很长很宽的马路，两边是古老而又高大的树木，能听见鸟叫虫鸣，阳光洒落在树叶上，透过缝隙零星地洒落在地面上；走在校园里，清风拂面，能闻到书香的味道；偌大的校园，到处充满着宁静的气息；道路两旁，长着浓浓郁郁的白桦树或者法国梧桐，路面铺着星星几片树叶，两三个人，抱着书，缓行漫谈，伴随着树叶吱吱的响声远去！还有，学校的一些小树林里，有着几个埋头看书的学生。远处，寂静的地方，也有着那么几对恋人，在那里私语……没有喧哗，没有热闹，有的只是宁静，安详的氛围，或许有时候太寂静了，调皮的小鸟会增添一点点响声，但是绝不会突兀，只有生动！

我们或许还会想象，自己来到大学里，平时安静地去上课，闲暇时间去自习室自习，看一些自己爱看的书；或者是去图书馆，徜徉在知识的海洋里；要不，就在球场上释放着年轻的活力；在学校里，加入一个自己喜欢的社团，做好自己的工作，平静地生活；有可能还会幻想自己在一个美丽的季节，在一个美丽的角落，邂逅一份美丽的爱情……一切都是那么美好。

二、迈进大学的失落

看完上面的画面，是不是感觉很诗情画意？和高中的日子相比，大学的生活是不是就像是在天堂？再没有做不完的作业，也没有老师在耳边唠叨的声音，随之而来的是大把大把供你自由支配的时间，你可以去做自己喜欢做的很多事情！可是，童话永远是童话，现实永远是现实！当我们真的看到大学校园的时候，可能会发现原来并不是我们想象中的样子，校园坐落在偏远的郊区，周围没有什么繁华的街道和建筑，校园里没有高大而又古老的树木，头顶火辣辣的太阳，一个人托着行李箱。初次离家，此时心里感到莫名的孤单。校园很大，却没有家的感觉。走在弯弯曲曲的校道上，看着一个个陌生的面孔和背影，心里早已不知道是什么滋味了。

这也许是大多数人开启大学生活的最初最真实的感受。这是真实的也是正常的。迈进新的环境,面对一个陌生、未知的世界,心理难免失去平衡,进而引发一些内心的矛盾冲突。在我们"得"以走进大学的同时,不少同学也有了一种若有所"失"的感觉,细探失之所在,主要表现在以下九方面。

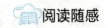

(1)失助。从被老师视为掌上明珠、家庭作为重点保护对象的中学时代到强调自我规范、自我约束、自我管理的大学生活,再也得不到过去习以为常的关心、帮助和爱护,特别是陪伴报到的家人走后,留下自己独自面对一个陌生的环境,无助之感便油然而生。

(2)失望。十年寒窗的期待,家庭及社会环境的烘托,大学被美化成"人间天堂",而真正步入"天堂"成为其中的"仙男""仙女"后,突然发现眼前的现实与梦中的理想存在较大的反差:校园未必处处绿树成荫、花团锦簇、幽静怡人;楼宇未必崭新宏伟,教室未必宽敞明亮;教师也并非都是理想中的满腹经纶、博学儒雅,课堂气氛也可能并不活跃;课外活动也可能缺乏活力和吸引力……诸多所见似乎都和曾经无数次梦想的大学校园相去甚远。所得到的和所梦寐的不匹配的时候难免失望。

(3)失群。天南地北的陌生人刚聚到一起,没了乡音乡情,多了怀疑眼神。加之生活方式不一、方言不同、性格不同;个体防范心理较多,交往能力不足;集体中看的人较多,说的、做的人较少;纵使是室友之间也不再像中学时那样的淳朴、亲密。随时互相关心、互相帮助、以诚相待、亲密无间的良好人际关系一时难以营造,寂寞、烦闷、孤独之感便相随而来,特别是生病时更感失群落孤。

(4)失意。中学时或许是班级甚至学校的佼佼者,或许是班级、学校的学生干部,或许在音乐、舞蹈、演讲、书法、绘画、文体、写作等方面有一技之长,可是进入大学生之后发现身边藏龙卧虎,根本凸显不了自己。过去的优势丧失之后竟找不到自己的位置了,心中难免因自卑而失意。

(5)失宠。辅导员难得见几次面,甚至没有和自己谈过一次话;教师上课时没了重点关注自己的目光,而且课后就不见了,往日那"讨厌的唠叨"再也没有了;更没有了父母一日三遍的嘘寒问暖;身边的同学也总是行色匆匆。众星捧月的环境不复存在,已经不再是往日集合百般宠爱于一身的"宠儿",甚至感觉自己有点可有可无。

(6)失序。冲出高考的高压,开启大学新的生活,终于可以喘口气了,满足感自然转为"松口气""歇歇脚"的想法。可是一歇不要紧,再也难认真。加之生活自理能力本就不强,面对陌生的环境和陌生的人群本就不知道该何去何从。学习、生活都混乱无序了。

(7)失志。考大学的目标完成之后,新的目标尚未确立;曾经的优势与辉煌日渐暗淡;一度奋发图强可收效细微,仅有的一点积极性被严重挫伤;就业压力让未来似乎一片迷茫;曾经的远大志向就这样被慢慢地侵蚀,消磨殆尽。

(8)失控。信心不再,动力不强,深知学习之重要,时间之宝贵,亦暗下决心要立志成才、矢志不渝,可是看看身边的人也多在昏昏度日,便以来日方长作为自己得过且过的借口。看着渐渐失控的自己,夜深人静,难以入眠之时,心头总会泛起愧疚与自责。

(9)失措。没有了早晚自习、没有了堆积如山的作业,没有了三天一小考,五天一大考,甚至偶尔不去上课也没有人发现。人是走进了大学,可是并不知道该学什么,该怎么学? 苦恼而又茫然不知所措。

三、进入大学后的矛盾交织

上述"九失"是初入大学者常见之失。若长期失意且失觉醒之心不免因失察而失调,持续失策可能难免"失足"于大学。因为有此"九失",各种矛盾便应运而生,主要表现在以下几方面。

(1)理想与现实的冲突。当大学从理想中的诗情画意变成"空虚""无聊""没意思"的现实之后,强烈的反差使人困惑、迷惘甚至自弃。一些大学新生发出了"大学无限好,只在想象中,早知如此般,何必苦追寻,近乎一场空,枉费十年功"的感叹。

(2)优越感与自卑感交错。金榜题名的"天之骄子"带着志得意满的自豪感却遇到了"天外有天,人外有人"的挑战,突然之间从鹤立鸡群变成平庸之辈,从自我感觉良好转向优势的消失,心理的不平衡不免引发自我评价的失调,甚至对自己失去信心,产生自卑和焦虑。

(3)孤独感和恋群感交织。渴望友谊但交流、沟通不深,期待关怀、关注但难以敞开自我;广泛交友,却又谨慎交心,虽有广度但无深度,虽全面撒网却也捞不了几条鱼。我们对新的人际关系的适应甚至比对学习和生活环境的适应还困难,普遍感到孤独压抑,转而更加怀念过去的生活,将情感投向旧

阅读随感

时的同学、朋友和老师，而对现在的集体置之度外，甚至陷入网聊而不能自拔。

（4）放松与紧张同在。高中时就期待着大学生活得轻松潇洒，大学内紧外松的环境，确实让不少人彻底放松了许多。可是一段轻松之后又仿佛若有所失，明明知道应该端正态度、奋勇前行，却总有点力不从心，无所适从。

（5）求知与厌学共融。在知识大爆炸、科学技术是第一生产力的知识经济时代，知识之重要、学习之价值当是不言而喻的，每个迈进大学的学子也都心知肚明。但高考前的压力、紧张让不少人对学习产生了厌倦情绪，进入大学后迷失了求学的方向，难以重新找到学习的动力支点，陷入了学则感觉乏力、无助，不学则愧疚自责的冲突中。

（6）独立与依赖相随。一方面强烈的独立意识渴望得到更多的承认和认同，另一方面在具体困难面前又缺乏独立思考的理性；一方面极力要求摆脱来自社会和他人的束缚和制约，另一方面又因为缺乏独立生活的经验，难以迅速摆脱长期以来形成的过于依赖的习惯，总是渴望得到他人的帮助和支持；一方面不愿随波逐流、追求个性张扬，另一方面又有一些盲目自信、固执己见，一旦受到挫折或其"独立性"受到挑战，则易于沮丧、自卑，或推脱责任，或退缩到依赖他人的状态。

正如学生之感叹：十年媳妇熬成婆，脱离"苦海"进大学；抓耳挠腮翘首望，不知该往何处躲。当然，个体情况不尽相同，矛盾交织也不尽于此，但每位大一新生切不可掉以轻心，应当深思，如何尽快从矛盾中走出来，真正开启属于自己的大学之路。

四、适应是人生成长与发展的永恒课题

瑞士心理学家、发生认识论创始人让·皮亚杰在其名著《智慧心理学》中说："智慧是一种适应形式，而适应依赖于有机体的同化与顺应两种机能的协调，是有机体与环境之间的一种平衡状态。"更确切地说，适应是人与环境（包括自然环境、社会环境和人际环境等）的适应，是人与环境的互动，是人与环境的和谐统一。人对环境的适应既是人对环境的由不协调到协调的动态平衡过程，也是人与环境的相互运动后达到的一种和谐状态。

从这个角度上讲，适应是人生必须面对的永恒课题，堪称人之智慧的本

阅读随感

质。人从一出生就在学习适应环境,在适应环境中学会生存,同时在适应环境中不断完善自己,发展自己。人的一生是不断适应和发展的过程。从婴儿出生时的自主呼吸、吮吸乳汁到牙牙学语,从学前期到小学儿童期,再到青年期、成人期,最后进入老年期,人生的每一个阶段,生活的每一个层面几乎都面临着适应的课题。一个心智健康的人表现在与环境的适应与协调、与人际关系环境的和谐,与学习环境的适应,积极主动的进取精神,表现在适应与遵从社会规范等各方面。所以,主动适应是心智健康的重要标志。主动适应可以具体化为:能正确地认识和判断现实环境;有主动接受生活锻炼的积极心态;能够面对现实并积极寻求社会的支持;掌握自我调节的方法;自我能动地提高适应能力。故此,适应无处不在、无时不在,只是每个人的条件不同、观念不同、机遇不同和周围的环境不同而已。人们主动适应环境与社会的积极性和能力不同,在社会实践中的表现和效果就不同。因此,不同人的人生是五彩缤纷的:伟大或渺小,高尚或卑下,轰轰烈烈或平平淡淡……适应是人们生存与生活的基本需要,是人生中随时都面临的任务,也是人应有的基本素质之一。适应水平的不同导致其发展水平的不同,因此,学会适应是个体生存和发展面临的永恒课题。

适应能力是人类生存的基本能力和发展的基本潜能,是社会对人才素质的基本要求之一。适应能力通常是指当外部环境发生变化时,个体通过自我调节系统做出能动反应,使自己的心理活动和行为方式更加符合环境变化和自身发展的要求,使个体与环境达到新的平衡的能力。我们可以把适应能力定义为心理健康的重要标准之一,也是综合素质的集中体现,是我们在学习、集体生活、人际关系、社会环境和自我发展等方面,通过自我调节、自我管理、自我控制,同周围环境达到和谐、平衡的一种能力。适应能力的提高,有利于我们发挥主观能动性,使自己在与社会环境的交互作用中主动改变自己,顺应时代潮流和环境变化,并利用环境、创造条件、运用资源,从而达到较高的人生目标,有利于自我实现,并创造更大的人生价值。我们要积极主动参与社会活动和社会实践,在实践中提高自己的适应能力。

大学阶段是提高适应能力非常重要的阶段。我们正处在成年人的早期。这个阶段人生发展的核心任务是在主动参与社会实践活动的同时,积极开展精神活动,从而不断丰富、完善、改变自己的认识系统和评价系统。因此,建

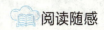

立相应的思维方式、行为方式和处事方式,都应跟这个阶段主要的任务联系在一起。要建立合理的知识结构,包括自然知识、社会知识、精神知识和哲学知识等,同时树立科学的现代评价标准,包括是非标准、利害标准、善恶标准、美丑标准等。

总之,环境是客观存在的现实,适应是人生必须面对的永恒课题,是终身学习和发展的任务。我们要以积极的人生态度、饱满的热情、坚定的意志去面对环境、适应环境、改造环境,在适应环境中提高自我综合素质和能力。从这个角度上讲,也可以说:快速、有效地适应大学生活本身就是大学学习的一个部分,是开启大学学习之旅的重大课题。

第二节 转变角色,赢在起点

好的开始是成功的一半,但又恰恰是万事开头难!进入大学,就意味着又转入了一个全新的人生航道,站在了一个新的人生起点之上,即将开启一段全新的生命旅程,并且是一段至关重要的生命旅程。我们要勇敢、智慧地面对新的征程与挑战。千里之行,始于足下。大学亦是如此,转好拐点、赢在起点是赢在大学的基础和关键。征程伊始,站在同一起跑线上,一切从零开始,要想跑出好成绩,速度和耐力是取胜之道,但如何迅速起跑才有取胜之基?恰如车子即将进入一段新的赛道时,如何平稳转弯并迅速提速才是抢占先机的关键;一旦转弯失利就有可能被远远抛在后面,甚至翻车。迈进大学之初,如果不能快速有效地适应大学生活,就很容易迷失方向,一旦沉入泥潭就很难自拔,一朝醒来悔之晚矣,甚至破罐子破摔,自暴自弃。这当引起大学新生的足够重视,纵观历届学子,输在起点者多因输在"轻敌"。拐点是重点但不是难点,只要我们在战略上高度重视,在战术上运筹帷幄,赢在起点亦当是手到擒来。适应大学生活是一个社会实践的过程,需要认识与把握好客观条件,需要从主观方面进行努力,更需要找到正确的方法途径。这里将"转弯儿"之战略、战术归纳为六方面。

一、强化一个意识:大学生活管理意识

作为人类的一种带有普遍意义的社会活动,"管理"对我们而言并不陌

阅读随感

生。它是指在面对资源的有限性和需求的不断增长之间的相互矛盾中，社会实践的主体为了实现预期的目标所进行的计划、执行、跟进等一系列的协调、控制活动。

　　就其本意而言，"管"即为四周堵塞、中央通达的细长而中空之物，表示有堵有疏、疏堵结合。故管既有疏通、引导、促进、肯定、打开之意，又有限制、规避、约束、否定、闭合之意。"理"即为顺着玉石之纹路剖解，既代指事物的特点特征、发展规律，又包含合理、顺理之意。简而言之，管理犹如治水，疏堵结合、顺应规律。从广义上说，管理不仅适用于社会组织的团体行为，也适合人的个体行为。它首先是一种思维意识，然后才是一套系统方法。故此，大学生活需要管理，我们需要树立管理意识。只有树立了强烈的管理意识，才会主动去掌握管理方法、运用管理科学。

　　管理意识就是主体能够运用科学管理的思想方法和原理原则去认识、分析和解决实际问题，并形成一种主动、自觉、系统的思维方式，进而有效地指导实践活动。就学术的应用价值而言，管理意识先于管理技术，是一种"自觉性"，是一种综合素养。大学生活管理意识就是大学生对大学生活具备主动、自觉的管理思维，积极运用科学的管理思路和方式方法去思考、解决如何读好大学的问题。许多的大学新生尚未掌握系统的管理理论和技术体系，但应该给予作为一门学问的管理以足够的尊重，形成自觉的能动性。

　　要想转好弯儿不仅要懂得转弯儿的技术，更重要的是要提前做好转弯儿的准备。我们在迈进大学校门那一刻，甚至在决定迈进大学校门的那一刻就应该强烈地树立大学生活管理意识。具体来说，就是着手规划大学生活如何开始、如何安排、达成什么样的目标等一系列问题，尤其是要认真思考如何有效地迈进大学校门并快速适应大学生活的问题。一时之间很有可能无法得到满意的答案，但我们必须首先要具备管理的思维意识和主观能动性。只要我们有了这样的思维，有了这个主动意识，对大学生活的资源有限性就有了紧迫感，对如何适应大学生活需要解决的基本问题就有了心理准备，就有了通过书籍、网络、朋友、专家、学长等各种渠道去寻求答案的主动性。当然，并非有了这样的思维和意识就一定能够完美地解决问题，但至少把握了面对问题的主动权，提升了达成目标的可能性。

二、夯实两个基础

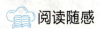阅读随感

有了转弯儿意识之后,就可以开始调试心理状态了。这是迎接转弯儿过程中具体问题的基础,夯实了这个基础,不管遇到什么样的弯儿,不管面对什么样的挑战,我们都能迎难而上、勇敢面对,逐个击破。这两个基础主要包括两个层面。

1. 积极面对

解决问题最重要的基础就是态度,故此,第一个基础就是要有积极面对的态度。只要有了积极面对的态度,再多的问题、挑战都不再是困难,只是需要解决的一些事情而已。积极面对的态度要求我们做到以下几点。

第一,事物发展过程必然伴随问题和挑战的产生,我们要承认并接受困难存在的客观性与合理性;第二,信心是能力的基础,成长的路上,我们一直在不断地解决各种问题和挑战,我们要充分相信自己已经具有足够的能快速适应大学生活、有效解决可能会遇到的问题与挑战的能力和力量;第三,积极勇敢地面对遇到的每一个挑战并主动寻找解决之道,而不是逃避,甚至抱怨;第四,将挑战和问题视为提升自我的机会,并在遭遇挫折甚至失败时能够屡败屡战、越挫越勇。若能如此,我们便有了奋勇前行的勇气。顺境时自能百尺竿头,更进一步;逆境中亦能遇水搭桥,逢山开路。

2. 勇于调整

世界上的万事万物,本都处在不停地改变中。我们身在其中,当自己不肯、不愿改变的时候便感到压力越来越大,最终面临淘汰或失败的威胁。其实,每个人都在不自觉地改变,只是这种改变是消极的、被动的,从而错失很多机会,甚至伴随一些破坏性,留下很多遗憾。故此,我们要有主动的自省机制,有方向性地、主动地做出修正与调整。

只有不断地调整做法,才能与其他事物保持理想的关系。现实之中我们或许是因执迷于习惯而麻木,或许是因缺失目标而迷失方向,或许是因误认为改变有痛苦而避之不及……总之,我们总是在有意无意地逃避改变和调整。但是,当外在的环境、客观的条件发生变化,就像我们从中学进入大学,要想适应环境就必须改变原有的生活方式方法;当既定的计划被实践证明无效时,必须调整策略;当未曾考虑到的新问题出现时,必须重新修订原有的方

案。逃避改变就会故步自封,故步自封就难以进步。成功是一个不断摸索的过程;只有做法有不同,结果才可能不同;任何新的做法都比旧的多一分成功的机会。

勇于调整要求我们首先要有真正的自信去面对改变,要有空杯谦逊的态度去接纳不同的声音,要有主动反思、不断修正的自觉性。其次,要充分认识到,我们只能改变自己而不能改变别人,不能寄希望于外在环境的变化,只有首先改变自己,才能最终改变属于自己的世界。

带着已有的习惯、曾经的经验、固有的观念、惯性的思维、坚守的法则,我们从中学迈进了大学,这就要求我们在"转弯儿"的时候不仅要提前结合大学的新变化调整好自己的生活、学习方式;在迈进大学之后的实践中,遇到挫折的时候,也要把焦点放在效果上去灵活地调整做法。因为,人可以执着于目标,但绝对不能固执于行为!

迈进大学,我们难免遇到一些困难和挑战,当我们因陷入逆境而迷惘时,任何悲观和萎缩都只能熄灭胜利的希望之光;任何逃避和抱怨都只能成为前进途中的迷障。所以,我们需要的不是失望和借口,而是凤凰涅槃的精神、不屈拼搏的斗志、自我调整的魄力与破茧成蝶的蜕变,夯实积极面对和勇于调整的基础,造就奋勇前行的强者之心。

三、正视三大现状

适应大学生活是在既定的大学的客观环境条件下完成的,大学生只有尊重并依据这些客观环境,充分发挥自己的能动性和创造性,才能更好地适应大学生活。环境是指在人们生活的周围对人们产生某种影响的客观现实,是人们赖以存在和发展的社会关系和自然条件的总和。环境处于不断的变化之中,这些变化对必须生活于其中的个体来说具有很大的影响。知己知彼才能百战不殆。要想适应大学生活,我们就要了解大学生活,更要了解自己。

1. 把握大学生活的新变化

与中学相比,大学生活在各个层面都发生了巨大的变化,主要表现在以下几方面。

(1)生活环境的变化——多元与自主相彰。这不仅是一个全新的、陌生的环境,生活方式、生活范围也都发生了变化。中学时纵是寄宿也会经常回家,学生普遍是就近入学,吃住在家,拥有自己的独立空间;而大学则是住宿舍、吃食堂,一切事物自己打理,完全的集体生活。中学时生活领域较窄,中心任务是好好学习考大学,课余生活简单;大学生活则丰富多彩,课堂学习相对减少,社团等兴趣组织种类繁多,文体活动形式多样,自我选择的空间很大。

(2)学习状况的变化——宽松与自立并存。从紧张的中学阶段过渡到自由度较高的大学阶段,教学形式、学习内容、学习条件、学习方法都有了很大的变化。例如,与中学时依赖教师和课本、以教师课堂教学为主的教学形式不同,大学教育是在教师指导下的学生自主学习,不仅课堂所学的内容要靠学生自觉消化吸收,整个知识体系也主要靠自己去架构、填充和完善,而且要求学生掌握科学的学习方法,培养自学能力和独立思考问题、分析问题、解决问题的能力;大学学习的内容在广度和深度上相对广泛、深奥,同时又具有一定的专业方向性;与中学时依靠课堂学习书本知识不同,大学的学习条件更加多样化,学习环境的弹性增大,自由支配的学习时间增多。

(3)人际环境的变化——集体与独立交互。与中学时代交往对象主要是父母、亲戚、同学、一起成长起来的伙伴、教师等十分熟悉的人不同,走进大学,我们要面对来自不同地域、说着不同方言、有着不同性格习惯的素昧平生的陌生人;中学时代有父母的照顾和强大的学习压力,学生心无旁骛,无暇他顾,对人际交往的渴望并不那么强烈;而大学的宽松与自由则激发了我们强烈的交往愿望,但又因为种种因素导致效果不佳,往往是身处集体之中,却感到孤独、寂寞。

(4)管理机制的变化——他律与自律并重。与中学时学校、教师、家长对学生采取直接管理、事事由教师安排、家长监督不同,大学更多强调我们的自我管理、自我教育、自我服务和自我约束。

2. 警醒大学生涯的残酷性

随着高考的扩招和教育资源的扩充,高等教育已经不再是精英教育,而是一种大众化的普及教育。上大学不再意味着一定会取得成功,最多只是争取到了一次探寻改变人生轨迹的机会。但大学缺少他律,强调自律。外表轻松,内在紧张的特点,让不少大学生误解了大学。可以说,大学不仅是一个人才培养和自我成长的过程,也是一个优胜劣汰、适者生存的测试。我们不难

阅读随感

看到曾经成绩差不多、一起入校的学生在毕业时所形成的差距。在感受后来者居上之喜悦的同时,也不得不叹息放任自由者的惋惜。我们更应该清晰地意识到上大学必须接受双重标准:用学校的标准衡量过程,用社会的标准衡量结果。从这个角度理解,大学不是一个结果,而是一个过程。虽然大多数人都能顺利毕业拿到毕业证,但这并不真正意味着每一个拿着毕业证走出校门的人都是一个合格的大学生,当其接受社会标准检验的时候自然有喜有悲。我们不能被大学内紧外松的假象所迷惑,必须充分意识到并承认大学不是没有竞争的轻松过程,而恰恰是一个处处暗藏陷阱但又必须穿越的修行之路。挑战无处不在,残酷并不可怕,可怕的是我们不能意识到危机的存在,不能正视残酷的严肃性。故此,真诚而善意地提醒所有的大学新生:大学残酷,警钟长鸣;时刻自省,破浪前行。

3.客观地进行自我解析

客观地进行自我解析就是尽量客观、力求全面、逐步深入地去弄清楚"我是谁"的问题。站在新的转折点上,知道自己该到什么地方去很重要,但前提是首先要搞清楚自己现在在什么地方。客观地认识自我是健康发展的前提,是调节心理的基础。只有立足现实才能拓展环境,只有理清资源才能明确方向,只有发现优势才能激发动力,只有合乎兴趣才能自主自发,只有正视不足才能管理弱势。所以,在转弯儿之前,我们可以通过自我分析、他人评价、专家咨询、职业测试等各种途径,从生理的我、心理的我、社会的我、优势的我等各个角度去客观地进行自我解析;从自我感觉、自我概念、自我观察、自我分析、自我评价等角度形成一个系统的自我认知,为更好、更快地适应大学生活做好基本的准备。

四、完成四个转变

认知大学生活特点、学习模式等,并随之做出调整和转变即是适应性的转变才能,概括来说,我们要做好以下四方面的转变。

1.角色定位的转变

一个人对自己角色认知的定位决定了他的思维观念、言行方式。适应大学生活,我们首先要将自己的角色定位从一名中学生转变为一名大学生;从一名心理、思想仍不够成熟、职业方向仍不确定的"专业学生"转变为一个生

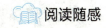

活与思维趋于独立自觉、职业方向基本确定的"准社会人";结合大学生活的变化与特点以及自己的具体情况,抛开原有的自我认知,确定新的角色定位。

2. 思维观念的转变

观念形成意识,产生态度,导致行为。思维观念纷杂,难以概述。但强调三点。第一,要时刻保持慎思,当效果不满意时我们要自觉审视是不是我们思维观念出了纰漏。第二,观念可以学习、可以借鉴,但必须要在思考中完成自己对观念的理解、接纳、认同,甚至升华。第三,对一些成长成才过程中需要坚守的基本的、重要的理念,我们应该尝试去解读它对我们的实际的意义和内涵。

3. 认知态度的转变

态度决定一切,端正态度才能提高高度。迎接大学生活,需要我们在自我感觉上从志得意满转变为空杯归零;在心理准备上从被动等待转变为积极面对;在价值定位上从潇洒轻松转变为任重道远;在生活管理上从依赖散漫转变为自理自立;在求知方式上从书本知识转变为能力素质;在思想意识上从随心所欲转变为自觉主动。总之,我们要依据大学生活的要求调整认识的态度。

4. 方式方法的转变

角色定位、思维观念、认知态度的转变最终都要落实到执行的方式方法的转变上。思维方式要由"学生"向"成人"转变,由感性向理性转变,由率性而为向三思后行转变,由盲目草率向理智严谨转变;学习方式要由记忆向理解转变,由课内向课外转变,由书本向生活转变,由"要我学"向"我要学"转变,由求量向求质转变;生活方式要由依赖向独立转变,由他律向自律转变,由无序向有序转变,由随意向计划转变;交往方式要由内心渴求向主动寻求转变,由迷恋老友向结交新朋友转变,由批判排斥向求同存异转变,由好恶分明向兼容并蓄转变,由随心随意向人际管理转变。总之,在大学生活的各个方面都要寻找到更合适、有效的方式方法。

五、避开五个陷阱

1. 上当受骗

总难免有些不怀好意的人,或者一些不法商人将目光对准刚踏入校门的大学新生。一旦受骗,不管损失大小都无疑会严重影响情绪,甚至伤害我们

阅读随感

本就敏感的心理。故此,在我们尚未熟悉环境之前更该小心谨慎,到正规的商店购买必需的生活学习用品,将各种宿舍推销一概拒之门外,以免上当受骗。

2. 过度放松

不管是源于高中教师"现在苦点、累点没什么,上了大学之后就轻松了"的激励效应,还是我们自己因为目标消失后的迷茫,又或者是我们"先歇歇脚"的偷懒,总有不少同学迈进大学时想着先放松一下,可正所谓由紧入松易,而由松入紧难,一旦放松下来再想提起劲儿就很困难,一学期过去,才发现已经一发不可收拾了。大一(特别是第一学期)本就可能比高中忙、盲、茫,而非轻松。高中时只是以高考为目标,在老师的带领下围绕考纲进行学习,但进入大学之后为什么学习、学什么、怎么学都成了疑问,又怎么会比高中轻松呢?莘莘学子,学业尚未成功,同学仍需努力,切不可陷入过度放松之陷阱!

3. 推卸责任

在成长过程中未能建立起足够的独立能力和自我价值的人,习惯于将自己生活中的成功、快乐、结果的控制权推卸给别人或者环境,希望别人或者外在的环境能替他达成预期目标。例如,学习成绩不好是因为老师课讲得不好,动手能力不强是因为实验设备不足,甚至进入大学后对学校的失望等。其实,每个人都需要照顾自己的生活。生活中的成功快乐,只能由自己负责。我们要切记:上自己的大学,负自己的责任。

4. 学习无用

因为知识的更新、就业的困难、能力转化的缺失等各种原因,导致"新读书无用论"在大学生群体中流行。不可否认,这中间有诸多原因,但我们也必须明白:大学教育于职业而言依然是基础教育,学习的知识不一定到毕业的时候还在广泛应用,但这却是掌握前沿应用的基础;知识经济时代,知识不可能没用,但前提是知道怎么用,切不可被"学习无用"所误导。

5. 迷恋网络

网络在为大学生拓展学习资源、提供生活便利的同时,也带来了很大的负面影响,特别是刚入校时因为心理的失衡、人际的疏远等各种因素交织,便希望通过虚拟的网络空间去寻找自我认同感,一旦把握无度,很容易陷入网

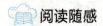

络陷阱之中,当引以为戒。

六、做好六项调适

1. 摆脱幻想

人们经常说:理想很丰满,现实很骨感。有些时候并不是现实过于骨感,而是理想太丰满。任何一所大学都先于我们的想象而存在,与我们的想象不同才是真正合理的结果。纵使大学和自己的想象有差别,也不能说明什么,更不代表学校的优劣。真正影响我们大学生活质量的是我们能否从自己的幻想中走出来,去拥抱这个真实的存在,并开启新的梦想之旅。所以我们应该:放下幻想,立即成长!

2. 卸下包袱

快速适应大学生活是一个需要引起我们高度重视但并非不能解决的难题。我们完全没有必要因为其重要性而产生过重的心理包袱。严格意义上说,这也是大学学习的一部分,是一个提升与成长的机会。我们大可在战略上藐视"敌人",在战术上重视"敌人",卸下包袱,坦然前行,足够重视但绝不恐惧。

3. 坚定信念

不能妄自菲薄,不要误解大学,更不能放弃信念。对大学和大学生活,我们要持有坚定的信心和正确的看法:对自己有信心,相信自己已经具有独立面对成长之路中各种挑战的能力和智慧;对大学有信心,相信大学是一个造就人才的平台,相信大学生活是一个锤炼自我的过程;对学校有信心,相信在自己选择的大学里可以收获自己的目标;对未来有信心,相信经过努力自己能够学有所成。

4. 心态归零

古时候,一个佛学造诣很深的人去拜访一位德高望重的老禅师。老禅师的徒弟接待他时,他态度傲慢。后来老禅师恭敬地接待了他,并为他沏茶。可在倒水时,明明杯子已经满了,老禅师还不停地倒。他不解地问:"大师,为什么杯子已经满了,还要往里倒?"大师说:"是啊,既然已满了,干吗还倒呢?"访客恍然大悟,这就是"归零心态"的起源。归零的心态就是空杯、谦虚的心态,就是重新开始。进入大学,不管曾经的自己是多么优秀,又或者多么不如意,都已经成为过往,放下所有的得意与失意,轻盈前行,用一颗平和的心去迎接新的征程。

5. 放飞梦想

在刘易斯·卡罗尔所著的《爱丽丝梦游奇境记》中有这样一段对话:

爱丽丝问:"请你告诉我,我该走哪条路?"

"那要看你想去哪里。"猫说。

"去哪儿无所谓。"爱丽丝说。

"那么走哪条路也就无所谓了。"猫说。

方向比方法关键,选择比努力重要。上好大学的关键是我们要知道为什么来上大学。迈进大学之前,我们就应该确定梦想,明确方向,这样我们才有选择的能力、判断的标准、奋斗的激情。

6. 编织未来

我们不仅要有梦想、有目标,我们还要为自己的目标制订相应的规划,做一个基本的安排和部署。带着目标和规划上路,即使困难重重,也定能奋勇前行。当然,此时确定的目标和规划也许不是最合理的,甚至不一定是正确的,但规划是前进的基础。我们不能因为害怕风雨而不敢出发,只要我们勇敢地迈出了第一步,纵使多走一些弯路,也是一种成长。只要我们懂得在实践中不断修正,只要我们不放弃勇往直前的信念,自能超越山穷水尽的迷障,迎来柳暗花明的美景。

第三节　自理自立,开启独立生活

九月的大学校园,熙熙攘攘、热闹非凡,到处可以看见年轻兴奋的面孔。我们带着喜悦、带着期盼、带着梦想、带着憧憬,开始了梦寐以求的大学生活,幻想着四年的青春时光会是怎样的精彩。而当真正走进校园时,又难免茫然、无助。例如,初来乍到时不可避免的"想家"情结等。

面对适应新生活的挑战,大学新生要充分调动起自己的力量来迎接新的一切。从走出家门,跨入校门的那一刻,大学新生几乎就已经踏进了社会,也即将揭开人生新的篇章——大学生活。从衣、食、住、行开始,看似最平常、最简单的生活,突然脱离了原来的轨道,独立生活的喜悦夹杂着独立生活的艰辛。这就要求我们首先要培养生活自理能力,学会独立生活。

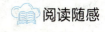
阅读随感

要想实现华丽的转身,快速适应大学生活的新变化,我们就要用积极的心态勇敢迎接全新的生活挑战。这一过程的重要基础是我们要有足够的信心,相信自己具备足够的能力和智慧来应对独立的生活。这只是一个观念和方式转变的过程而已。只要我们相信自己的能力,并积极付诸实践,就会发现:原来很简单!

一、大学生活的变化

大学开启了真正意义上的独立生活,并且是面对一个陌生环境的全新的生活。我们面临生活方式、生活习惯、生活范围等各个方面的变化。这些变化则对刚跨入校门的我们的生活自理能力提出了挑战。部分学生上大学前,事事由父母、老师全权安排妥当,现在告别了原来熟悉的一切,远离父母,要独立处理生活中的一切,衣食住行等个人生活问题都要由自己处理安排。这确实存在一定的挑战性,但也应该引起高度的重视。

对于我们来说,上大学可能是第一次离家,第一次开始独立生活,第一次开始住宿生活。因此,培养生活自理能力是大学生活的重要一课。高中生由于学业的繁重,大部分时间和精力都用在了学习上,而生活上的事情绝大多数由父母包办打理。等到上大学后,生活环境有了很大的变化,没有了父母、长辈的悉心照料,许多事情要由自己处理了,真正的独立生活开始了。独立的大学生活,不仅意味着我们要独自面对吃穿住用行,还意味着要开始独立的规划并创造自己的人生。独立的前提是我们要实现生活的自理自立。这就要求我们首先要解决基本生活问题。

有学者认为,不少大学生自理能力的严重缺乏既涉及"道"的层面,又关乎"术"的问题,如果不能及时纠正将会引发更多的问题。从"道"的层面来说,大学生自理能力的严重缺乏可能会形成一种普遍的蔑视劳动、藐视劳动者的社会风气。如果除了读书什么都不会做的人在这个社会上大行其道,并能够得到各种认可与奖励的话,不管对社会还是对个人都无疑是一种悲哀。从"术"的层面来说,大学生自理能力的缺失所导致的依赖惯性不仅制约生活技能的形成,也会影响到健全人格的培养。不少大学生的自理能力不足是不争的事实,有人将生活自理能力的缺失称之为人的"断乳期"的延后,纵是延后,也须当断必断,亡羊补牢,即使晚点也总比不补的好。

二、主动适应独立生活

自理自立、自主自律是大学生活的主旋律。我们应该适应这种生活方式的变化,自主而合理地处理好个人生活问题,注重培养独立生活的能力。因此,摆脱依赖心理,学会生活,养成独立生活的自理能力,应是我们入学后最重要的一课。

首先,要学会日常生活的打理。无自理就会无自立。一步到位显然不大现实,但可以循序渐进,从生活小事做起。学会自己整理床铺、收拾房间、洗衣服,照顾自己……在学习的过程中,如果能够和同学进行交流就更有益处,因为同学间的互相影响和互相学习能够在一定程度上促进不同个体生活自理能力的提高。

其次,要勇于学习、善于学习。即使不会,我们也可以一切从头学起。虚心地向他人学习,不怕失败,不怕别人议论,大胆实践,积极参加集体活动,独立处理生活与学习中的问题。要明白一个社会现实:靠谁都不如靠自己,无论到什么时候都是适者生存,有能力者才能立于不败之地。所以,大一新生要从一点一滴做起,严格要求自己,做一个自立、自理、自强、自爱的人,做一个生理上、心理上、行为上独立的人。

第三,提升独立面对的主动性。遇到琐碎的问题尽量少向父母求助而尝试自己找办法解决,多观察别人的不同做法,经常给自己一些"一屋不扫,何以扫天下"的暗示,把渺小的事情升格到伟大的境界,多给自己设想处在极端状态下的应对之策,学会反思二十年来自己的成长得失,综合比较自己与他人的能力状态,在力所能及的范围内坚定不移地逐步改进、持续提升。

三、优化生活习惯

1. 认识习惯

什么是习惯?习惯就是在点点滴滴、循环往复中,在日常琐事中形成的具有惯性的思想和行为。它是一种自动化的、稳定的行为,它是刺激与反应之间的稳固的链接。

美国心理学家威廉·詹姆士说:"播下一个行动,收获一种习惯;播下一种习惯,收获一种性格;播下一种性格,收获一种命运。"可以说,习惯伴随人的一生,时时处处都在起作用,甚至可以决定一个人的命运。在《培根论人生》一书中,这位伟大的思想家曾专门论述过习惯的重要。他说:"人们的行动,多半取决于习惯。一切天性和诺言都不如习惯有力……几乎所有的人力都难战胜它。"

1988年1月18日至21日,75位诺贝尔奖获得者在巴黎聚会,以"21世纪的希望和威胁"为主题,就人类面临的重大问题进行研讨。会议期间,有人问一位诺贝尔奖获得者:"您在哪所大学、哪个实验室学到了您认为最主要的东西呢?"

这位白发苍苍的获奖者回答:"是在幼儿园。"

提问者愣住了,又问:"您在幼儿园学到些什么呢?"

科学家耐心地回答:"把自己的东西分一半给小伙伴们;不是自己的东西不要拿;东西要放整齐;吃饭前要洗手;做错了事情要表示歉意;午饭后要休息;要仔细观察周围的大自然。从根本上说,我学到的全部东西就是这些。"

这段对话是耐人寻味的。这位诺贝尔奖得主认为自己所学到的最主要的东西就是在幼儿园中养成的生活习惯,白发苍苍时依然记忆犹新,说明这些生活习惯对其一生的成就起到了重要作用。这可能就是爱因斯坦所说的:"什么是教育? 当你把你受过的教育都忘记了,剩下的就是教育。"

人们渴望上天赋予自己高智商,盼望拥有大智慧,却往往忽略了最大的智慧就是貌不起眼的习惯。英国诗人德莱敦说:"首先我们养成习惯,随后习惯养成了我们。"柏拉图曾告诫一个游荡的青年说:"人是习惯的奴隶。"如果说人生是飞驰的列车,那么习惯就是绵长的铁轨,把我们一刻不停地带向前方,前方有可能是天堂,也有可能是深谷;如果说人是一台电脑,习惯就是电脑里事先储存的各种软件编程,一旦启动就按既定程序演绎你的人生,或者顺利完成各项指令,或者中途死机却无法重新启动;如果说人生是一锅珍馐佳肴,那么习惯就是其中不可缺少的作料,它可能使你的人生盛宴更加鲜美可口,也可能会使它寡淡无味。

习惯是人生中的一柄双刃剑。用得好,它会帮助我们轻松地获得人生快乐与成功;用得不好,它会使我们的一切努力都变得很费劲,甚至能毁掉我们

阅读随感

的一生。好的习惯使人终身受益,坏的习惯使人永远受累。如果很不幸,你拥有很多坏习惯,当坏习惯的恶果在当时或最后显现出来的时候,这样的苦酒只能你一个人去慢慢品尝了。习惯是所有伟人的奴仆,也是所有庸人的帮凶;它可以让你获取财富,也可以让你穷困潦倒;它可以给你带来成功的喜悦,也可以让你品尝失败的苦果。习惯是你的终身伴侣,也可能是永远的仇人;习惯是你最好的帮手,也可能成为你最大的负担;习惯会推动你前进,也可能导致失败。好的习惯会给你带来鲜花和掌声,让你迈进成功的殿堂;坏的习惯会给你造成贫穷和苦难,甚至把你引入毁灭的深渊。

很久以前,有一个人无意间从一本书中得到了有关"点金石"的秘密。据书中记载,在黑海岸边,有一块神奇的石头,能把普通的金属变成黄金。它和其他成千上万块一模一样的石头混在一起,但唯一区别就在于:唯独这块石头是温暖的,其他普通的石头都是冷冰冰的。于是这个人便来到黑海岸边寻找这块神奇的石头。

到了这里之后,他立刻开始了"寻石计划"。饿了,他就到附近的地方讨点东西吃,晚上他就睡在海岸上,醒来就一块又一块地挨着找那块"点金石"。他捡起一块石头,感觉一下,如果不热,就扔到海里。就这样,他日复一日地重复这个动作。转眼间,5年过去了,他还在按部就班地继续着自己的工作,捡起一块石头,确定不是就扔到海里,接着再捡,如此继续……又过了很久,有一天早上,他拾起了一块石头,是热的,可是他连想都没想就一下把石头给扔进了海里! 接下来的日子,他继续日复一日地寻找自己心目中那块神石。由于他已经形成了把石头扔进海里的习惯,他甚至已经忘记自己扔石头是为了什么。

乌申斯基说:"好习惯是人在神经系统中存放的资本,这个资本会不断地增长,一个人毕生都可以享用它的利息。而坏习惯是道德上无法偿清的债务,这种债务能以不断增长的利息折磨人,使他最好的创举失败,并把他引到道德破产的地步。"

2.大学生生活习惯现状

调查显示,大部分高校反映当前大学生的生活习惯令人担忧,不利于大学生身心健康发展,主要表现为以下几方面。

(1)作息时间无规律。现实生活中,很多同学不能严格要求自己。作息

阅读随感

时间执行不到位,该休息的时候不休息,在宿舍看电影、开卧谈会到深夜,然后第二天上午逃课睡觉。长此以往,势必引起恶性循环,学业和健康均得不到保障。

(2)日常饮食不科学。有相当一部分大学生由于睡得晚,早晨起得迟,来不及吃早饭便去上课,在课间饿的时候随便买些饼干、方便面之类的零食充饥;有的大学生索性取消了早饭,养成了常年不吃早饭的不良习惯;还有部分同学酗酒、暴饮暴食……这些都违反了正常的饮食规律。大学生正处于长身体的关键时期,如此应付"吃饭"问题,实在令人担忧。

(3)娱乐休闲无节制。适当的休闲娱乐可以给生活增添生活情趣,缓解压力。但是,纯粹为消磨时间的网络游戏、牌局,甚至无节制地沉迷其中,这本身就超出了休闲的范畴。

(4)自我保健意识差。"文武之道,一张一弛",体育锻炼能增强体质,陶冶情操,增添活力,但不少学生的参与积极性并不高。学生的体能素质长期呈下降趋势、肥胖学生的比例明显增多、近视眼发病例居高不下、多数大学生心理素质不高、抗挫折能力差,这些与缺乏体育锻炼不无关系。

3. 大学生生活习惯失衡的原因

(1)教育环境多元复杂。网络的普及、意识形态多元化的深入等因素都影响着大学生的生活,旷课、迟到、早退,上课时间网聊、玩手游等现象时有发生,对正常的学习生活和教学秩序造成了负面影响。

(2)应试教育影响尚在。素质教育不断深入,但是应试教育的惯性依然存在,学生把在校生活的重点都放在了文化成绩的提高上,注重分数、注重考试,而忽略了同样重要的行为习惯的养成;高校在学生的思想品德教育、行为规范教育、健康教育、卫生保健以及第二课堂等方面重视程度也有待进一步加强。

(3)家庭教育相对失衡。家庭教育在学生成长过程中起着关键性的作用,多数家长对孩子的学业关注得比较多,而对孩子的综合素质养成缺乏必要的关心和引导。一部分家长为了能使孩子安心学习,几乎包揽了学生除学业之外的生活事务,这些家庭教育中的"溺爱",对学校教育,特别是大学教育产生的负面作用不小,值得家长们深思。

(4)自我要求不严,易于满足。个别大学生进入大学以后,仅仅把顺利毕业作为大学阶段的努力目标,而对于如何成为符合新时代要求的高素质人才则缺乏全面考虑和综合规划,个别同学出现了得过且过的思想,缺乏年轻人应有的朝气。

4. 大学新生良好生活习惯的自我培养

生活习惯代表着个人的生活方式。良好的生活习惯不仅能促进个人的身心健康,而且能对人的未来发展有间接的作用。对我们而言,良好的生活习惯是确保顺利、成功度过大学阶段的一个重要基础,从一进大学起,就该切实重视这个问题,培养良好的生活习惯,并防止不良生活习惯的形成。

对个人而言,所形成的习惯都是自己培养的,区别是这一培养过程是主动的、有意识的还是被动的、无意识的。习惯的力量是无穷的,但任何好的习惯都不是与生俱来的,而是自己主动培养甚至刻苦训练而养成的。习惯无论好坏,都掌握在你自己的手里,完全听命于你。美国著名教育学家曼恩说过:"习惯仿佛像一根缆绳,我们每天给它缠上一股新索,要不了多久,他就会变得牢不可破。"所以,我们应该学会支配习惯,善于用好习惯去克服坏习惯,而绝不能被坏习惯左右。大翻译家傅雷在写给儿子的信中说:"修改小习惯,就等于修改自己的意识与性情。"

教育归根结底是端正行为,行为养成习惯,习惯形成品质,品质决定未来。对于刚入校的大学生而言,面对陌生、全新的生活环境,一切都是一个全新的开始,原有的生活方式被彻底打破,我们选择什么,将来就可能会习惯什么。从这个意义上说:大学生活的开始是一个挑战,但也是一个培养良好生活习惯的好机会。我们养成什么样的习惯,未来就会拥有一个什么样的大学生活,也会得到相应的收获与成绩。

对于新入学的我们而言,培养习惯也是适应生活的有效途径。一个具有良好学习习惯的人,会随时随地按照平时习惯做那些与学习相关的事,使之在不知不觉中,事情做得轻轻松松、有条有理。好的习惯一旦养成,便可终身受益。世界上著名的铁娘子——英国前首相撒切尔夫人在谈及习惯时说:"有时事务太忙,我也可能感到吃不消,但生活的秘诀实际上在于把90%的生活变成习惯,这样你就可以习惯成自然了。"卢梭说:"艰苦的生活一旦变成了习惯,就会使愉快的感觉大为增加。"培养习惯好像锻炼身体,起初自然是"舒服不如倒着",但为了强身健体,不管腰酸腿疼、浑身疲累,咬紧牙关去练,终会由不适应到适应,由感觉痛苦到享受快乐。

既然生而为人,就总要与习惯相伴,那就没有理由放弃对良好习惯的选择和培养。培养良好的生活习惯,要求我们要树立"习惯决定人生"的观念,增强培养良好生活习惯的主动意识;积极参加学校组织的文艺表演、体育竞技、心理知识竞赛、保健知识讲座等各种有益于养成良好生活习惯的校园文化活动;强化自我管理,防止和杜绝不良生活习惯的蔓延和泛滥。具体而言,习惯的范围很宽,纵使只谈生活习惯也无法一一论及,但以下几个习惯的培养当是重中之重。

(1)按时作息。新生们入学后首先要学会合理地安排作息时间,形成良好的作息制度。也许我们已经习惯了高考之后在家两个月的"夜生活",但是一定要尽快从安逸中醒过来,因为有规律的生活能使大脑和神经系统的兴奋和抑制交替进行,天长日久,能在大脑皮层上形成动力定型,这对促进身心健康是非常有利的。研究表明,大学生的睡眠时间一般每天不得少于 7 个小时。如果条件许可,午饭后可以小睡一会儿,但最好不要超过 40 分钟。

(2)经常运动。要进行适当的体育锻炼和文娱活动。同时,体育运动也是消除身心紧张最有效的方法。对于我们来说,休闲运动无须专门的场地、时间、工具,有者更好,无者亦可因地制宜。跑跑步、打打球,甚至爬爬楼梯,无一不可。运动不仅活动筋骨,还能锻炼神经;不仅放松大脑,还能增强体质。但是,大学生的体育锻炼常常存在有决心没有行动,有开始没有坚持的弊病。所以,我们要持之以恒,形成习惯。

(3)合理饮食。要保证合理的营养供应,养成良好的饮食习惯。"饮食不良"现象主要表现在两方面。一是饮食不规律。很多人早晨不吃早饭,有的则在课间饿的时候随便吃些零食。二是暴饮暴食。学生们主要在食堂就餐,但食堂的就餐时间比较固定,常有学生由于学习或其他原因错过了开饭时间,于是就吃一些零食对付,等下一顿吃饭时再吃双份。

为满足身体的各种营养需要,有足够的热能维持正常的机体活动,增强抵抗力,保证身体健康,保证学习工作,要形成良好的饮食习惯。营养学家研究证明:早餐吃饱、吃好,对维持血糖水平是很必要的;用餐时不能挑食偏食,加强全面营养;合理配餐,多吃水果和蔬菜,保证营养均衡;最重要的是要定时、定量,勿暴饮暴食。

阅读随感

（4）认真上课。我们一定要认识到，大学学习是一个知识积淀的过程，并不是当下就能见到效益，它对于我们个人涵养的培养和专业知识的积累都起到重要作用，决定我们走出校门后的"加速度"。不仅要按时去上每一节课，更要积极探索适应大学课堂特点的学习方法，养成认认真真上好每一堂课的习惯，这是保证我们大学学习成果的基础。

（5）坚持自修。走进大学，学校集中安排的课堂教学大量减少，甚至不少课程也不再强制安排课后的练习作业，学校也不再统一安排早晚自习，这就给学生留出了大量的闲余时间。而处理不当，这些闲余时间就会变成累赘，成为诱发生活空虚、感觉无聊的导火索。从大学的教育特点和大学生的发展需求出发，我们认为，这些闲余时间是"刻意"留出来给学生进行"自修"的。所以，不管学校是否安排固定的早晚自习，我们都应该每天给自己固定一个时间进行自修，并养成坚持自修的习惯。在这个固定的时间里，我们可以复习一天中课堂学习的内容，可以完成课堂布置的作业或者是自己给自己布置的作业，可以预习第二天的学习内容。当然，也可以进行一些课外的阅读，进行一些教学之外的自学；甚至是什么也不干，静坐和冥想。只要能够坚持下去，自会收获颇丰。

（6）杜绝陋习。要改正或防止吸烟、酗酒、沉溺于电子游戏或网络等浪费时间，耗费精力，消磨意志的不良生活习惯，远离低级趣味，珍爱自己。

（7）适度休闲。学习之余参加一些社团文体活动，不但可以缓解刻板紧张的生活，还可以放松心情、增加生活乐趣，反而有助于提高学习效率；同时应该注意的是休闲不应该成为大学生活的主体，甚至是全部，切记：过犹不及。故曰：适度休闲。

【乐学善思】

1. 开启了大学生活，在生活、学习等诸多方面都有哪些和你之前的判断与预期是不一样的呢？你是否遇到了一些未预知的挑战和矛盾呢？你准备如何克服它们呢？

2. 对已经开启的大学生活，你都做了什么样的准备呢？你希望拥有一个什么样的大学生活呢？

【知行合一】

阅读随感

1.珍藏岁月的足迹是对青春最美的馈赠。为自己写一份高考回忆录吧！方式随意，文字、图片、图文混合皆可，自己喜欢就好；长短随意，千字不少，万字不多，真实真诚就好。用合适的方式保存好，若干年后必将醇化为我们最珍贵的成长印记。

2.自己动手绘制一份校园地图。大学新生在报道的时候几乎都会拿到一份校园分布示意图，但这幅地图对于一个刚进入校园的新生而言依然是陌生的，或者内容相对简单。建议你按照图上的标志认真地逛一下校园，然后用自己的记忆自己绘制一份校园地图，也许一次无法完整地完成。在绘制出基本框架之后，在接下来的生活中不断地丰富，直到可以完整地绘制出详细的校园地图为止。

3.本杰明·富兰克林在他的回忆录中用了整整15页叙述自己年轻时进行习惯培养的过程。年轻时的富兰克林经过研究发现：节制、寡言、秩序、果断、节俭、勤奋、诚恳、公正、适度、清洁、镇静、贞洁、谦逊13个原则是获取完善的人格的关键。为了将这13项原则变成自己的13种习惯，他认真为自己准备了一个本子，每一页打上许多格子。然后，第一个星期只专注于"节制"，每天检查自己为人处世是否节制，并在本子上做上记号。一个星期后，他惊喜地发现，"节制"慢慢在他身上生根了。第二个星期他就每天盯住第二项——"寡言"，并对第一项复习巩固；依此循环。没想到13个星期后，他发现自己的举手投足、为人处世、待人接物发生了根本性的变化。

请你参照富兰克林的方法，为自己设计一套习惯培养方案吧！

第三章
坚定信仰 书写奋斗青春

歌曲《带思想去旅行》

理想与信念是人生不可缺少的精神支柱,是促使人前进和奋斗的精神动力。它像一朵明亮的火花,点燃人们的激情,激发人们的才智,焕发人们奋发向上的勇气。新时代的青年肩负着实现中华民族伟大复兴的历史使命。要担负这一重任,我们需树立远大理想,坚定崇高信念,培养爱国之情,砥砺强国之志,实践报国之行。

第一节 和时代同向,认知使命担当

关于使命的故事:不忘初心,矢志爱国——刘明侦。

"我们青年人这一代,当我们享受了足够多的家庭资源、社会资源和国家资源的时候,我们不仅是单单的个体了。我们应该为这个社会和国家多做一些事情,我们对这个社会和国家是有使命的,也是有责任的。"这是90后刘明侦在接受采访时的发言。

中国在对太阳能的利用方面起步较晚,刘明侦在大学时就立志改变中国太阳能落后的局面。她在国外念书期间,经常听到他国学生对中国太阳能技术的耻笑,这更激发了她的斗志。

1990年5月17日,刘明侦出生于重庆。上高中的时候,她在一本英语词汇书的扉页上这样写道:"努力奋斗上剑桥!"

为理想而奋斗,刘明侦的人生就像开了挂似的:2012年,获得英国剑桥大学硕士学位。2015年,仅仅用了两年时间,她就拿下了牛津大学博士学位!

刘明侦割舍不下对祖国的眷念,更没有忘记自己的初心。回国后,刘明侦建立了自己的团队和实验室。28 岁的她被任命为电子科技大学材料与能源学院副院长,成为该学院最年轻的副院长。她是如假包换的"90 后学霸",也是货真价实的"女神老师"!

"为了抢时间,我每天的工作就是做实验,钻在实验室里十几个小时",刘明侦说道。

凭借着自己的聪慧与勤奋,她突破国内现有传统太阳能电池瓶颈,实现与新一代薄膜电池叠加新技术;她研发的钙钛矿太阳电池已成为新能源开发的新宠;她终于得偿所愿,替中国在太阳能领域硬扳回一局。对于她的成就,该领域的他国科学家竖起了大拇指。太多的闪光点,使得她一下子成为各界人士关注的焦点之一!但是她自动屏蔽了外界所有干扰,一心扑在科研工作上。

"感谢自己遇上好的时代",刘明侦如是说!

这句话,温暖了整个冬天,美丽了整个中国!

一、新时代大学生的使命与担当

时光荏苒,物换星移。时间之河川流不息,每一代青年都有自己的际遇和机缘,都要在自己所处的时代条件下谋划人生、创造历史。青年是标志时代的最灵敏的晴雨表,时代的责任赋予青年,时代的光荣属于青年。

1.中国特色社会主义进入新时代

经过长期努力,中国特色社会主义进入了新时代,这是我国发展新的历史方位。中国特色社会主义进入新时代,在中华人民共和国发展史上、中华民族发展史上具有重大意义,在世界社会主义发展史上、人类社会发展史上也具有重大意义。

(1)中国特色社会主义进入新时代的判断依据。进入新时代,不是凭空的判断,也不是随意的概括,时代的转换必须有标志性的重大变化。在不同社会制度之间,时代的变化主要是阶级力量对比的重大变化,最鲜明的标志是政权的更迭。在同一社会制度内,时代的变化,主要衡量标准是发展水平质的提升,或者发生影响全局的重大变革。中国特色社会主义进入了新时代的重大判断,不是历史学的时代分期,也不是纯学术的概念,而是对我们党和国家事业发展到一个新阶段的标定,是对我国过去发展成就的充分肯定,也

阅读随感

海报《大学生的历史使命》

是对当前我国社会主要矛盾的准确把握。

进入新时代是基于社会主要矛盾的转化。马克思主义哲学原理告诉我们:事物的主要矛盾决定事物的性质和特征,社会主要矛盾决定历史发展阶段的性质和特征。党的十九大报告明确指出:"中国特色社会主义进入新时代,我国社会主要矛盾已经转化为人民日益增长的美好生活需要和不平衡不充分的发展之间的矛盾。"我国稳定解决了十几亿人的温饱问题,总体上实现了社会主义的小康,不久将全面建成小康社会,人民美好生活需要的品质更高、范围更广。同时,我国社会生产力水平总体上显著提高,社会生产能力在很多方面进入世界前列,更加突出的问题是发展不平衡不充分,这已经成为满足人民日益增长的美好生活需要的主要制约因素。我国社会主要矛盾的变化是关系全局的历史性变化,对党和国家工作提出了许多新要求。

(2)中国特色社会主义进入新时代的新定位和新内涵。什么是中国特色社会主义新时代? 这个新时代,是承前启后、继往开来、在新的历史条件下继续夺取中国特色社会主义伟大胜利的时代,是决胜全面建成小康社会、进而全面建设社会主义现代化强国的时代,是全国各族人民团结奋斗、不断创造美好生活、逐步实现全体人民共同富裕的时代,是全体中华儿女勠力同心、奋力实现中华民族伟大复兴中国梦的时代,是我国日益走近世界舞台中央、不断为人类作出更大贡献的时代。这"五个是"从不同角度界定了新时代的新方位,勾画了新时代的新内涵。

(3)中国特色社会主义进入新时代的重大意义和未来前景。中国特色社会主义进入新时代,意味着近代以来久经磨难的中华民族迎来了从站起来、富起来到强起来的伟大飞跃,迎来了实现中华民族伟大复兴的光明前景;意味着科学社会主义在二十一世纪的中国焕发出强大生机活力,在世界上高高举起了中国特色社会主义伟大旗帜;意味着中国特色社会主义道路、理论、制度、文化不断发展,拓展了发展中国家走向现代化的途径,给世界上那些既希望加快发展又希望保持自身独立性的国家和民族提供了全新选择,为解决人类问题贡献了中国智慧和中国方案。这三个"意味着"从民族复兴、社会主义、世界贡献三个重要角度深刻阐述了中国特色社会主义进入新时代的重大意义,指明了新时代的前进方向和未来前景。

2. 大学生的历史使命

明确方位才能找准方向,把握大势才能赢得未来。中国特色社会主义进

入新时代,作为新时代的青年,我们肩负着实现国家富强、民族复兴、人民幸福的历史使命和时代重任。

实现中华民族伟大复兴,青年始终是先锋力量,国家的光辉未来需要青年大学生的奋斗与热血。青年大学生是国家的希望、民族的未来,肩负着民族复兴的大业,青年大学生要坚定理想信念,立长志、做大事;要时刻保持昂扬斗志,奋发有为,积极进取,勇于创新,刻苦钻研;要知行合一,敢为人先,引领社会主义新风尚;青年大学生要抓住时代机遇,勇立时代潮头,不负时代赋予的使命担当,敲响新时代青年大学生的最强音,为实现中华民族伟大复兴的中国梦不懈奋斗!

这是一个伟大的时代,刘明侦主动把自己的人生价值融入爱国的伟大事业中,自觉担当起实现中华民族伟大复兴的历史使命,从自己的专业做起,把个人理想和时代使命相结合,获得了奋斗的动力,取得了了不起的成就,赢得了世人的赞誉。高校大学生是青年群体中的中坚力量,肩负着实现国家富强、民族复兴、人民幸福的时代重任,广大青年大学生要向刘明侦学习,抓住时代机遇,树立远大志向,时刻保持昂扬斗志,在实践中淬炼品格、增长本领。

二、弘扬爱国主义精神

爱国,是人世间最深层、最持久的情感,是一个人立德之源、立功之本。孙中山先生说,做人最大的事情,"就是要知道怎么样爱国"。我们常讲,做人要有气节、要有人格。气节也好,人格也好,爱国是第一位的。我们是中华儿女,要了解中华民族历史,秉承中华文化基因,有民族自豪感和文化自信心。要时时想到国家,处处想到人民,做到"利于国者爱之,害于国者恶之"。爱国,不能停留在口号上,而是要把自己的理想同祖国的前途、把自己的人生同民族的命运紧密联系在一起,扎根人民,奉献国家。

1. 爱国主义的内涵

爱国主义是指个人或集体对祖国的一种积极和支持的态度,揭示了个人对祖国的依存关系,是人们对自己家园以及民族和文化的归属感、认同感、尊严感与荣誉感的统一。爱国主义集中表现为民族自尊心和民族自信心,为保卫祖国和争取祖国的独立富强而献身的奋斗精神。这不仅体现在政治、法律、道德、艺术、宗教等各种意识形态和整个上层建筑之中,而且渗透到社会

阅读随感

生活各个方面,成为影响民族和国家命运的重要因素。

爱国主义是中华民族的民族心、民族魂,是中华民族最重要的精神财富,是中国人民和中华民族维护民族独立和民族尊严的强大精神动力。爱国主义精神深深植根于中华民族心中,维系着中华大地上各个民族的团结统一,激励着一代又一代中华儿女为祖国发展繁荣而自强不息、不懈奋斗。

2. 爱国主义的时代价值

(1)爱国主义是中华民族继往开来的精神支柱。在历史发展过程中,中华民族表现出了强大的生命力,中华文明一脉相承延续发展成为人类文明史上的一道奇观。这有着非常深刻的原因,其中无可置疑的是,千百年来深深融入民族意识之中的爱国主义传统,成为鼓舞中华民族艰苦奋斗、继往开来的重要精神支柱。

在新的历史条件下,致力于中华民族的伟大复兴,必须在爱国主义的旗帜下,建立最广泛的爱国战线,集中整个民族的智慧来谋求国家的发展和民族的振兴。

(2)爱国主义是维护祖国统一和民族团结的纽带。在中华民族的发展史上,爱国主义精神对于维护祖国统一和民族团结起到了十分重要的作用。什么时候团结统一,国家就强盛安宁;什么时候分裂内乱,国家就积贫积弱。历史的真实景象已牢牢地铭刻在中华儿女的历史记忆之中。因此,团结统一始终代表了中国社会的发展方向,代表了中国各族人民的共同心愿。

维护国家主权和领土完整,是国家的核心利益。在反对分裂国家这个重大原则问题上,中国人民绝不会有丝毫犹豫和退让。骨肉离别和纷争,是让亲者痛、仇者快的事情,只有骨肉团聚,祖国统一,才是中华各族人民的共同期盼。

(3)爱国主义是实现中华民族伟大复兴的动力。辉煌灿烂的中华古代文明,曾经长期处于世界领先地位,并且远播海外,为人类文明的发展做出了重要贡献。进入近代社会以后,长期的内忧外患阻碍了中国的发展,导致了山河凋敝,国力日衰,受尽了外国列强的侵略和奴役,几乎到了亡国的边缘。无数爱国志士发愤图强,努力探索和寻找民族复兴的道路。在中国共产党的领导下,以马克思主义为精神武器,中国人民实现了民族独立和解放,建立了社会主义新中国,为中华民族的伟大复兴奠定了坚实的基础。中华人民共和国成立以来,特别是改革开放以来,中国人民的爱国主义热情空前高涨,爱国主义在推动祖国的全面发展和进步方面,发挥着越来越重要的作用。

海报《爱国主义的时代价值》

(4)爱国主义是实现人生价值的力量源泉。爱国主义体现了每一个中华儿女对祖国的责任,这种责任是社会发展的客观要求,也是每个人自身发展的客观需要。一个人能够成为什么人,应该成为什么人,在很大程度上要依赖于社会,依赖于生于斯、长于斯的祖国。祖国给个人的成长发展创造条件,对个人的奋斗成果做出评价,为个人实现人生价值的征程指明方向。

伟大的人生目标往往产生于对祖国深沉的爱。一个人对祖国爱得越深,历史责任感就越强烈,人生目标就越明确,人生信念就越坚定。刘明侦把爱国之情、强国之志融入报国之行,战胜了科研道路上的种种困难,实现了个人价值和社会价值的统一。古往今来,彪炳中华民族史册的,无一不是忠诚的爱国者。他们之所以能做出一番事业,使自己的人生有价值、有意义,根本原因在于对自己的祖国和人民有一颗滚烫的赤子之心。

3. 新时代的爱国主义

在不同历史时代,爱国主义具有特定的主题,我们必须适应发展着的时代要求和爱国主义的主题转换,正确地而不是错误地、理性地而不是盲目地弘扬爱国主义。近代以来,中国面临着亡国灭种的危险,救亡图存必然成为爱国主义的主题。围绕这一主题,近代以来的中国人民进行了艰苦卓绝的不懈奋斗,这一奋斗历史无疑是爱国主义教育的重要内容。但是,历史条件已经发生重大变化,当今的爱国主义主题与近代的爱国主义主题有了很大不同。坚持和发展新时代中国特色社会主义、建设社会主义现代化强国、实现中华民族伟大复兴,已经成为当代中国人的奋斗目标,同时也成为爱国主义的当代主题。

刘明侦舍弃了国外的高薪岗位,坚持回到祖国做贡献,凭借自己的知识和能力改变了中国在太阳能利用方面的落后状况。她的故事呈现出对中国特色社会主义道路、理论、制度和文化的高度自信。热爱祖国、相信祖国、报效祖国,这是我们每一个青年大学生应该有的理论素养、精神品质和实践行动。

海报《新时代的爱国主义》

4. 做忠诚的爱国者

(1)认真尽好爱国的职责本分。对每一个中国人来说,爱国是本分,也是职责,是心之所系、情之所归。

在为一个光明的中国而英勇奋斗的实践中,中国人深刻认识到,必须把自己的"小我"融入祖国的"大我"、人民的"大我"之中。离开了祖国需要、人民利益,任何孤芳自赏都会陷入越走越窄的狭小天地。尤其对新时代中国青年来说,热爱祖国是立身之本、成才之基。尽爱国职责,尽爱国本分,永存爱国心,满怀爱国情,是新时代中国青年应有的基本共识。

刘明侦回国后投入忘我的科研工作,做出了享誉世界的成果,把"小我"的价值融入"大我"的发展,获得了战胜困难的强大力量,为国家和社会的发展做出了巨大贡献,成为新时代年轻人的楷模。

(2)明确认清新时代爱国主义的本质。当代中国,爱国主义的本质就是坚持爱国和爱党、爱社会主义高度统一。明确认清新时代爱国主义的本质,对于我们坚持正确的爱国主义方向,坚定中国特色社会主义道路自信、理论自信、制度自信、文化自信,具有重大意义。

为了把新时代爱国主义的本质要求落到实处,中国青年必须增强"四个意识",坚定"四个自信",做到"两个维护"。具体而言,新时代中国青年既要坚定不移、一以贯之地听党话、跟党走,胸怀忧国忧民之心、爱国爱民之情,不断奉献祖国、奉献人民,以一生的真情投入、一辈子的顽强奋斗来体现爱国主义情怀,让爱国主义的伟大旗帜始终在心中高高飘扬;也要坚定不移、一以贯之地维护国家主权、国家尊严、国家统一,坚持走中国特色社会主义道路,在加快建成社会主义现代化强国进程中,谱写新时代壮丽的青春之歌。

(3)练就过硬的爱国报国本领。练就过硬的爱国报国本领,贵在学习掌握马克思主义这一看家本领、重在增强时代责任担当能力。学习马克思主义基本原理,学习辩证唯物主义和历史唯物主义的世界观和方法论,学习马克思主义立场观点方法,可以为坚定对马克思主义的信仰、对中国特色社会主义的信念、对中华民族伟大复兴中国梦的信心提供正确的科学的理论基础和思想基础。按照德智体美劳全面发展的社会主义建设者和接班人的要求,我们需要全面提高素质能力本领,增强担当意识、担当勇气、担当精神,勇做走在时代前列的奋进者、开拓者、奉献者。

刘明侦在学生时期抓住了宝贵的成长机遇期,经过刻苦学习,她积累了丰富的科研知识,不断提升个人能力,为回国后报效祖国奠定了坚实基础。

海报《做忠诚的爱国者》

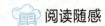

青年大学生应当以刘明侦为榜样,抓住苦练本领、增长才干的黄金时期,努力学习,掌握科学知识,提高内在素质,锤炼过硬本领,使自己的思维视野、思想观念、认识水平跟上越来越快的时代发展;增强学习紧迫感,努力学习马克思主义立场、观点、方法,努力掌握科学文化知识和专业技能,努力提高人文素养,在学习中增长知识、锤炼品格,在工作中增长才干、练就本领,以真才实学服务人民,以创新创造贡献国家。总之,我们要在坚持党中央的要求、社会发展的需求和青年自己的追求有机统一的实践中,练就过硬的爱国报国本领。

第二节　让信仰生根,坚定理想信念

关于信仰的故事:

第一:真理的味道——陈望道

1920 年 2 月中旬,因浙江"一师风潮"从省立第一师范学校愤然离职不久的陈望道,带着妻儿回到了自己的故乡——义乌分水塘村,开始翻译《共产党宣言》。

为了排除干扰,集中精力搞翻译,陈望道搬到了距离陈宅五六十米开外的一间柴屋里。一块铺板和两条长凳,既当书桌又当床,伴着几样简单的生活物件和文具,他便在那里安营扎寨,孜孜不倦地翻译《共产党宣言》。

早春时节,春寒料峭,到了深夜,刺骨的寒风透过四壁墙缝闯入屋内,陈望道的手足时常被冻得不听使唤。家里虽不缺"汤婆子"和脚炉,但他嫌那些玩意束缚了手脚,反倒令人分神。实在冷得吃不消了,陈望道就起身,跺跺脚、搓搓手,往手心里呼呼气,稍觉回暖,又专心致志地继续译书。

除了短暂的睡眠时间,陈望道吝啬到不肯在其他事情上多浪费一分一秒,一日三餐和茶水等,常常由母亲送入柴房。为了让陈望道补补身子,有一次,母亲包了几个糯米粽子,加上一碟温补祛寒的红糖,送去给儿子吃。"粽子是刚出锅的,蘸着红糖,趁热吃。"陈母反复叮嘱道。陈望道"嗯"了一声,却没有停笔。为了不打扰儿子,陈母便转身离去了。过了一会儿,母亲在屋外高声问:"还要不要再添些红糖?"陈望道连声答话:"够甜了,够甜了!"待到

阅读随感

母亲进来收拾碗碟时，只见他满嘴乌黑一片，先是大吃一惊，再看看紧挨着那碟红糖的一方砚台，她明白了一切，不由得哈哈大笑。原来，陈望道只顾译书，竟错把墨汁当红糖蘸着粽子吃了起来。"够甜了，够甜了!"这样真理的味道，伴随着陈望道度过了一个个漫长的寒夜，又迎来一次次黎明的曙光。

4月下旬，费了平时译书的五倍功夫的陈望道，终于完成了《共产党宣言》中文翻译工作。当年8月，第一部《共产党宣言》中文全译本在上海正式出版，这是中国革命斗争史的一件大事。毛泽东先后读《共产党宣言》不下百遍，每读一次都有新的启发。此外，周恩来、刘少奇、朱德、邓小平等老一辈无产阶级革命家对《共产党宣言》都情有独钟，成为他们参加革命斗争的指路明灯。

第二：以青春鉴初心——黄文秀

暴雨如注、电闪雷鸣，汹涌的洪水漫过道路，眼前是黑压压的模糊世界……这是广西壮族自治区百色市乐业县新化镇百坭村第一书记、30岁的壮族女干部黄文秀生前传回的最后视频画面。2019年6月17日凌晨，黄文秀从百色返回乐业途中遭遇山洪暴发，她所乘车辆被水冲走，牺牲在扶贫工作的路上，年仅30岁。

这名年轻的驻村第一书记，自2016年北京师范大学硕士毕业后，毅然选择回到家乡，当一名定向选调生，扎根基层。黄文秀曾在毕业时动情地对导师说："我来自广西贫困山区，我要回去，把希望带给更多父老乡亲，为改变家乡贫穷落后面貌尽绵薄之力。"

黄文秀的家庭并不富裕，父亲身患重病，重重压力之下，黄文秀总是乐观开朗、积极向上。2018年，她开始担任广西百色乐业县百坭村的驻村第一书记。从进村开始，黄文秀就努力融入当地生活，挨家挨户走访，学会了桂柳方言，在驻村的一年多时间，黄文秀帮助村民发展杉木、引进了砂糖橘种植技术，教村民做电商，以真抓实干的作风赢得村民信任；协调给每个村建起了垃圾池……她全身心扑在扶贫事业上，整天在城乡、村屯间穿梭，用真情奉献与群众打成一片；在黄文秀任上，百坭村103户贫困户顺利脱贫88户，村级集体经济项目收入翻倍。

在驻村笔记中，黄文秀写道："每天都很辛苦，但心里很快乐。"为了做好扶贫工作，黄文秀倾尽心力，克服困难，以"扶贫路上只有前进没有后退"的勇气和坚毅,在广阔的基层一线,扎根在群众中,把所掌握的知识综合运用到实际工作中去,以使命担当兑现着"不获全胜,绝不收兵"的驻村诺言,实现了自己的人生价值。

一、扣好人生的第一粒扣子

青年的价值取向决定了未来整个社会的价值取向,而青年又处在价值观形成和确立的时期,抓好这一时期的价值观养成十分重要。这就像穿衣服扣扣子一样,如果第一粒扣子扣错了,剩余的扣子都会扣错。人生的扣子从一开始就要扣好。

1.树立和践行社会主义核心价值观

青年是祖国的未来,青年的价值取向决定了未来整个社会的价值取向,而青年又处在价值观形成和确立的关键时期,走好人生中的第一步,离不开正确价值观的引领。古语言"百行德为首",青年以"德"立己,才能开创一番不朽的事业,才能"德"泽他人,才能汇聚成浑厚的回响,成为推动社会发展的强大精神力量。核心价值观,其实就是一种德,既是个人的德,也是一种大德,就是国家的德、社会的德。国无德不兴,人无德不立。青年要扣好人生的第一粒扣子,必须自觉树立和践行社会主义核心价值观。

党的十八大提出,倡导富强、民主、文明、和谐,倡导自由、平等、公正、法治,倡导爱国、敬业、诚信、友善,积极培育和践行社会主义核心价值观。把涉及国家、公民、社会三个层面的价值要求融为一体,回答了我们要建设什么样的国家、建设什么样的社会、培育什么样的公民的重大问题,是当代中国精神的集中体现,凝结着全体人民共同的价值追求,是社会主义核心价值观的基本内容。作为社会主义核心价值体系的内核,社会主义核心价值观体现社会主义核心价值体系的根本性质和基本特征,反映社会主义核心价值体系的丰富内涵和实践要求,是社会主义核心价值体系的高度凝练和集中表达。

社会主义核心价值观是新时代人民的精神支柱、行动向导。一个人未来如何发展,在很大程度上取决于核心价值观的引领;一个民族能否增强精神纽带,核心价值观起着基础性、决定性作用。树立和践行社会主义核心价值观,我们要从现在做起,从自己做起,把社会主义核心价值观作为日常行为准则,深度融入社会生活的各个方面,在潜移默化中修身立德,并身体力行大力将其推广到全社会,为实现国家富强、民族振兴、人民幸福的中国梦凝聚强大的青春能量。

2. 锤炼品德修为

新时代中国青年要锤炼品德修为,要把正确的道德认知、自觉的道德养成、积极的道德实践紧密结合起来,不断修身立德,打牢道德根基,在人生的道路上走得更正、走得更远。这是对广大青年的殷切期待与要求,更指明了广大青年要在时代中建功立业,必须夯实品德基础。

(1)从中华民族传统美德中汲取道德滋养。中华民族传统美德是人类文明发展的重要精神财富,是社会主义道德建设的源头活水,蕴含着丰富的思想道德资源。《新时代公民道德建设实施纲要》倡导自觉传承中华传统美德,全面推进社会公德、职业道德、家庭美德、个人品德建设。五千多年浩瀚文明的滋养,从历史中孕育的中华文化,一直焕发着迷人的魅力和风采:"富贵不能淫,贫贱不能移,武威不能屈,杀身以成仁"的民族气节;"不义而富且贵,于我如浮云"的利益选择;"仁者爱人,有礼者敬人"的仁爱之心;"天下兴亡、匹夫有责"的担当精神;"人生自古谁无死,留取丹心照汗青"的爱国情怀……在中华传统道德的发展演化中,塑造出了重视整体利益、强调责任奉献,推崇"仁爱"原则、注重以和为贵,提倡人伦价值、重视道德义务,追求精神境界、向往理想人格,强调道德修养、注重道德践履的丰富内容。正是这些宝贵的美德,铸就了中华民族特有的信仰追求、价值取向和精神气质,激励着中华儿女在危急时刻,万众一心,众志成城,不畏艰险,百折不挠,使中华民族从落后挨打、一穷二白走向独立自主、繁荣富强,屹立于世界民族之林。今天,中华民族传统美德的时代价值集中体现在"讲仁爱、重民本、守诚信、崇正义、尚和合、求大同"的思想理念中,代表着中华民族独特的精神标志。善于继承才能善于创新,新时代锤炼品德修为,我们更需身体力行中华传统美德,立根塑魂,凝聚力量,争做担当民族复兴大任的时代新人。

(2)从英雄人物和时代楷模的身上感受道德风范。英雄人物和时代楷模的先进事迹植根于中华民族深厚的道德积淀,体现了全体人民的道德追求,展示了中华民族的优秀道德品质。在中国革命、建设、改革事业的进程中,一代又一代英雄人物和时代楷模贡献了不朽的力量,有的甚至献出了宝贵生命,留下了可歌可泣的事迹。从 20 世纪初舍生取义、慷慨赴义的谭嗣同、夏

海报《锤炼品德修为》

明翰,到革命战争年代冲锋陷阵、视死如归的黄继光、邱少云,到中华人民共和国刚成立便毅然归国、毫不动摇的邓稼先、钱学森,再到改革开放以来顽强拼搏、绽放光彩的张海迪、孔繁森,进入中国特色社会主义新时代,不惧苦难、扎根基层的李保国、黄文秀,等等。这些英雄人物和时代楷模身上所展现出来的精神气质和道德品格为我们树立起了一座座前行的灯塔,他们中有不少是我们日常生活中能够近距离感受的具有积极道德影响的人物,看得见、摸得着,可以学、能够学。深入学习英雄人物和时代楷模的先进事迹,崇德向善、见贤思齐,有利于弘扬社会正气,唤起自身的责任意识,激发追求真善美、树正气之风,在全社会营造知荣辱、促和谐的良好道德风尚,团结建设社会主义核心价值体系的强大力量,不断巩固全党全国各族人民团结奋斗的共同思想基础,凝聚建设中国特色社会主义事业的强大合力。

(3)从自身内省中提升道德修为。自省、慎独是儒家提出的重要修身方法,面对世界范围思想文化交流交融交锋形势下价值观较量的新态势,面对改革开放和发展社会主义市场经济条件下思想意识多元多样多变的新特点,当代青年出现了不同程度的道德选择难题,个别是非混淆、善恶不分、美丑不辨的现象,更是缺乏自律精神,不注重自身内省导致的结果。几千年前,儒家提出"吾日三省吾身,为人谋而不忠乎? 与朋友交而不信乎? 传不习乎?""见贤思齐焉,见不贤而内自省也"的真知灼见,《礼记·中庸》中也提道:"道也者,不可须臾离也;可离,非道也。是故君子戒慎乎其所不睹,恐惧乎其所不闻。"这些从自身内省中提升道德修养的方法,在历史长河中对人们追求高尚的道德情操具有深远的影响。今天,仍是当代青年培育高尚的道德人格的重要途径。我们可以借鉴学思并重、省察克治、慎独自律、知行合一、积善成德的个人品德修养方法,自觉地将一定社会的道德规范、准则及要求内化为道德品质,以促进人格的自我陶冶、自我培育和自我完善,以通过增强自我反省、自我督促意识,从细微处不断分析自己、约束自己,培养自律精神,养成情趣健康的道德习惯,做到防微杜渐,砥砺品行,真正明是非、知善恶、辨美丑,追求更有高度、更有境界、更有品位的人生。

为了做好扶贫工作,黄文秀倾尽心力,克服困难,以"扶贫路上只有前进没有后退"的勇气和坚毅,在广阔的基层一线,扎根在群众中,把所掌握的知识综合运用到实际工作中去,以使命担当兑现着"不获全胜,绝不收兵"的驻

海报《坚定理想信念》

阅读随感

村诺言,实现了自己的人生价值。2019年《感动中国》颁奖词说:"有些人从山里走了,就不再回来,你从城里回来,却再没有离开。来的时候惴惴,怕自己不够勇敢,走的时候匆匆,留下最美的韶华。百色的大山,你是最美的朝霞,脱贫的战场,你是醒目的黄花。"此段颁奖词描绘了黄文秀坚定而又闪光的一生。作为在脱贫攻坚伟大实践中涌现出来的时代楷模和先锋模范,黄文秀将短暂的一生献给了党和国家,献给了党的事业,献给了为人民服务的基层工作,她的奋斗拼搏,用生命诠释了初心和使命,展现了新时代中国青年的精神风貌,也照亮了后来者拼搏奋进、勇于追梦的前路。

二、补足精神之钙

理想信念就是共产党人精神上的"钙",没有理想信念,理想信念不坚定,精神上就会"缺钙",就会得"软骨病"。

1. 认识理想信念

理想信念是人的心灵世界的核心,追求远大理想,坚定崇高信念,是大学生健康成长、成就事业、开创未来的精神支柱和前进动力。在一定意义上讲,理想是人们在实践中形成的、有实现可能性的、对未来社会和自身发展目标的向往与追求,是人们的世界观、人生观和价值观在奋斗目标上的集中体现,理想具有超越性、实践性、时代性。信念是人们在一定的认识基础上确立的对某种思想或事物坚信不疑并身体力行的精神状态。信念是认知、情感和意志的有机统一体,为人们矢志不渝、百折不挠地追求理想目标提供了强大的精神动力。信念具有执着性、多样性。

理想指引方向,信念决定成败。李大钊指出:"一个人如果没有努力为之追求的理想和信念,就等于没有灵魂。"人生好比航海,理想信念就是远航的灯塔,昭示着前行的方向,没有理想信念,我们就会失去人生的坐标、前进的动力。理想信念是人生立身处世的基石,昭示奋斗目标,提供前进动力,提高精神境界,是人们对未来的向往和追求,是一个人世界观和政治立场在奋斗目标上的集中体现,是确立人生价值取向的最高准则。

2. 树立正确的理想信念

理想信念是个富有魅力、令人神往的字眼。回溯历史,无数先哲探索过它的真谛,留下了发人深省的至理名言。青年马克思郑重选择"最能为人类

海报《认识理想信念》

福利而劳动的职业"的崇高理想;少年周恩来发出"为中华之崛起而读书"的誓言;青年雷锋树立"把有限的生命投入到无限的为人民服务之中去"的理念;北大青年学子喊出"团结起来,振兴中华"的时代强音。我们过去几十年的艰苦奋斗,就是靠崇高的理想信念把人民团结起来。没有这样的理想信念,就没有民族凝聚力。没有这样的理想信念,就没有社会主义新中国。

"真理的味道是甜的。"现实充分证明,就科学性、真理性、影响力、传播面而言,没有一种思想理论能达到马克思主义的高度,也没有一种学说能像马克思主义那样对世界产生如此巨大的影响。这真理的养分充分滋养,使得饱经磨难的中华民族自危难中奋起、于困境中重生,使得中国特色社会主义道路、理论、制度、文化不断发展,拓展了发展中国家走向现代化的途径,为解决人类问题贡献了中国智慧和中国方案。真理的味道是甜的,为真理而奋斗的人生是壮美的,我们更应沿着奋斗者的足迹,追求真理,坚定信仰,用理想之光照亮奋斗之路,用实践伟力开创美好明天。

在大学期间,我们不仅要提高知识水平,增强实干经验,更要树立正确的理想信念。青年的理想信念关乎国家未来,青年理想远大、信念坚定,是一个国家、一个民族无坚不摧的前进动力。青年志存高远,就能激发奋进潜力,青春岁月就不会像无舵之舟、无衔之马,漂荡奔逸。新时代大学生应当确立马克思主义的科学信仰,树立共产主义的远大理想和中国特色社会主义共同理想。这就需要我们自觉地将自己的命运与国家的命运紧密联系,树立为国家发展而奉献青春的远大志向,脚踏实地,锲而不舍,将自己毕生的精力奉献到实现中华民族伟大复兴中国梦的进程中去,才能更好地实现人生价值,升华人生境界。

海报《树立正确的理想信念》

3. 坚定理想信念

（1）加强马克思主义理论的学习。中国共产党人的理想信念,建立在马克思主义科学真理的基础之上,建立在马克思主义揭示的人类社会发展规律的基础之上。"只有深刻理解了马克思主义,才能树立起坚定的理想信念。"马克思主义理论体系是关于全世界无产阶级和全人类彻底解放的学说。它由马克思主义哲学、马克思主义政治经济学和科学社会主义三大部分组成,是马克思、恩格斯在批判地继承和吸收人类关于自然科学、思维科学、社会科学优秀成果的基础上于 19 世纪 40 年代创立的,并在实践中不断地丰富、发展和完善的无产阶级思想的科学体系。

1936 年，毛泽东在陕北根据地曾对美国记者斯诺说："有三本书特别深地铭刻在我心中，建立起我对马克思主义的信仰。排在三本书之榜首的即是陈望道翻译的《共产党宣言》，这是用中文出版的第一本马克思主义的书……"不仅仅是毛泽东，周恩来、刘少奇、朱德、邓小平等老一辈无产阶级革命家，对《共产党宣言》都情有独钟。在 1949 年 7 月召开的中华全国文学艺术工作者代表大会上，时任中央军委副主席的周恩来遇见前来与会的陈望道时，紧紧握住他的手，当着在场代表们的面，笑呵呵地说："陈望道先生，我们都是你教育出来的！"马克思主义理论著作是无数革命先烈参加革命斗争的指路明灯。

中国共产党从成立之日起，就始终坚持马克思主义的信仰，以马克思主义为指导，运用马克思主义的立场、观点、方法，探索和解决中国革命、建设、改革实践中的一系列重大问题，推动党的事业不断向前发展。今天，树立坚定的理想信念，必须高度重视马克思主义理论学习，努力用好这一思想武器。我们要学好用好马克思主义经典著作，研读伟人的理论成果，坚持学以致用、用以促学、熟读精思、学深悟透，熟练掌握学习马克思主义的立场、观点和方法，理解马克思主义的精神实质，不断提高自身的马克思主义理论素养。在学习过程中，我们还应把学习马克思主义经典著作与学习马克思主义中国化最新成果结合起来。中国特色社会主义理论体系是同马克思列宁主义、毛泽东思想既一脉相承又与时俱进的科学理论。在研读当代中国马克思主义理论著作的同时，要追根溯源，认真学习马克思列宁主义经典作家的著作，认真学习毛泽东同志的著作。这是对我们学习马克思主义理论提出的明确要求。学习马克思主义经典著作与学习马克思主义中国化最新成果是相辅相成的，应有机结合起来。

（2）正确处理理想与现实的关系。新时代的青年，未来的人生道路还很长，而理想的实现不会一帆风顺，不可避免会遇到各种各样意想不到的困难和挫折，对于青年们来说，或多或少会感受到理想与现实的相逆。当发现现实并不符合理想的时候，容易产生思想上的混乱和情绪上的波动，焦躁的人们难免对现实失望，甚至以理想来否定现实。还有一种认识偏向，用现实来否定理想，在实现理想的过程中遇到困难时，就觉得理想遥不可及。

正确处理理想与现实的关系是在成长的道路上行稳致远的关键。理想和现实的关系既对立又统一,一方面,理想来源于现实,是对现实的反映,现实中包含着理想的因素,孕育着理想的发展;另一方面,理想中也包含着现实,既包含着现实中必然发展的因素,又包含着由理想转化为现实的条件,在艰苦奋斗的实践过程中,在人们全身心地去开拓进取的条件下,理想就可以转化为未来的现实。

我们应清楚地认识到:理想的实现是一个长期性、艰巨性和曲折性的过程。一般来说,理想越是远大,实现过程就越复杂。理想要转化为现实,需经过坚持不懈的奋斗,不愿奋斗,脱离现实而谈理想,理想永远只是空想,毫无意义。理想变为现实,不是一蹴而就、一帆风顺的,在理想实现过程中,往往会遭遇波澜和坎坷,我们要正确地对待顺境与逆境。在顺境中要善于抓住机遇,迎高潮而快上,乘顺风而勇进,不断丰富与完善自己;在逆境中要将压力变成动力,处低谷而力争,受磨难而奋进,一步一步实现自己的理想。

第三节 与人民同行,绽放绚丽青春

关于奋斗的故事:

用奋斗的青春告白祖国——战疫大学生

2020年新春,一场突如其来的新冠肺炎疫情肆虐全国,突发的疫情把返乡的大学生们留在了家乡。在河南省焦作市武陟县中水寨村,10名90后、00后大学们在特殊的乡村战疫现场绽放了绚丽的青春之光。

中水寨村离焦作市区不到40千米,交通便利,外出务工人员和经商人员多,疫情暴发初期,防控形势非常严峻。同济大学的博士生马明杰在微信群里发出倡议,希望村里返乡的大学生能一起帮助村里战疫。倡议一出,马上得到了大家的响应。这样,一支由马明杰、马姣姣、马蓓蓓、马霞飞、王志灵、马婷婷、秦润潮、赵文赐、邵羽冰、邵羽雪十名大学生组成的抗疫队伍成立了。

从1月份放假开始,这支临时组建的防疫防控小分队一直活跃在疫情防控的第一线,消杀、检测、宣传……他们从未懈怠。后经上级党委批准,中水

阅读随感

寨村成立了大学生防疫防控临时党支部，大学生党员在战疫一线重温入党誓词，牢固树立"困难面前有我在，危险面前让我来"的思想，并用实际行动诠释了当代青年人的初心和使命。

在疫情形势稍有缓解之后，不少家长开始复工，谁来辅导孩子的学习成了许多村民的难题，大学生们又开启了入户帮学模式，根据中小学生的学习需求，结合自己所学专长为村户家的中小学生辅导功课，辅导领域甚至涵盖计算机、摄影、心理学等特色课程。来自上海交通大学媒体与传播学院的马姣姣发挥专业特长在抖音上创建自媒体账号"小辣娇学姐"，不断更新本村大学生辅导功课视频，同时开通网络直播为中学生义务补课，马姣姣说："其中两条关于本村大学生辅导中学生的视频播放量分别达到85万和53万，点赞量共计7万。"收到了良好的社会反响。

又值春耕时节，大学生们帮学之余还投入了新的战场，协助村民春耕备耕。中水寨村无花果基地负责人郑会敏说："我们人手紧缺，大学生们就到基地帮我们种植果苗、浇灌果园，沟通交流关于无花果种植和销售上的想法，马姣姣、马蓓蓓、赵文赐等几名大学生还提出用盆栽提高产业附加值，对我们的帮助非常大。"灌溉农田，栽种果树，大学生们尽己所能地促进本村的经济发展。

海报《永久奋斗是青年运动的伟大传统》

一、立足当下，以奋斗致青春

奋斗是青春最亮丽的底色。"自信人生二百年，会当水击三千里。"民族复兴的使命要靠奋斗来实现，人生理想的风帆要靠奋斗来扬起。没有广大人民，特别是一代代青年前赴后继、艰苦卓绝的接续奋斗，就没有中国特色社会主义新时代的今天，更不会有实现中华民族伟大复兴的明天。

1. 永久奋斗是青年运动的伟大传统

历史是一代一代奋斗者接续演进并书写的，中国人民近代以来170多年的斗争史、中国共产党近百年的奋斗史，都是中国人民战胜一切艰难险阻、披荆斩棘的奋斗史。在历史长河中，一代一代的仁人志士为救亡图存英勇奋斗、艰苦探索，这其中无数有志青年怀抱崇高理想，永续奋斗。一代又一代中国共产党人，大多数都是在青年时代就满怀信仰和豪情加入了党组织，并为党和人民奋斗终身。党的队伍中始终活跃着怀抱崇高理想、充满奋斗精神的青年人，这是我们党历经百年风雨而始终充满生机活力的一个重要原因。中国人民和中华民族从斗争实践中懂得，中国社会发展，中华民族振兴，中国人民幸福，必须依靠自己的英勇奋斗来实现，没有人会恩赐我们一个光明的中国。这些论述是对中华民族能走过艰难曲折的发展历程，取得辉煌灿烂历史成就的经验总结。社会主义是实干出来的，幸福也是奋斗出来的。正是因为有广大青年在内的全国人民为国家、为民族、为人民抛头颅、洒热血，英勇牺牲，顽强奋斗，中华民族才开辟了伟大复兴的新纪元，开创了历史的新局面。

2. 接续奋斗是新时代中国青年的责任

　　每一代人都有每一代人的青春，每一代人的青春都应是奋斗的青春。今天，我们的生活条件好了，但奋斗精神一点都不能少，中国青年永久奋斗的好传统一点都不能丢。没有奋斗的青春是没有意义的。现在，青春是用来奋斗的；将来，青春是用来回忆的！

　　我们所处的时代，是中国特色社会主义新时代，经济高度发达，物质生活极为丰富，人民生活水平极大提高，党和国家事业发生了历史性、根本性变化，取得了历史性、根本性成就。这样一个伟大的时代，为广大青年施展才华提供了更加广阔的空间，广大青年可以充分利用这个伟大时代创造的一切有利条件，自由挥洒，激情奔放，放飞人生理想，成就伟大梦想。我们的奋斗当然要比前辈容易一些，但是，安于享乐向来就是接续奋斗的天敌。现实中一些青年人缺少的不是激情，也不是文化积累和奋斗机遇，而是对奋斗的艰辛和挫折准备不足。奋斗的道路不会一帆风顺，甚至荆棘丛生、充满坎坷。我们要正确对待一时的得失成败，处优而不养尊，受挫而不短志，要有踏石有印、抓铁有痕的顽强意志，夯实创业奋斗、顽强奋斗、接续奋斗、永久奋斗的强大思想基础。

3. 新时代中国青年的奋斗底色

　　民族复兴的使命要靠奋斗来实现，人生理想的风帆要靠奋斗来扬起。今天，新时代中国青年更要勇于砥砺奋斗。

　　（1）青年需立足当下。中国特色社会主义进入新时代，新时代中国青年运动的主题，新时代中国青年运动的方向，新时代中国青年的使命，就是坚持中国共产党领导，同人民一道，为实现"两个一百年"奋斗目标、实现中华民族伟大复兴的中国梦而奋斗。实现"两个一百年"奋斗目标、实现中华民族伟大

海报《接续奋斗是新时代中国青年的责任》

阅读随感

阅读随感

复兴的中国梦,这些都是新时代下的中国当代青年砥砺奋斗的主动力和方向所在,要求广大青年要坚持中国共产党的领导,听党话、跟党走。

在实现中华民族伟大复兴的新征程上,必然会有艰巨繁重的任务,必然会有艰难险阻甚至惊涛骇浪,广大青年必须发扬艰苦奋斗精神,要以实现中华民族伟大复兴为己任,把自己的"小我"融入祖国的"大我"、人民的"大我"之中,与时代同步伐、与人民共命运,承续爱国情、激扬奋斗志,在担当中历练,在尽责中成长,自觉按照党和人民的要求锤炼自己、提高自己,将实现个人理想抱负与民族兴盛相结合,让青春的绚烂绽放于祖国的广袤大地,切实担负起必将承担的历史责任,共同享有人生出彩的机会,共同享有梦想成真的机会,共同享有同祖国和时代一起进步的机会。

(2)青年需不断积累。"不积跬步,无以至千里;不积小流,无以成江海。"奋斗是需要积累的。一方面,青年学生阅历不广,容易从自身角度、从理想状态的角度来认识和理解世界,难免给他们带来局限性。新时代中国青年担当时代使命,需要依靠过硬的本领,练就过硬本领则要依靠孜孜不倦地学习。青年时期是学习的黄金期,青年时期学识基础的厚实与否,影响甚至决定自己的一生。新时代中国青年要把学习作为首要任务,要有刻苦钻研、认真学习的精神,抓住一切时机,加强学习。新时代中国青年不仅要学习书本上的理论知识,还要学习实践中的知识,要在紧跟新时代、新际遇的潮流中持续提高自身的素质和能力。另一方面,青年时期处于人生道路的起步阶段,在学习、工作、生活方面往往会遇到各种困难和苦恼,需要社会及时伸出援手。青年学生大多人生经验不足,不能较好地处理理论与实践关系问题,社会需及时给予援手,帮助广大青年结合新时代中国特色社会主义的伟大实践,按照党和人民的要求,不断积累锤炼、增长才干,成长为在新时代改革开放事业的奋斗中可堪大用、能担重任的栋梁之材。

(3)青年需注重实干。《荀子·儒教》有言:"不闻不若闻之,闻之不若见之,见之不若知之,知之不若行之,学至于行而止矣。"实干兴邦、空谈误国。求真务实一直是中华民族生存发展的优良传统,实践是认识的唯一来源,人类一切的实践活动中所产生的问题,归根结底只能通过实践来解决。

奋斗不是一句响亮的口号,而是充满挑战和风险的实践过程,新时代中国青年面临着实现中华民族伟大复兴的重任,必须摒弃一切投机和侥幸的思

海报《新时代中国青年的奋斗底色》

想观念,注重实干,保持奋发向上的精神风貌,用实际行动来回应现实问题。人世间的一切幸福都是要靠辛勤的劳动来创造的,新时代中国青年未来的辉煌不是靠口头的表述,而是要通过做好每一件小事、完成每一项任务、履行每一项职责来体现。因此,广大青年必须做走在时代前列的奋进者、开拓者、奉献者,在艰难险阻中毫不畏惧,在劈波斩浪中开拓前进,在披荆斩棘中开辟天地,在攻坚克难中创造业绩,用奋斗点亮自身,用实干点燃时代。

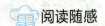
阅读随感

在 2020 年初新型冠状病毒肺炎疫情防控斗争中,河南省焦作市武陟县中水寨村 10 名大学生主动报名,投身在乡村的疫情防控和脱贫攻坚工作中。在疫情防控的特殊时期,中水寨村 10 名大学生爱国爱民、志存高远、坚定理想信念,不惧怕、不畏缩,用自己的辛勤努力服务人民大众,展现了其奋勇争先的进取精神和甘于奉献的担当意识,谱写了精彩的青春故事,为当代大学生树立了榜样。从这 10 名大学生身上,我们可以看到当代中国青年的责任、奉献、能量。如何立足当下,以奋斗致青春? 他们给予了我们最好的答案。

二、立足大我,以奉献致青春

青年一代有理想、有本领、有担当,国家就有前途,民族就有希望。

1. 认识"大我"与"小我"

瑞士心理学家荣格把自我分为"大我"和"小我",如果把"大我"比作一个圆的圆周,那么"小我"就是这个圆的圆心。"小我"是自己对外界的看法和认知,注重的是自我意识。"大我"是愿景、使命层面上的问题,注重的是群体意识。实现"大我"的过程,就是回答关于"自己一生的所作所为,能为别人带来什么价值"这一问题的过程。

如何看待"大我"与"小我"的关系问题? 雷锋说:"人的生命是有限的,可是,为人民服务是无限的,我要把有限的生命投入到无限的为人民服务中去。"世界是由个体组成的,但孤立的个体成不了世界,只有许许多多的个体联合起来才成世界。个体生命的延续总是有限的,要使生命永恒,需把个体的有限生命融入整体的奋斗中去,延续才能无限。隐姓埋名三十载,许身报国铸辉煌的黄旭华,在青年时便选择把自己的青春和梦想交付给湛蓝的海洋,在惊涛骇浪中日夜坚守攻克难关,将炽热的中国心镌刻在民族的百年战舰史册,让中华民族有了捍卫国家安全的"海上苍龙",世界也留下了他"第一

阅读随感

人"的传奇身影;立下愚公移山志,劈山引水为人民的黄大发,带领村民奋斗了整整36年,在绝壁凿出"生命之渠",为家乡引来一泓清泉,一辈子的坚守和实干,恰如一曲河流融入了大海,一筐垒土嵌入九层之台,他便有了海一样的胸怀,山一样的崇高。他们几十年专注一事,为国为民,淡泊名利,把"小我"融入"大我"之中,走出了"高山仰止,景行行止"的人生之路。作为新时代的中国青年,我们也应该常常思考:你来到这个世界,到底想改变什么? 在这个改变的过程中,你的使命让你承担什么责任? 广大青年最该做的事情,应是多关心社会、民族的需要,找到"大我",然后把"小我"和"大我"统一起来,探求自己一生所愿为之努力的事情,迸发"大我"的辉煌。

2. 练就过硬本领,奉献青春力量

(1)学习科学文化知识。梁启超在《少年中国说》中写道:"少年智则国智,少年富则国富,少年强则国强,少年独立则国独立,少年自由则国自由,少年进步则国进步,少年胜于欧洲,则国胜于欧洲,少年雄于地球,则国雄于地球。"祖国的未来不在他人,全在中国少年。新时代既为青年提供了施展才华、竞展风采的广阔舞台,也对青年能力素质提出了更新、更高的要求,不论是成就自己的人生理想,还是担当时代的神圣使命,广大青年均需抓住人生学习的黄金时期,努力学习马克思主义立场、观点和方法,努力掌握科学文化知识和专业技能,努力提高人文素养,增长才干、苦练本领,使思维视野、思想观念、认识水平紧紧跟上时代发展的步伐。"学如弓弩,才如箭镞。"新时代的广阔舞台,呼唤各行各业的扎实奋斗者、广大青年只有在学习中增长知识,在实践中练就本领,才能以真才实学服务人民、回报社会、贡献祖国。

海报《练就本领奉献青春》

(2)勇于担当,主动作为。中国特色社会主义事业是面向未来的事业,需要一代又一代有志青年接续奋斗,"两个一百年"奋斗目标、伟大复兴中国梦激励着广大青年要勇敢地肩负起历史重任。新时代中国青年要始终把稳这一思想之舵,自觉承担起国家强盛、民族振兴、人民幸福的主体责任,自觉把个人理想信念与国家、民族的前途命运紧紧联系在一起,做到在难题面前敢闯敢试、敢为人先,在矛盾面前敢抓敢管、敢于碰硬,在风险面前敢作敢为、敢担责任,为人民、为国家奉献新时代中国青年的青春力量。

(3)用发展的眼光看问题。当今世界处于大发展大变革大调整时期,世界多极化、经济全球化、社会信息化、文化多样化深入发展。广大青年应深刻认识和理解时代发展的特征和趋势,调整好自己的人生坐标。时代在变迁,社会在进步,陈旧的思想已经适应不了新时代的发展进步。青年需立足于新时代中国特色社会主义伟大实践,一方面,以社会主义核心价值观为指引,扣好人生的第一粒扣子,把自身的梦想与国家民族兴衰荣辱紧密相连,勤奋学习、脚踏实地,承担时代赋予的使命,积极讲好中国故事、传播好中国声音,向世界展现真实、立体、全面的中国,提高国家文化软实力和中华文化影响力。另一方面,国之交在于"民之亲",青年是"民之亲"的重要基础。处于全球化飞速发展时代背景下的青年,更加开放包容,在推动国际交往和世界发展方面有着天然的优势。青年需着眼于人类社会发展的前景,以更宽广的视野谋划人生、创造历史,为积极推动构建人类命运共同体贡献中国智慧和中国方案。

【乐学善思】

1. 理想信念和大学生成长成才之间有什么重要关系?

2. 奋斗对于人生和青春有哪些重要意义?

3. 如何让青春在党和人民最需要的地方绽放绚丽之花?

【知行合一】

请通读本章内容,结合新时代大学生的历史使命,谈谈你的人生理想和实现路径。

第四章

调试方法　学会主动学习

　　适应大学的学习是每一位大学生必须面对和思考的问题,大学生对学习的认识和理解直接影响着大学生活的状态和今后长远学习任务的完成度。因此,在开始大学生活之际,大学生要对大学学习有一个全面的了解,掌握一些必备的学习常识,有利于大学生在大学期间的成长和发展。与初等教育不同,大学的学习内涵和外延都发生了巨大的变化,这就要求大学生在继续发扬勤奋刻苦的学习精神之外,在学习方式方法的选择、学习内容的定位等各方面都要做出相应的调整。适应大学的教育教学规律,掌握大学学习的特点,从适应大学的学习开始,学会自主学习。

第一节　认识大学的学习

　　对于刚踏入大学校门的大学生来说,在一个全新的环境里,都面临一个共同的老问题:学习到底学什么? 怎么学? 学习是构成丰富多彩的大学生活的中心内容,也是大学生最重要的职责与使命。大学阶段的学习与中学阶段的学习相比,在学习内容、学习方法等方面都发生了较大变化,导致大学新生产生学习适应不良现象,如对大学轻松自在的不恰当期待导致进入大学后的过度自我放松;对教师等外在学习环境的依赖较大,不能主动适应大学的教学变化;自觉学习的积极性不足,没有形成自己的学习计划,没有养成良好的学习习惯;不能快速适应大学学习环境的新变化,原来已经习惯的学习方法不再好用了,学习的动力一再受到冲击,滋生畏学、厌学情绪,甚至开始无意识地逃避学习,等等。

学习是大学生的首要任务,而学会学习则是学习的根本宗旨,适应大学的学习则是开启大学学习之旅的基础和前提。认识和了解大学学习的一般思维原理及其应用,掌握大学学习的基本知识和有效的学习方法,学会自主学习,是大学新生最为迫切的任务。

一、大学学习环境的变化

从小学到高中的学习,每个人都有一套自己总结出来的学习方法,而且习以为常。为什么到了大学,学习又作为一个新的问题被提出来,并再三强调大学新生要尽快完成从中学到大学的转变呢? 根本原因是由大学学习的基本特点所决定的。大学和中学虽然都是学习知识的地方,它们之间虽有着内在的联系,但两者又有许多不同的特点,主要反映在大学教师课堂教学的特点和大学学生学习的特点上。首先介绍一下大学学习生活和初高中学习生活之间所存在的差异。

(1)学习内容、深度和广度的不同。中学学习内容是多学科性、全面的,主要学习一般性的基础知识。大学学习内容广、课程多、难度大。大学教学则是一种基本定向的专业教学,课程分公共课、专业基础课、专业课三个层次,且每一个学期学习的课程都不相同,内容量大;大学学习内容专业性强,其难度是可想而知的。

(2)学习方式不同。中学时期是由教师安排好每一堂课的学习,是大量而紧凑的课堂教学,学生"放单飞"的机会较少。而在大学里,课堂讲授相对减少,自学时间大量增加。同时,大学为学生学习提供了非常好的环境,有藏书丰富的图书馆,有设备先进的实验室,有丰富多彩的课外文化艺术活动。大学的教学计划还安排了大量的实验实训、顶岗实习、社会调查、毕业设计等教学环节。大学需要学生"自己走"。

(3)学习方法变化明显。中学时教师教学生是"手拉手"领着教,教师安排得详细周到,学生只需要记忆和背诵。而大学则是"教师在前,学生在后引着走",提倡学生自主学习,课外时间要自己安排,要求从"要我学"向"我要学"转变,不采用题海战术和死记硬背的方法,提倡生动活泼地学习,提倡勤于思考。

阅读随感

（4）教学要求上的不同。中学要求"吃透书本"，强调把教学大纲规定范围内的教学内容掌握得"滚瓜烂熟"，甚至达到"炉火纯青"的地步；大学学习则主要在于获取新知识，培养学习能力。

（5）教师讲课差异显著。一是大学授课多介绍思路，主讲重点、难点内容，而且多使用投影机、多媒体授课，实现了授课手段多样化，授课进度比较快。二是抽象理论多，直观内容少。三是课外答疑少。四是参考书目多，课外习题少。此外，大学学习的教学环境也发生了变化。中学时期，我们有固定的教室、固定的座位，而且是小班授课。但是在大学里，每个班没有固定的属于自己独享的教室，有时这一节课可能在某栋楼的某个教室学习，但下一节课又会到另一栋楼去听课，与自己一起上课的可能还会有不同专业的同学。

（6）教学目标不同。中学主要是传授基础科学、文化知识，本质上是一种中等水平的普通教育，为广大学生的继续深造和就业做一般性的基础文化知识准备，基本没有考虑未来职业的具体要求。大学教育则主要是一种专业教育，其教学目标是瞄准未来社会生产建设和社会发展的实际需要，尽可能照顾到未来具体职业的特殊教育，因此，大学教育是培养专门人才的成才教育。大学所传授的知识既有专业基础知识，又有专业知识；既重视实际动手操作技能的培养，又有本学科研究前沿上的最新成就和动向的介绍与探索。

二、大学课堂教学的特点

大学课堂教学是学生学习的主渠道，也是教师传授知识的主阵地，但教师的授课方式、教授思路等与初等教育也有着显著的不同。

（1）介绍思路多，详细讲解少。大学教师上课时，主要讲背景、思路，讲重点、难点，一次课下来，涉及讲义内容十几页甚至几十页。教师上课有时可能会打破教材的先后顺序，有时把教师本人思考的观点、不同学者专家的不同看法也介绍给学生，其主要目的一般不是在课堂上解决问题，重要的是给学生提出各种问题，摆出各种观点，启发学生思考，引导学生探索。在教学过程中，教师十分注重思维方法的引导和开发，有的告诉问题研究的进程，有的告诉问题仍然悬而未决，有的告诉问题的直接结果，有的把学生的思维引到各种想象之中，让学生下课之后，带着问题查资料，与同学讨论，自己去解决问题，寻找答案。

阅读随感

（2）抽象概念多，直观形象少。大学一年级开设的基础课对一些同学来说似曾相识，有些名词术语好像也知道。但是，几次课下来，就感到内容抽象，晦涩难懂。例如，中学的政治理论课着重于基本理论的分析和运用，而大学政治理论课侧重于对理论、历史、现实问题的分析。如果对此认识不充分，缺乏思想准备，就容易产生厌倦情绪，从而影响学习积极性。一般说来，抽象理论的掌握总不如直观的东西来得容易，但是抽象思维本身也会给学习者带来无穷的乐趣。

（3）课堂讨论多，课外答疑少。在大学课堂教学中，讨论是一种常见的教学方法。教师讲到每章或者每节时，都会提出与本章节内容有关的问题，供学生思考和讨论。这些问题有的是有争议的，有的是需要认真研究的，有的是非常前沿的。在讨论中，有时教师让学生把各种观点摆出来，然后再归纳总结；有时教师把社会流行观点讲出来，让学生思考每个观点的对与错、全面与片面；有时教师给学生结论，有时又不给结论；有时教师参与讨论之中甚至争辩，最后达成共识，直到弄懂难题。但是下课以后，学生与任课教师见面较少。因为教师要进行不同班级、不同年级，甚至不同专业的教学工作，有的还有科研等其他任务，所以不能像中学教师一样天天与学生见面。如果遇到学习上的困难，主要靠自己看书或与同学讨论解决问题，也可以把问题发到教师的电子信箱或留到下次教师上课的课余时间请教。

（4）参考书目多，课外习题少。大学的学习相对高中而言，习题少得多，到了高年级就更少了。我们完成作业的主要目的，是为了阅读教科书及参考书，弄清问题的来龙去脉。各门课的教师，在本课程的第一堂课，都给我们介绍与本课程有关的参考书。参考书是我们学习时的"不上课的老师"。参考书是用来解决问题的和拓展知识面的，可以帮助我们打开思路、寻找方法、解决问题。学会使用参考书是大学学习的重要特点，不会使用图书馆，不会借助参考书来学习的同学在学业上要获得成功是很困难的。这一重要性要引起我们足够的重视。

三、把握大学学习的特点

1. 自主性

大学学习与中学学习截然不同的特点是依赖性的减少，代之以主动、自觉地学习。大学学习的自主性首先体现在学习时间的分配上。大学不再像中学那样，从早到晚课程排得满满的，而是常常半天或整天都没有课，上课时间还会随着年级的升高而变化，有大量的时间是由我们自己自由支配的。但是课外时间并不意味着不是学习的时间，恰恰相反，这些时间才是最宝贵的，是由我们主动掌握的自由、自主的学习时间。大学的课堂教学往往是提纲挈领式的，很多内容要由学生自己去阅读、理解和掌握。因此，大学学习不能像中学那样完全依赖教师的讲解，学生不能只单纯地接受课堂上的教学内容，必须充分发挥主观能动性，发挥自己在学习中的潜力，进行自主学习。

在学习形式的选择上，我们更应发挥主动性。除了完成按教学计划规定的课堂学习活动外，还应该积极开展补充课堂学习的自学活动、独立钻研的创造性活动、讨论启发式的小组学习活动等课堂之外的学习。在各种不同的学习形式中，要发挥学习的主动性，根据自己的情况，选择适合自己的最有效的学习方法。大学的学习，不再是死记硬背教师所讲的内容，而是根据自己的学习目标和专业要求，主动选择、吸收、消化有用的知识。这个过程也是学习自主性的体现。

故此，自主性的学习方式贯穿于大学学习的整个过程，并反映在大学生活的各个方面，如学习时间的自主安排、学习内容和学习方法的自主选择等。学习的自主性是我们应该掌握的一种能力，是适应大学学习的必然要求，也是进行终身学习的基本条件。不能养成自主学习的习惯，就无法适应大学的学习，学习能力的培养则更无从谈起。

2. 专业性

大学教育的目的是为社会培养高级专门人才，为我们未来职业生涯做定向准备的。大学学习具有明显的专业性特点，是一种高层次的专业学习。从报考大学的那一刻起，专业方向的选择就提到了考生面前，被录取上大学，专业方向就已经基本确定了，大学期间的学习内容也都是围绕着这一方向来安排的。当然，这种专业性还随着社会对本专业要求的变化和发展而不断深入，知识不断更新，知识面不断扩宽。为适应当代科技发展的既高度分化又高度综合的特点，这种专业性通常只能是一个大致的方向，而更具体、更细致的专业目标是我们在大学期间的学习过程中，甚至是在将来走向社会后，才能最终确定下来。整个大学学习过程就是对所学专业不断认可、理解、把握

阅读随感

的过程。一个负责任的专业态度就是了解自己与所学专业以及理想职业的关系，在此基础上培养专业兴趣，支配学习时间，自觉地、主动地、生动活泼地学习。

3. 广泛性

大学学习具有多层面、多角度的广泛性。大学在实施专业教育的同时，还要兼顾到适应科技发展和社会进步对人才综合素质要求的特点，尽可能拓展综合素质，以增强未来对社会工作的适应性。一方面，我们在学习过程中可以通过各种不同的途径吸收知识，也可以靠广泛的兴趣去探求课程之外的知识。我们可以在学校为其提供的各种条件下进行广泛的学习，如学术报告、知识讲座、专题讨论、社会调查等，众多形式的学习、探索活动为我们从不同层次、不同角度学习知识创造了条件。另一方面，大学生在学习活动中可以发展自己的兴趣，不断丰富调整自己的学习内容，形成合理的知识结构，同时具备人文素质和科学文化素质。学科交叉、文理渗透已成为时代发展的必然趋势，我们必须形成自己合理的知识结构，成为精通专业又知识广博的人，才是新时代最需要的人才。

4. 创造性

大学的学习绝不能仅仅停留在掌握知识的层面上，更要实现对知识的灵活运用，进而实现创造创新。创新是一种精神状态，更是一种治学方法。知识经济的本质是创新。知识经济的创新有别于工业经济的创新，即由一次性创新向连续性创新转变；由单个创新向系列创新转变；由个别专家创新向全员创新、集体创新转变。

创新是社会对人才的重要需求，具有创新素质的大学生在就业市场具有更强的竞争力。很多用人岗位招聘的主要标准是有想象力、创造力、敏感性和有较强的适应性，因为对这些岗位而言，潜力比专业经验和在校成绩都重要，最需要的人才是具有聪明才智和专业素养，并具有创造力和创新素质的有潜力的人才。从长期来看，在一个人的职业生涯中，没有创新就很难有发展和进步，因为你不能提出新的见解，不能开拓性地开展工作，所以只能在别人的指挥下工作。

创新素质的培养一定要有科学的方法。有了科学方法，才有能力创造。这既要求学校要有创新式的教育，又要求我们要有创新式的学习与之呼应。

阅读随感

人工智能的出现,把机器变成了人;但我们的教育和学习绝不应该把人再变成机器。仅仅注重一点一滴的知识积累就使得我们的思维变得刻板,好奇心、兴趣、创造欲望就会受到压抑。虽然知识很多,但灵活的思想太少。即使学了一门学科,但没有掌握该学科独特的思维方法,也就只能说学习了,而不能说掌握了这门学科。例如,学习数学,即便记住了许多的定理和公式,仍旧是一堆僵死的教条,但如果掌握了数学的思维方法,就可以由不多的几个公式演绎出生动的结论。

5.阶段性

大学的学习有明显的阶段性,一般可分为四个阶段。

第一阶段:学习公共基础课阶段。公共基础课一般多安排在第一、二学期,包括政治理论课、外语课、体育课、计算机应用基础课、高等数学课、应用文写作、心理辅导课等。

第二阶段:学习专业基础课阶段。专业基础课一般在第一至第三学期。具体课程因专业而异,重点讲述各专业的基本概念、原理、规律及解决问题的基本思想、方法,是学习专业知识的前提,是学习和从事专业工作的支柱,也是从事科学研究的基础,在大学学习过程中起到承前启后的作用。

第三阶段:学习专业课阶段。专业课一般安排在第三至第七学期(专科至第五学期),包括各专业特有的技术理论课和技术应用课。

第四阶段:毕业实习、毕业设计阶段。大学的最后一个学期基本已经没有课堂教学任务了,最后的教学环节主要是进行毕业实习和毕业设计。这是学生在踏上工作岗位之前,综合运用已掌握的理论知识和职业技能进行的综合实践活动,是对大学几年学习的综合检验,主要锻炼学生选题、搜集资料、归纳分析和总结的能力以及解决实际问题的能力。

关于大学学习的四个阶段我们再次强调几方面。

(1)公共基础课程除了在中学的基础上加深加宽基础科学知识外,还进一步担负着发展智能、训练思维方法,为以后学习专业课打基础的使命。无数的事实表明,公共基础课这一阶段的学习非常重要,它不仅直接影响到我们以后专业课学习的广度和深度,而且对我们未来的发展将产生长远的影响。

(2)专业知识的掌握和运用主要取决于与专业知识相关的基础课程,基础狭窄,很难专深。大学里的不同专业实际上还是传授基础知识和基本方法的地方,如果说大学是一个学习和进步的平台,那么,平台的地基就是大学里的基础课程。纵观大学的所有课程,公共基础课、专业基础课和专业课三者之间的相互关系就如一座塔,公共基础课是塔基,专业基础课是塔身,专业课是塔顶。塔底越宽,塔顶才能越高。打牢专业基础,才能在以后的专业课学习中得心应手。

(3)毕业设计是在理论联系实际的过程中,培养自己分析、解决问题的能力和独立工作的能力。毕业设计比平时考试更能反映自己掌握知识的程度。通过毕业设计的锻炼,可以发现自己学习的不足,从而使自己的知识和能力得到实际的检验,进而有针对性地弥补不足,发挥专长。因此,我们必须认真对待毕业设计。

四、适应大学学习的自我修炼

大学是一个人集中、系统地学习知识的关键时期,我们应该抓住这一难得的机遇,努力成为一个"知识贵族"。我们学习效果的好坏取决于三个重要因素,即学习的动机、态度和方法。只有正确的学习动机,勤奋的学习态度,再加上科学的学习方法,才能取得良好的学习效果,顺利地完成大学学习任务。

1. 强化学习动力

学习动机是直接推动人主动进行学习的内部动力,是激发学习兴趣、维持学习进程并将学习导向某一目标的关键。在一定范围内,一定条件下,学习动机的强度与学习效率呈正相关,动机越强,学生的学习积极性越高,学习效率也越高。引发学习动机的因素主要是学习需要和学习诱因。我们要主动确立自己的成才目标,明确学习需要,建立积极正面的自我激励机制,促使学习动机的形成、维持或强化,激发学习动机。

(1)树立强烈的学习责任感。人的本质是社会关系的总和,归根结底是社会人,脱离不开社会。所以,我们必须把学习的个人意义和社会意义很好地结合起来,把社会的要求转化为个体的需要。知识经济的发展和社会对人才的需求要求大学生必须具有强烈的学习责任感。双项选择的就业机制有喜也有忧,学生在拥有选择自由的同时也必须接受自由的选择。市场经济不承认分数,它信奉平等竞争;市场经济不相信眼泪,它需要用自身的实力证明自己的身价。这就要求我们必须以饱满的热情、良好的情绪、坚定的毅力迎接学习的挑战。

(2)培养专业兴趣。孔子说:"知之者不如好之者,好之者不如乐之者。"快乐和兴趣是一个人成功的关键,充满激情,才能发挥所有的潜力,使学习和工作成为一种享受。兴趣的基础源于认识与了解。在迈进大学之初,我们就应该通过各种方式和渠道去充分了解所学的专业,培养学习兴趣,进而激发学习的积极性和主动性。

(3)端正学习态度。学习态度比课本更重要,比课堂更重要,比分数和名次更重要。正确的学习态度来源于对学习自身重大意义的认识。学习态度是一个人人生观、世界观的具体体现。有了正确的学习态度,才能克服在学习过程中出现的各种各样的问题。态度明确,注意力专注,学习效率才能提高。当然,纵观所有的成功者,大多靠的不是聪明,而是踏实、严谨的态度。大学的课程更灵活一些,仅有努力还不够,还要有方法。但是不论在小学、中学还是大学,有一个东西是共同的,那就是态度,态度对最终的结果产生最直接的影响。

2. 确立学习目标

凡事预则立,不预则废。明确、合理的学习目标是我们学习获得成功的基础。大学阶段确立的目标会对以后的发展产生不可估量的影响,因为它与人的基本素质的完善有着密切的联系。高尔基说:"一个人追求的目标越高,他的才能就发展得越快。"如果说高中里的目标比较单一、简明,包含较多的个人幻想成分的话,那么大学里的目标就应该更深刻更长远,包含更复杂的社会因素,应该更好地把个人愿望和社会需要统一在其中。英国著名哲学家怀特海先生说:"在中学阶段,学生伏案学习;在大学里,他需要站起来,四面观望。"只有站起来,面向社会、面向历史、面向未来、面向生活的各个方面放眼展望,才能把握恰当的目标,促进自己的全面发展。学习目标首先要符合自身条件和发展方向,要长短结合,应符合社会需要,具体方法可参照前文大学生涯规划一节的相关内容。

3. 制订学习计划

明确目标之后就应该结合具体情况制订具体、可行的学习计划了,严密

的学习计划是完成学习任务的保证。学习计划的制订是个性的,因人而异,但有几个共性的原则可以参考。

(1)学习计划要定时。定时学习即一定要保证每天必要的学习时间,到了学习的时间就要马上学习。长时间地使用大脑会导致大脑疲劳,因此,学习时间要注意不能排得太满,要留出一部分机动时间进行体育锻炼等活动。这样不仅可以使大脑得到休息,还可以提高自己多方面的能力。

(2)学习计划要定量。定量学习是完成学习计划的保证。人每天能接受的知识是有限的,要根据自己的能力制订出每一个时间段所应该学习的内容。在学习计划中如果只有时间的计划,没有量的计划,就不利于学习效率的提高,达不到学习的预期效果。

(3)学习计划的实施要落到实处。在执行计划的过程中,要有毅力和耐心,不要轻易给自己找借口放弃。可以试着把计划列成表格贴在自己常能看到的地方,时时提醒和约束自己。要相信只要自己一步一个脚印,预定目标就会实现。

五、探索适应大学学习的方法

掌握科学有效的学习方法。学习方法是提高学习效率,达到学习目的的手段。成功者的实践证明,学业的成败不仅在于勤奋和刻苦的程度,而且更在于是否善于学习。未能找到适合自己的学习方法,也是不少学生在开学较长一段时间后还感觉不能适应大学学习的原因之一。我们必须要有目的地研究学习规律,探索出一套符合大学学习要求,又适合自己特点的科学的学习方法,养成良好的学习习惯和学习心理,提高获取知识的能力。客观地说,最好的学习方法每个人都有一套,那就是最适合自己的那一套。这套方法是在取人之长的基础上结合自己实际不断探索得来的,照抄照搬是不行的。为此,我们要在借鉴他人经验的同时,积极探索和造就适合自己的学习方法。不急不躁地摸索自己的学习方法,逐渐调整状态以达到平衡就是创造自己的学习艺术。

探索出适合自己的学习方法之后,我们更应该将其内化为自己的学习习惯。习惯对学习之价值毋庸多言,能否养成自学习惯不仅关系到能否很好地完成大学学业,而且会影响到毕业后能否不断地吸取新的知识,创造性地进

阅读随感

行工作。我们要在学习实践中将确定学习目标、制订学习计划、安排学习时间、独立完成作业、主动检查学习效果、形成习惯;将查阅资料、检索文献,强化对知识的消化形成习惯;将敢于质疑,不唯上,不唯书,培养求知、求真、求实的学习精神形成习惯。

第二节　把握大学学习要点

我们如果对大学自觉、自主的学习特点认识不足,就很容易导致思想上的麻痹、行动上的松懈、方法上的滞后,从而影响学习质量。如何适应学习环境的新变化,尽快了解和掌握大学学习的基本规律,对于每一位新同学来说都是一个挑战,必须给予高度的重视,并清醒地认识到:进入大学,学习是永远不可弱化的主流;学会学习是比学会知识更加重要的学习。

一、实现角色转换,掌握学习方法

转变是每个大学新生都必须经历的过程,只有尽早做好思想准备,主动进行自我转变,才能顺利地迅速进入角色,更快更好地适应大学的学习和生活。

1. 潇洒轻松到任重道远的转变,即认识态度的转变

不少同学进校后陷入了目标盲区,有种失落感、松懈感,再也难以保持中学时期那样的求知热情。大学并非像我们在高中时教师们宣传的那样轻松,进入大学也不等于进了"成才保险箱"。现在的我们只能说明具备了成才的智力、知识基础及训练自己成才的平台,想要成才成功还要继续努力,要有紧迫感,千万不要在大学表面的轻松中迷失了方向和自我,玩物丧志。我们必须及时调整心态,尽快转变角色,充分认识到学习在大学生活中的重要地位,进一步确立学习是大学生的首要任务的理念,将主要精力投入大学学习中去。尽快脱离高考的状态,不要沉浸在过去的喜悦或失意之中,一切从头开始,振作精神,集中精力,迎接新的战斗。路漫漫其修远兮,吾将上下而求索!

2. 被动等待到积极争取的转变,即获取方法的转变

大学学习外松内紧,没有要求但绝不是没有竞争。学生不能完全依赖教

师的计划和安排,不能只单纯地接受课堂教学内容,必须充分发挥主观能动性,发挥自己在学习中的潜力。这就要求我们必须将自主性的学习方式贯穿于大学学习的全过程,并反映在大学生活的各个方面。大学学习更复杂、更高级,同时也更为自主、更为独立,因此,学习动机的强弱对学业成就有着极大的影响。这就要求我们必须由被动转为主动,掌握学习的主动权,要做到手、脑、耳、眼并上,听、看、想、记全用;注重预习、听讲、复习、作业等各个教学环节,提高课堂学习效率。同时,更要注重课后对相关知识的自我补充。教师在课堂上只讲难点、疑点、重点或者是教师最有心得的一部分,更多的知识要由我们自己去攻读、理解、掌握,千万不能认为只要把老师讲的知识掌握了就足够了,真正的学习是由自己在课外完成的,正所谓:师傅领进门,修行在个人。

3. 机械定理到学以致用的转变,即内容实质的转变

知识再多,不会运用,也只能是一个"书呆子"。考试分数已不再是衡量学习质量的唯一指标,实际需求更看重的是综合能力的培养和全面素质的提高。人才的根本标志不在于积累了多少知识,而是看其是否具有利用知识进行创造的能力。如果说中学着重人的智慧潜能的积累的话,那么大学则强调培养人的智慧行为,也即培养人运用各种基本知识解决复杂问题的能力。同时,社会需求强调人才的文化素质、创新思维和综合能力,要求人才全面发展;人才的概念也并不完全等同于专才,大学教育具有最明显的专业性特点,但是这种专业性通常只能是一个大致的方向,而更具体、更细致的专业目标是在大学学习过程中或是在将来走向社会后,才能最终确定下来。因此,我们在学习的过程中还要兼顾到适应科技发展的特点和社会对人才综合性知识要求的特点,扩大综合性,以增强未来对社会工作的适应性。所以,大学期间除了要学好专业知识外,还可以根据自己的能力、兴趣和爱好,选修或自学其他课程,扩大自己的知识面,为毕业后更好地适应工作打下良好的基础。我们必须完善知识结构,注意能力培养,善于综合和分析、学会辩证思维,实现学以致用的本质目标。

4. 书本知识到综合能力的转变,即学习理念的转变

过于强调书本知识的重要性是不够的,社会的发展与进步使科学文化知识早已超越书本界限,遍布生产、生活的各个领域。大学学习更应重视社会

实践的学习,注重动手能力和实际操作能力的培养。

个人劳动能力的全面发展,不仅要有良好的思想道德、科学文化、身体心理素质,还要有良好的综合能力,才能获得充分的多方面发展,这也就是德、识、才、学、体多方面的协调发展,获取知识和培养能力是人才成长的两个基本方面。我们要想学有所成,就必须注重各种能力的培养,如科学研究能力、发明创造能力、捕捉信息的能力、组织管理的能力、社会活动的能力、仪器设备的操作能力、语言文字的表达能力等。同时,还要注意培养自己的人文素质,这里讲的人文素质主要是指三个方面,即正确的价值观念、积极向上的审美情趣、良好的思维方法。在这里,学习的概念不仅仅是指课堂和教科书里的内容,还包括很多方面,如图书馆、实验实训、丰富多彩的课外活动及各类竞赛,各种社团活动,各类讲座、讲坛,进行社会实践等,更可以和同学、老师广泛交往,互相切磋,相互交流,甚至是旁听其他专业、其他学校的课程。我们要在学习中逐步将态度、知识、技巧等成长需要的各个方面融为一体,变成自己的、可运用的实际能力。

5.一劳永逸到持续发展的转变,即思想目的的转变

在知识经济时代,知识的更新越来越快,我们不可能凭借在学校学的知识就能满足社会飞速发展的要求,必须树立"终身学习"的观念,不断更新自己的知识结构,适应发展的需要。学习的过程不是随学校生活的结束而结束,而是会伴随着人们的一生。研究表明,一个科技人员应用的知识的总量大约只有20%是在传统的学校学习中获得的,其余的80%是在工作和学习中为适应需要而获得的。学会学习有两方面含义:一方面,善于将教师传授的知识融会贯通,高效率地掌握知识;另一方面,具备独立吸收知识、获取信息的能力。未来的文盲不是不识字,而是不会学习、获取新知识能力差的人。正如教育家斯金纳(B. F. Skinner)所说的,"如果我们将学过的东西忘得一干二净时,最后剩下来的东西就是教育的本质了"。所谓"剩下来的东西",其实就是自学的能力,也就是举一反三或无师自通的能力。我们不能保证大学所学的任何一项技术在五年以后仍然管用,我们无法学会一种可以用一辈子的技术和工具。我们唯一能做的就是学会思考,并掌握学习的方法。这样,无论五年以后出现什么样的新技术或新工具,我们都能游刃有余。大学不是"职业培训班",而是一个让我们适应社会,适应不同工作岗位的平台,学习专

业知识固然重要,但更重要的还是要学习思考的方法,培养举一反三、无师自通的能力,只有这样,我们才能适应瞬息万变的未来世界。是否学会自学并养成自学习惯,不但在很大程度上决定了能否学好大学的课程,而且影响到以后能否不断地吸收新的知识,适应当前知识持续加速的需要。没有自学能力,离开学校,我们仍然是文盲。学会学习既是终身学习的基本条件,也是人的可持续性发展的基本保证。

阅读随感

图书馆掠影

二、拓展学习资源

1. 道法大师——大学的灵魂

清华大学的"终身校长"梅贻琦先生说:"所谓大学者,非谓有大楼之谓也,有大师之谓也。"可知,教师是大学里最重要的学习资源。也许,现实之中我们身边不一定有那么多堪称之为大师的学术泰斗,但生活在我们身边的那些教师也都在其学习和研究领域积淀了深厚的学识,在人生阅历和思维视角上远比我们丰富得多。不管是在专业知识方面,还是学习方法、生活智慧等各方面都大可向其取经。也不必为自己的问题幼稚而担忧,只要是你"百思不得其解"的问题,教师是乐于"传道授业解惑"的。

2. 以友为师——学友亦道友

大学三四年,与我们朝夕相处最多的是我们的同学。同学,就是一同学习的人,正所谓"独学而无友,则孤陋而寡闻",大学的同学相互之间共同营造了不可或缺的共同学习团体。另外,同学之间应该是相互学习的对象,正如孔子曰:三人行必有吾师焉。每个同学"闻道有先后,术业有专攻",其身上自然有值得我们学习的地方。珍惜大学同学,为学为友,亦学亦友,学友即道友。

3. 爱上图书馆——知识的宝藏

教师队伍、试验设备和图书馆被称为高等教育的"三驾马车"。可见,大学图书馆在高校中占有重要的地位。图书馆对大学生的专业学习、课外自学、健康成长都有至关重要的意义。要想在大学学有所获,就必须学会充分开采图书馆这座知识财富的金矿。通常,图书馆有两种"泡"法,一种带有明确的目的性,如阅读老师推荐的相关书籍、为了写论文查阅资料,或者是从兴趣出发有意识地检索某一方面的资料等。另一种则是一种休闲手段,读点闲

阅读随感

书、翻翻杂志，既是一种休闲，更是一种学习。

4.聆听讲座——最精彩的课堂

有人戏言，在大学里课可以不上，但讲座绝不可以不听，可见讲座之价值。讲座浓缩了主讲人在学术上的研究成果以及他们的人生智慧，聆听各种讲座，直接感受专家、学者们的思想火花，不仅可以关注学科前沿、透视社会热点，还可以透过主讲人对学科知识的深析和解剖巩固课堂学习的知识；主讲人对学科的研究方法和治学态度也会对我们的世界观、人生观、价值观产生潜移默化的影响。可以说，讲座是大学的魅力所在，是最精彩的课堂。

5.善用网络——你的第二大学

当网络已经普及我们手边的时候，其巨大的交流功能、丰富的学习资源更应该为我们所用，甚至有人说网络所具有的教育价值并不次于大学。笔者真诚地劝诫所有的大学生：善待网络、善用网络，其价无穷。

知识经济时代的一个重要特征就是知识的更新速度比以往任何时候都要来得迅速，新的知识不断地产生，旧的知识不断地被替换。掌握正确的学习方法，建构适应社会发展的知识和能力，是现代大学生面临的重要课题。只有努力自学，才能具备良好的适应性。正如《学会生存》一书的作者埃德加·富尔向联合国教科文组织呈送的报告中所说："唯有全面的终身教育才能使你避免因知识落伍而失去晋升或被淘汰的厄运，有利于新工作的变动，弥补你知识上的不足，使你获得事业上的成功。"因此，学会自学，靠自学去理解教师传授的知识、靠自学去获取新知识，是青年大学生必须掌握的技能，也是适应社会、寻求发展的必然选择。可以说，不会自学的大学生不算合格的大学生。学会学习是大学生学习的终极目标。

诚然，自学能力的培养亦非一朝一夕之功，需要在大学期间的学习实践中不断地探索、总结。本书更多的是在帮助大家解决迈入大学校门最基本的适应问题，故此，本书所述亦非解决大学学习问题的完整方案，仅以"抛砖"之心以期"引玉"之效。

三、处理好四种关系

1.专与博的关系

大学的学习要把握学习方向，处理好专与博的关系，既不能只专一业，更不能一业不专。只学习专业知识的大学生犹如"走钢丝",在多元化的社会需求中,仅仅具有专业知识的学生是难以具有良好竞争力的。文凭、从业资格证书、英语四六级固然重要,良好的综合素质、优良的道德品质、健全的人格修养更不可或缺。正如国际21世纪教育委员会向联合国教科文组织提交的经典报告《学习——内在的财富》中指出:21世纪的教育应围绕四种学习加以安排,即学会求知——掌握认识世界的工具;学会做事——学会在一定的环境中工作;学会共处——培养在人类活动中的参与和合作精神;学会做人——以适应和改变自己所处的环境。

处理好专与博的关系,我们应该注重以下两方面的实践。

一是建立合理的知识结构。我们在学好每门课程的同时,还必须逐步构建属于自己的知识结构体系。系统掌握知识的基础是构建合理的知识结构,既有精深的专门知识,又有广博的知识面,形成职业发展实际需要的最合理、最优化的知识体系。知识结构的建立应该注意如下原则:整体性原则,即专博相济,一专多通,广采百家为我所用;层次性原则,即从低到高,纵向联系,层次清晰;比例性原则,即根据发展目标,顾全大局,数量和质量之间合理配比;动态性原则,即不断地自我调节,机动灵活,紧跟知识发展。切记:大学不能让人一劳永逸。

二是不断提高人文素质。热衷于考证而对文学名著、传统文化反应冷淡,实际上是功利化思维在作祟。所谓人文素质,是指学生经过学习人文社会科学知识而形成的内在素养和品质,主要是指文化素养和艺术修养。事实上,掌握知识与提高能力是辩证统一的。能力的发展总以一定的知识储备为基础,知识不足,就难以形成合乎逻辑的、正确的思维、推理、论证和创造;而能力的提升则进一步推动知识的掌握,是更好地汲取知识、综合运用知识的必要条件。广泛涉猎人文知识,可以内化为做人处世的能力,积淀为内在的文化素养,即东坡先生"博观而约取,厚积而薄发"之意也。当然,人的精力是有限的,人文知识的获取也要学会有选择性地学习,根据自己的专业方向,选择那些与专业目标一致的、符合自己兴趣爱好的、能提高人文素质的有益知识来学习,并且要学会触类旁通。这样既可以避免浪费宝贵的时间和精力,又可以有效地培养自己的特长,成为一个学有所用的人。

2. 德与才的关系

人才的基本要求是德才兼备,人可以有德无才,但绝对不能有才无德。

德者,简言之,就是要学会做人做事,这是比知识更加重要的一笔终身财富。这要求我们必须培养高度的责任感,树立强烈的社会公德意识,形成良好的道德品质。一个品德不完善的人不可能成为一个真正有所作为的人。没有做人的成功,就没有真正的成功。做人与做事是完美结合的,有人这样描述两者的紧密关系:"一切彻底的成功都是做人的成功,一切彻底的失败都是做人的失败。"

3. 学习知识与培养能力的关系

成功离不开能力,也离不开知识,两者都不能偏颇。但在大学校园里,片面强调能力的培养,忽视专业知识的学习成为一个突出问题。部分同学认为,知识是会老化的,而能力则是永恒的,学习知识是笨拙的学习方法,学习的捷径在于直接培养能力。培养能力应该从哪些方面着手呢? 在一些同学看来,能力的培养主要是通过社团活动、社交活动等形式完成的。在今天的大学校园中,热衷于社团活动的学生为数不少。通过社团活动,培养实际能力固然值得鼓励,但投入过多时间是否值得,还得认真考虑。只要想一想,一生中发展的机会很多,而集中精力、时间进行系统学习的机会却很有限,孰轻孰重,答案不言自明。"悠着点,要沉得住气"这句话应该送给那些有远大抱负、希望真正有所作为的我们。当然,在不耽误功课的前提下参与一些社团活动固然可嘉,但是一定要把握好"度"。不少大学生反映,被称为"职业活动家"的一些学生干部,不注意专业学习,将较多的精力投入社团工作,威信不高。因此,做一个称职的学生干部,有较强的人际交往能力是必要的,但还应具备良好的道德修养、理智分析问题的能力。离开专业知识的学习,要获得这些素质是不可能的。我们强调学习知识的重要性,并不是要大学生都不要做学生工作,都去做书本知识的奴隶,这同样是偏颇的做法。应该摆正学业和培养能力的关系,只要处理得当,"鱼"与"熊掌"就可以兼得。

4. 知识与智慧的关系

以新的视角来看待知识与智慧的关系,是知识经济时代培养创新人才最根本的问题。诺贝尔物理学奖获得者李政道在《物理的挑战》报告中指出,创新人才不能仅仅依靠课堂讲授、课堂教育,也不能完全依靠互联网等高科技工具,互联网只能提供信息,但信息不是理解。

现在不少大学生认为,进入信息时代,鼠标一点,就可以包罗万象、包治百病、包打天下了,实际情况并非如此。信息不是知识,知识不等于智慧,体现智慧的是把信息和知识综合起来予以应用并取得良好效果的能力上。数据资料不加以分析不称其为信息,信息不加以应用不称其为知识,知识不通过智慧加以运用不称其为力量。当今世界不是与社会生活无关的知识竞争,而是人的视野、能力、水平的竞争。美国著名的管理学家德鲁克把人类处理知识的方式划分为三个时代:人类早期是知识启蒙的时代、工业化时期是知识应用的时代、工业化之后是智慧时代。所谓智慧时代,就是要求根据自己的发展目标去检索知识、积累知识、处理知识。

创新需要一定的知识积累,但知识的多寡在创新中不一定起决定作用。现代心理学研究表明:知识少而创新能力强和知识多而创新能力差都属于正常现象,这中间更重要的是运用知识的智慧和方法。当然,这绝不是说掌握的知识数量多反而阻碍了科学创新素质的培养,只是说明知识的数量不是创新的决定因素,最为关键的是掌握科学的方法,用智慧驾驭知识。

第三节　优化自主学习的过程

结果来源于行动,效果来源于方法,行动加上方法便是过程。要想取得有效果的学习结果,我们就必须优化学习过程。在大学期间,获取知识的途径很多,有课堂学习、借阅图书、网络在线课堂(MOOC)、电子图书资料、社会实践等,而课堂学习依然是大学学习的主要形式和基本渠道,是汲取知识,掌握技能,提高素质的主阵地。就课堂学习而言,其过程大致包括预习、听课、笔记、复习、作业、答疑和考试等几个环节。

一、预习

预习是学生在教师开始课堂教学之前所做的准备工作,是学生学习的第一环节。大学的课堂教学内容相对丰富,而讲授却相对精练。如果对教学内容一概不知,上课时就很难跟上教师的讲解,难以全面把握所学内容的重点、难点和相互关系,容易失去重心。学生提前预习学习内容,找到重点和难点,梳理内容的前后关系和内在联系,做到胸中有数,这样听起课来就有主动权。

阅读随感

一个会学习的学生会针对自己的实际情况,事先做好充分的学习准备。预习就是战前准备,也是起跑线。对我们更好地适应大学学习具有十分重要的价值和意义。请你牢记:千万别输在起跑线上!

1. 预习的作用

(1)化被动为主动,降低了学习难度。通过预习我们熟知了教学内容,明确了重点核心,确定了难点疑点,课堂上就能够紧跟教师的授课思路,可以有效降低课堂学习的难度。

(2)便于把握听课重点,提高听课效率。有效的预习过程可以帮助我们在听课之前了解教师讲课的重点,明确自己不懂的难点,进而有选择地、有重点地听、看、想、记。

(3)有利于强化记忆,改善学习效果。预习中,自己独立思考所理解的内容记忆深刻;深入思考而未能理解的疑点在听课时豁然开朗;自己理解不当之处在听课中得到纠正,则会产生强烈的印象而经久不忘。

(4)训练独立思考能力。独立阅读未讲内容,并通过独立思考找出已知,发现未知,明确重点,划定难点的过程可以很好地训练我们独立思考、自主学习的能力。

不少学习吃力的同学可能会认为自己看了也不懂,反正教师上课要讲,预习不纯粹是浪费时间吗? 其实不然,学习困难的同学,常常是因为基础不牢固,听课中的"拦路虎"较多,难以跟上教师的思路,课后复习和做作业的困难也就相应增加;而且因知识的连贯性强,开始没有学好,以后越学越困难,久而久之,造成了"恶性循环"。要改变这种被动状态,必须从重视预习、训练预习方法、提高预习效果入手,逐步改善。甚至有观点认为:就学习的过程而言,预习远比复习、作业还要重要。

2. 预习的方法

预习的基本技巧是从概念入手,把握教学内容的基本结构和相关结论、定理、推论,纵使不知其所以然,但求知其然。预习不强求将知识全部学会,但要把握全局。预习也并非简单翻阅、浏览,一带而过,而是在全面熟悉教学内容的基础上,把握教学内容的重点、难点、疑点,并做好预习笔记,以便于教学过程中进行参照,从而提高记忆质量和学习效率。预习的时间建议选择在上课的前一天,最好能在上课前的几分钟里再将预习内容追忆一遍,并浏览

阅读随感

一下预习日记,这样就基本上可以保证上课前记忆犹在,听课后记忆犹新。对于重点科目或者是重要的学习章节,预习的内容不局限于课本,还可以选择其他不同版本的教材、参考书籍、网络等资料,加以比较和分析,以拓宽视野,打开思路。

不同课程的预习方法、关注焦点不尽相同,并受个人学习方法、学习习惯的影响,具体操作中当以效果为导向灵活选择。正所谓"磨刀不误砍柴工"。课前预习对刚跨入校门的大学新生快速适应大学的学习方式,养成科学的学习方法,培养有效的学习能力具有不可估量的价值。

二、听课

听课是学习最主要、最重要的环节,是获取知识、培养能力最基本的途径,是教与学得以实现的桥梁。教师讲授的不仅是课本(课本也不一定全讲),其过程是对知识的梳理整合,是对经验的归纳总结,是对最新成果的讲解说明,听好课是学好习的基本保障。

(1)听课的目标:听课听什么? 第一是抓重点、攻难点。学习的基本要求是学有用的,学习的关键是学自己不会的,重点、难点自然是听课的基本目标。第二是准确把握基本要素,如新概念的内涵与外延、定理和定律反映的关系及其适用范围。第三是把握知识点的逻辑关系和基本结构,理清众多杂乱无章的具体知识之间的关系,形成一个清晰明了、井井有条、相互关联的"形状和层次"。第四是不仅要听教师讲什么,更要听教师怎么讲。学习教师提出问题、分析问题和解决问题的方法,以训练自己的思维能力。第五是在听课的过程中逐步了解并掌握该学科所特有的研究问题、解决问题的思路及方法,这是学好各门课程的灵魂与精髓。

(2)听课的基本要求:手脑并用,全神贯注。注意力集中是提高听课效果的保障。这就要求我们一定要做到眼、耳、手、心"四到":眼到,专注老师;耳到,专心聆听;手到,做好笔记;心到,积极思考。四者协调配合,听课方能妙趣横生。听课当心无旁骛,忌想入非非;当一心不二,忌不务正业。

(3)听课的三项修炼:强化兴趣培养是提高听课效果的动力,强化兴趣培养才能激发课堂学习的积极性和主动性;强化主动思考是提高听课效果的关键,听课过程中要充分调动自己的主观能动性,跟上教师讲课的思路,积极思考;提升适应能力是提高听课效果的基础,教师的性格特点、授课风格各有不同,并非评判优劣之标准,切不可以一己之好恶妄下结论,以误导听课之心情。而应广泛适应不同的课堂风格,当然,对教师授课之意见、建议亦大可持积极、尊重之态度与之沟通、反馈。

(4)听课的超越:放下执着,且听且行。听课过程中偶遇不懂之处不宜妄执其中,拼命追究,否则问题没研究明白,后面的课也没有听到,结果"鸡飞蛋打"。不妨暂且放下,或是做下笔记,不必深究,且听"下回分解",也许峰回路转处就会柳暗花明。说不定,当教师讲到某一概念、某一理论、某一道例题时,我们便豁然开朗,一通百通。即使直到课讲完了,仍不明白,可等到课后找教师询问或答疑也来得及。

三、笔记

笔记是听课结果的核心归纳,是对学习内容的理解消化,是课后复习的重要依据。但如何在听好课的同时做好笔记也是一个技术活,且因课程性质不同、授课风格不同、学习习惯不同,难以定述完备之法,这里且就基本要点谈几点建议。

笔记必记,但仅记不得不记。好记性,不如烂笔头。笔记不可不记,但也绝不能"全程录制"。教师多用电子课件,对其课件秘不外传者少矣,有需求者课后大可一键复制。换言之,在互联网如此发达的今天还有多少资料是找不到的呢?所以,记笔记切不要执着于"大全"。

笔记尚精练,重思维。记笔记本身也是一种学习过程,是耳听眼看脑想手写的联合行动,是对课堂教授内容的"选择—加工—归纳—浓缩—反馈"的过程,是学生对课堂教学内容的理解、提炼和加工。就笔记内容而言应包括:第一,教学内容的重点、难点;第二,核心观点与其推演过程以及分析问题的方法思路;第三,教材上没有的补充内容及重要的归纳总结;第四,自己没有理解的问题和困惑;第五,自己听课过程中的顿悟和思考的延伸。

记笔记的技术层面的切入点:一方面是训练手脑并用,听记并行的听课技能,实现边听边记,互不影响;另一方面是坚持培养速记能力,笔记不苛求语法完整、工整精美,在提高书写速度,保证快而不乱,流利而不潦草的基础上,尽量采用自己定义的符号、代码、缩写,简化记录过程。

有效解决听与记的矛盾。不管是教师的补充内容，还是解析问题的思维思路，"你听或者不听，它都在那里"，但错过了也就不会再有了。当听与记冲突、应接不暇时，当以听为主，以记为辅，宁可少记，亦当听懂。听课的中心任务是在听和看的过程中完成对知识的理解和构建，笔记只是服务这一目的之手段而已，如能全然掌握，又要笔记何用呢？

选择合适的记录工具。工欲善其事，必先利其器。笔者认为，笔记当尽量记在教材上，简单方便，便于复习。当然，选择专用笔记本也无可厚非。这里建议可以选择不同颜色的笔标示不同的内容。例如，分别用黑色、蓝色、红色表示重点难点、论证过程、疑点疑问，这样层次分明，更便于阅读、复习。亦可借用流程图等图示、模型来记笔记，会更加清晰、易懂。

课后及时做好笔记整理工作。课堂记笔记时难免会有所误漏，课后当及时修补、梳理，并对教学内容进一步分析、归纳、理解，形成系统化、条理化的知识结构。

最后，听课时记笔记是集中精神，强化理解，深化记忆的重要手段。课堂笔记只可与课程同步且亲力为之，方可知其中之味，课后抄取他人笔记者，恰如请他人代食饭食，而后询之以味，何益？切不可为之！

四、复习

学习包括学和习两个过程，学是为了获得知识，习是为了巩固知识，两者相辅相成，缺一不可。学而不习，知识不易巩固；习而不学，知识不易丰富。只有通过及时、系统的复习，才能掌握知识的精华和内在联系，从而融会贯通，学以致用。

复习是对已学知识的梳理、内化的过程，其目的在于加深和巩固对课堂学习的理解和记忆，并使知识系统化，为所学的新知识运用于实际，进行独立作业，培养新的技能做好知识准备。

也有同学感觉自己能够适应大学的教学，上课时教师讲的内容也都听懂了，可一做作业又什么都不会了。这是不少同学在学习适应的过程中遇到的问题，还有些同学在一个学期的学习过程中都感觉良好，可是期末考试成绩一出来，结果却远不如预期。归结原因，还是没能够对知识进行彻底的理解消化，缺失了一个重要的学习环节——复习。科学、高效的学习必须抓牢复习这一环节。

学习的基础是对知识的记忆,而从"记"到"忆"包括识记、保持、再认识和回忆等过程。根据记忆规律曲线原理可知:信息从初次识记到最终记住的过程是有遗忘的,输入的信息被人的意识捕捉后就在大脑中形成短时记忆,而这种短时记忆的大部分内容会按照"先快后慢"的规律被遗忘,只有在遗忘之前进行不断重复认知,才能慢慢强化成人的长时记忆。同时,相对于无序而没有意义的符号而言,被理解且有意义的信息更容易被迅速、全面、牢固地记忆。故此,单纯注重课堂当时的记忆,而忽视了后期的保持和再认识,同样是达不到预期学习效果的。我们必须通过复习来对知识进行重复输入,通过复习更加深入地梳理、理解知识的内在结构和关联来强化记忆。

把握复习的时间点。每次课程之后的复习宜早不宜晚,最好选择在课程结束后的第一时间完成复习,最好不要超过当天,这样便可事半功倍。除了每节课程的复习之外,还应该在每一章节学完之后对该章节进行复习、梳理,以把握该章节的知识体系和知识结构。当然,一本书学完之后更应该深刻地总结全书。

复习的基本过程可以分为三部分。

(1)全面回忆学习内容。抛开书本、笔记,就像"放电影"一样,按照顺序认真地把所学内容在大脑中回忆一遍。初步梳理学习效果:记住了多少,遗忘了多少;哪些懂了,哪些不懂;是否存疑,疑点何在。进而总结归纳该节课程的总体印象。这一过程最易操作,课间、路上、寝室……随时随处皆可进行。

(2)重温教材,梳理笔记。上一步的回忆也许了然于胸,也可能模糊不清,不管结果何在,都该重回教材与笔记之中。了然于胸者以确认强化,模糊不清者更当精研深思以求融汇通透。

(3)绘制章节的思维导图。在对知识理解和融汇的基础上,我们应该借鉴思维导图的方式将其绘制成图表。这既是对知识的强化梳理,又便于以后的记忆和回顾,更能训练我们的自学能力。这一环节可以结合课程的特点和教师的教学计划,按照章节来完成亦可。

复习要有轻重之别。贪多则不化,谋全则难精。复习亦当结合自身实际情况,分清主次轻重,区别待之。已懂已识者仅需浏览以确认强化;通识课程取其精要足矣,烦琐阐论亦可泛泛而过;重、难、疑点,未解之处自当深思精研。正所谓"温故而知新",就如清代学者颜元所说:"学一次有一次见解,习一次有一次情趣,愈久愈入,愈入愈熟。"

五、作业

作业之价值有四:巩固知识,深化理解,加深记忆;检查学习效果,明确学习方向;将所学的知识运用于实际,使知识转化成能力;练习运用所学知识解决实际问题,训练思维思路。中国学生对于作业之体验可谓丰富,无须赘述,仅就大学学习特点做简要提示。

先复习后作业,两者相辅相成,缺一不可,其环节不可省,其顺序不可乱。不要等着教师布置作业,学会自己给自己布置作业。少交一次作业对课程考核的成绩影响不大,不要为做作业而做作业。对同一道题,从不同的角度多找几个解决问题的途径。这样不仅有助于找到学习的快乐,更能逐步步入学习的佳境。作业完成后应该充分尊重这一过程中发出的信号,对学习内容和学习效果再次总结、强化。完成作业可能不仅仅需要课堂讲授的知识,还需要我们查询、参考其他资料。这种作业更有价值,若能有缘遇之,定要善待之,切记切记。

六、考试

考试是检验学生学习情况和教师教学效果的重要环节。大学考试的内容广泛,要求尽量覆盖教学大纲中要求的主要内容,不仅是对基本知识和基本技能的掌握情况检查,而且是对学生灵活运用知识,分析解决问题能力的测试。它要求学生必须全面掌握所学的知识,并能灵活地运用。考试的形式也更加灵活,有开卷、闭卷、口试、笔试和实验操作等,近年来各高校也在结合培养目标的要求不断地进行各种有益的考试改革尝试,以期提高人才培养的质量。

对于参加过高考的中国学生而言,如何依据教学大纲备考、如何有效复习、如何调整考试心理、考场答题技巧等"应考之道",可谓人人堪称专家,笔者不敢庸言。但有两句话望同学们谨记。

第一句话:考试成绩是衡量我们作为学生的最重要的标准,所以,我们必

实验室掠影

须给予最高度的重视,否则一定会后悔。学习的目的不是为了考试,但我们必须参加考试,也许有人认为:考试不是个事! 既然不是个事,人家能做好,自己也应该能做好。否则,不仅会与奖学金、各种评优评先无缘,还可能获得额外的学习机会——留级复读,或者是彻底的解放——退学。

第二句话:考试成绩并不能作为衡量个体是否是一个优秀人才的唯一标准。

七、实践课程

1. 实践课程的作用

学生在校期间,除了必要的理论知识储备,更重要的是要具备良好的专业技能和职业素养。职业技能的训练主要通过课程内的实训教学、期末开展的集中实训、顶岗实习、社会实践等实践教学环节来完成。故此,实践教学就凸显得尤为重要,其意义主要体现在以下几方面。

(1)有助于能力培养。不管是基本理论的学习还是专业技能的训练,都离不开实践。理论是为指导实践服务的,与实践脱节,理论知识本身就失去了存在的价值,只有理论联系实际,才能在实践学习中逐步培养运用知识、实际操作的能力,锻炼交流沟通、组织协调等综合素质,并在实践学习中学会学习,培养学习能力。

(2)有助于强化创新意识。实践是认识世界、改造世界、创造世界的工具。通过实践,我们可以培养独立思考、自觉探索、归纳分析、综合运用、求实创新的主动意识。

(3)有助于培养学生的意志力。与理论课学习的分段渐进式不同,实践课程多要求一气呵成,不得中断。所以,实践课不仅可以培养我们实事求是的作风和客观科学的态度,而且更重要的是培养我们严谨求实、精益求精、勤奋刻苦、坚韧不拔的毅力和意志力。

(4)有助于增强学生的紧迫感。实践课程加深了我们对社会发展、对行业现状、对前沿知识等各方面的了解和认识,无形中升华了我们的情感体验,能进一步强化我们的责任意识和社会使命感。

2. 实践课程的学习过程

实践课程在帮助学生巩固理论知识学习,培养动手能力和实践能力的同时,培养学生严谨、认真的治学态度,上好实践课程要把握好其具体环节。

(1)明确教学目的和要求:不管是为了验证某一科学定律或结论、掌握某种仪器的使用方法,还是熟练掌握相关操作流程,在开始实践之前都必须明确其具体目的和基本要求,明确其重点和难点,以保证顺利完成实验实训任务。

(2)设计具体的实验步骤及方法:在熟悉实践内容、准备好实践器材的基础上,科学合理、有理有据地设计实践操作步骤,确定操作方法,并根据实践的不同类型制定事故、故障的预防措施。

(3)进行实践操作:按照设计步骤有效完成实践操作,记录实践过程,并对记录数据进行分析处理。

(4)形成实践报告:实践报告是对实践过程和结果的全面总结,应该坚持实事求是、严肃认真的态度,经过全面分析、计算实验数据,用科学、精练、确切的语言,有条有理地全面、真实地总结实践的内容、过程、结论及感悟体验。

【乐学善思】

1.盘点一下自己的学习经验:假设你的班级要召开一次以"学会学习"为主题的班会,要求你在班会上发言介绍学习经验,你最想分享给同学们的是什么呢?

2.到目前为止,在学习方面你有没有遇到过什么困难?导致问题的原因在什么地方?你准备怎么解决呢?

【知行合一】

1.为自己制订一份大学第一学期的学习计划,并咨询相关教师和学长的建议,进行完善,完成后坚持执行。

2.到图书馆或者是网上搜索有关学习方法的图书,选择一本自己喜欢的进行深入的学习研究,然后结合自己的特点制订一套适合自己的学习方案。

第五章
学会相处　构建和谐人际关系

美国未来学家盖伊说："知道如何与他人交往和联系，这对培养人的潜能和激发每个人的活力来说，是根本的东西。"作为社会关系的总和，每个人都生活在错综复杂的人际互动中。人际关系的好坏往往是一个人心理健康水平、社会适应能力的综合体现。对于正处在学习、成长阶段的大学生来说，人际交往是生活的基本内容之一，也是学习的重要项目之一。同学之间、师生之间、老乡之间、室友之间、个人与班级以及和学校之间等错综复杂的交往关系构成了大学生人际交往的网络系统。培养良好的人际交往能力，不仅是大学生活的需要，更是将来适应社会的需要。

与志同道合者同行，让大学真正成为我们"共同的家园，共同的事业，共同的理想"之兴盛基地。

第一节　人际关系概述

古希腊哲学家亚里士多德说过："一个独立生活的人，他不是野兽，就是上帝。"这就是说，与人相处既是人的基本需求，也是人的社会属性之一。1924 年，美国哈佛大学教授团在芝加哥某厂做"如何提高生产效率"的实验时，首次发现人际关系才是提高工作效率的关键所在，由此提出"人际关系"一词。心理学家指出：人类的心理适应，最主要的就是对人际关系的适应。大学新生如果缺乏人际交往的能力，在处理人际关系时就容易遇到困难，甚至影响到以后的学习和生活。

一、什么是人际关系

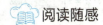
阅读随感

人际关系是指人与人之间的直接交往关系。它是社会关系的一个侧面，外延很广，例如，亲子关系、夫妻关系、同学关系、师生关系、师徒关系、同事关系、朋友关系、邻里关系等。在人际关系中，心理因素是非常重要的。因为，人们在生活与实践中，通过各种交往、各种联系，发生各种各样的相互关系，在交往与联系中，经常受到双方各自心理特点的制约，并伴随一定的心理体验与心理反应，如满意或不满意、主动还是被动等。所以，心理学中讲人际关系更突出或更强调它的心理因素。例如，时蓉华主编的《社会心理学词典》对人际关系的定义是：人们在人际交往过程中结成的心理关系、心理上的距离；朱智贤主编的《心理学大词典》对人际关系的定义是：人与人之间通过交往与相互作用而形成的直接的心理关系；林崇德等主编的《心理学大辞典》对人际关系的定义是：人与人之间在交往过程中产生和发展的心理关系。当然，作为社会关系的总和，人本来就生活在与他人的互动与共存中。故此，人际关系渗透于社会关系的各个方面，从不同的角度理解有其不同的内涵。

就个体的内在体验而言，交往过程中双方在个性、态度、情感等方面的融洽或不融洽、相互吸引或相互排斥，必然会导致双方人际关系的亲密或疏远。这其中主要涉及情感、认识、行为三方面，也就是说，人际关系主要包括情感（指积极或消极情绪、爱或恨、满意或不满意）、认识（指相互认识、相互了解）、行为（指交往行为）三种成分，情感是核心成分。

从行为动机的角度看，人际关系反映了个人或群体寻求满足需要的心理状态：若双方在交往中满足了各自的需要，则相互之间发生并保持接近的心理关系；若其中一方对另一方表示不友好或发生不利于另一方的行为，则会出现疏远或敌对的心理关系。从这个角度来说，人际关系的状况，取决于人们的需要被满足的程度；人际关系是以人的情感为纽带的，不同的人际关系引起人们的情感体验不同，并影响着人们在交往中的行为方式。

二、人际关系的类型

由于人类生活实践范围极广，因而结成的人际关系各种各样，用不同的标准可以对其进行不同的分类。

阅读随感

（1）按人际关系的状态，可以将其分为良性和恶性两类。协调、友善、亲密的良性人际关系使人心情舒畅、同心协力、步伐一致，学习与工作效率高。冲突、紧张、敌对的恶性人际关系则导致人们相互矛盾、猜疑对立，学习与工作效率低。

（2）按照人际关系的范围，可以将其分为个体与个体之间的关系、个体与群体之间的关系、群体与群体之间的关系三类。

（3）按照人际关系存续的时间，可将其分为长期关系和临时关系。

（4）按照人在人际关系中的需求不同，可以将人际关系分为三种状态。每个人在与他人交往时对别人的要求与方式都不同。人们在生活实践中逐渐形成的对人际关系的基本倾向，被称为人际反应特性。对人际反应特性的了解，能预测人与人之间交往中可能发生的交往反应，以便采取适当的配合行为。美国心理学家、人际反应特性理论的代表人物舒茨认为：人的三种不同类型的人际需要构成了三种不同形式的人际关系。

①包容的需要引起的人际关系。每个人都希望和别人来往、结交、建立并维持和谐的关系。出于这种动机而产生的交往行为的特性是：喜欢并主动与他人交往、乐意建立并维持和谐的人际关系；希望被别人接纳；具有沟通、相属、参与、出席、随同、谦逊等人际反应特性。与此相反的交往特性是：排斥、对立、疏远、退缩、忽视等。一般来说，在一个人成长的不同阶段，在不同的工作岗位上，都有被自己称为朋友的人，都有交往的欲求。欲求的性质不同，交往维持的时间也不尽相同，有的时间短暂，有的时间很长乃至终身。

②控制的需要引起的人际关系。这是表现在权力或权威的基础上力图和他人建立并维持良好关系的愿望。其行为特性表现为：使用权力、权威、威信等来影响、支配、控制、领导他人；与此相反的人际反应特性则是：既抗拒权威、忽视秩序，又追随和模仿他人、受人支配等。控制的需要并非身居高位的人所独有，其他人也可能会有。

③感情的需要引起的人际关系。这是指在情绪和情感上愿意与他人建立并维持良好的人际关系。其行为特性表现为：喜爱、亲密、同情、照顾等；与此相反的人际反应特性是：冷淡、疏远、反感、厌恶、仇视以及憎恨等。人的这种感情需要，在人的心理发展过程中自始至终存在。

人的不同感情需要对人际关系的影响表现为：如果包容需要强烈，行为主动、积极,就喜欢与别人交往,愿意积极地参与各种社会活动;如果包容需要强烈,感情需要也强烈,就会处处关心别人、爱护别人、尊重别人,在人际关系中得心应手,左右逢源,重视友谊,受人爱戴;如果只有控制需要,没有感情需要和包容需要,就必然争权争利,脱离群体,使人憎恨、厌恶,从而造成人际关系紧张。

(5)按照人在人际关系中行为特征的不同可以将其分为三种类型。心理学家、基本焦虑论的创始人霍妮根据个体与他人的关系,把人们相互作用形成的人际关系分成三种类型。

逊顺型:其特征是"朝向他人"。这种类型的人表现出顺从行为,讨人喜欢,无论遇到什么人,无论在什么场合,他都首先会想到:他喜欢我吗? 在得到肯定或否定的答案后,再采取适当的行动。这种人在交往中往往是被动的,适合从事社会、医务、教学工作。

进取型:其特征是"对抗他人"。这种类型的人总想窥探交往对方力量的大小,或者其他人对自己是否有用,从而采取对策。这是一种自我中心主义的表现,适合从事商业、金融、法律工作。

疏离型:其特征是"疏远他人"。这种类型的人经常想躲避别人的影响干扰,不愿意主动与人进行交往。这种人往往自命清高,易造成空虚、孤独的心境,适合从事艺术与科研工作。

我国学者经过修正,将这种分类方式表述为以下几种。

合作型。相互交往以宽容、忍让、帮助、给予为特征;遇事为他人着想,考虑问题全面细致;具有团结、协作、支援、友爱的关系。

竞争型。相互交往中表现为竞争、封锁、相互利用等特征;遇事只为自己打算,总想胜过或压倒对方;团体人际关系较为紧张。

分散型。这种人在交往时,以疏远他人、与世无争为特征;团体人际关系较冷淡。

三、影响人际关系的因素

影响人际关系的因素很多,据社会心理学家的研究主要有以下几方面。

(1)距离的远近。在其他因素大体相同的情况下,人与人之间在空间位置上越接近,越容易形成彼此之间的密切关系。因为空间距离近,就容易使

阅读随感

人们彼此之间接触的机会多,有利于建立人际之间的密切关系。这里需要注意的是,距离的远近并不是形成人与人关系的主要因素,它只是影响人际关系的多种因素之一。正如中国唐朝王勃《送杜少府之任蜀州》诗云:"海内存知己,天涯若比邻。"又或者秦观的名句:"两情若是久长时,又岂在朝朝暮暮。"

(2)交往的频率。指单位时间内人们互相接触的次数。一般来说,人们彼此之间交往的频率越高,越容易形成比较密切的人际关系。同样需要指出的是:人们彼此之间交往的内容常常比交往频率有更重要的意义。若仅满足于交往次数多而无交往内容或交往内容贫乏,或无诚意,只停留在一般的应酬上,就不能有深交,人际关系就不会真正地密切起来。

(3)态度的相似性。在人际交往过程中,如果双方对某种事物有相同的或类似的态度,有共同的理想、信念、人生观、价值观等,在工作中、生活中有共同的语言,就容易产生共鸣、容易交流感情,相处比较融洽,因而也就容易形成密切的人际关系。

(4)需要、性格的互补性。人的需要、性格方面的某些特点,会使人们形成友好的人际关系。这是因为人的需要、性格在人际关系中具有互补性的特点,使之成为影响人际关系的因素之一。

(5)兴趣、爱好的一致性。兴趣、爱好是否一致,也是影响人际关系的一个不可忽视的因素。兴趣、爱好相同的人,会经常交往,他们在一起"有共同语言""三句话不离本行",常就共同感兴趣的问题在一起探讨,互相启发,因而容易形成密切的人际关系。一般来说,对某事物的兴趣、爱好,其社会意义越大,所形成的人际关系也越容易巩固。

除此之外,如能力、特长、长相、仪表、风度等,也都可能成为影响人际关系的因素。

四、人际关系的重要性

人际关系的性质不仅影响人与人之间的交往效果,而且对社会群体的社会实践效果发生重大作用。

1. 人际关系对人的生存的影响

人生活在社会中不能脱离社会群体,离不开人际关系。这是由人的社会本性所决定的,否则"人将不人"。例如,科学史上多次发现的长期脱离人群而与动物共同生存的"野人",虽然在生理上具有人体的各种器官,但没有人的行为,没有人的语言,没有人的情感,没有人的社会性,仅仅是一个动物性的个体。人脱离了社会也就没有了人际关系、没有了人际交往。没有人际关系、没有人际交往的人,人的社会属性将会丧失,失掉社会属性的人只有自然属性了,只有自然属性的人是什么人呢? 所以,人际关系对人的生存影响极大。

2. 人际关系对心理健康的影响

人际关系紧张可能导致身心疾病。人类很多身心疾病,诸如神经衰弱、高血压、偏头痛、溃疡病等,都与人际关系失调有密切的关系,甚至有研究认为导致这些身心疾病的主要原因就是人际关系紧张。也就是说,人类的心理病态主要是因为人际关系失调所造成的。在和自然搏斗的原始人中,人际关系是非常单纯的,他们的生存能力主要在于身体的适应,所以在原始人中发现精神病的概率是很小的。人际关系复杂起来以后,人类的心理适应就不再像以前那样单纯了。

一般来说,具有良好人际关系的人,大都具有开朗的性格,热情乐观的品质,能正确认识和对待各种现实问题,能化解生活中的各种矛盾,能形成积极向上的乐观心态,从而迅速适应环境变化,这就有助于保持和促进自身的心理健康。相反,如果没有良好的人际关系,缺乏积极的人际交往,不能正确对待自己和别人,心胸狭窄,目光短浅,就容易形成精神上的巨大压力,难以化解心理上的矛盾,严重的还可能导致病态心理,若得不到及时的心理疏导,可能形成恶性循环而严重影响心理健康和生理健康。

3. 人际关系对工作效率的影响

就个体而言,一个人只有在心情舒畅和身体健康的情况下,工作效率才会提高。就群体而言,人际关系的状态对团队工作效率的影响更加明显。心理学的研究表明,内聚力是群体工作效率得以发挥的前提,而良好的人际关系则是群体内聚力的基础。人际关系是一个组织与团队团结合作的基础,人际关系的好坏反映团队合作的质量,直接影响其成员的工作积极性和办事效率。组织内部人际关系和谐,团体成员之间感情融洽,群体士气就会提高,内聚力就能增强,成员就能焕发出积极性和热情,工作效率就会提高;反之,人

📖阅读随感

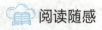

际关系紧张，则易引发矛盾冲突，就会削弱内聚力而人心不齐，产生内耗，势必影响、降低工作效率。

第二节　大学的人际关系

比起中学时期，大学时期我们开始独立地步入准社会群体的交际圈，人际交往更为复杂、广泛，独立性更强，更具社会性。大学时期个体处于一种渴求交往、渴求理解的心理发展时期，良好的人际关系是我们心理健康发展、人格健全和具有安全感、归属感、幸福感的必然要求。然而，受认知、情绪、性格等各种因素的影响，并不是每个人都能妥善处理好人际关系的相关问题。大学入学阶段，既是我们适应新的人际关系的重要时期，更是学习如何处理人际关系的实战演练期。

一、大学人际关系的变化

从高中到大学，人际交往的变化不仅仅是面对一些陌生的面孔，而是人际交往的范围、目标等各方面都发生了全方位的改变。

1. 人际交往范围扩大

在大学里，我们面临的人际关系主要有师生关系、朋友关系、恋爱关系和家庭关系等，涵盖了人际关系中的亲情、友情、爱情等方方面面，形成了人际交往的新格局。大学期间，我们不仅要和不同地域、不同习俗的同学打交道，还要和校、院等有关部门的教职工打交道；由于参加各种社团活动或社会活动，还要与不同年级、不同院系、不同专业的同学打交道；由于勤工俭学、参加实习实训等活动，还要广泛接触社会。因此，相较于高中时期，大学时期我们人际交往的范围扩大了很多。

2. 人际关系的重要性提高

高中时我们的学习、生活环境相对封闭，人际关系的影响相对较小。大学开始，我们离家到异地读书，对人际关系的需要也日益增加。

3. 人际交往的难度增大

大学人际关系环境比起中学的人际环境要更加多元化。集体的生活环

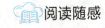
阅读随感

境为个体间的相互交往创造了条件,但也常常成为矛盾冲突的根源。同学之间语言、生活习惯、价值观、性情等方面的差异,增加了交往的难度系数。

二、大学生人际关系的内涵

大学时期我们的人际关系与中学时期相比,有明显的复杂性。这是因为,我们的独立意识进一步增强,并且随着知识增长、交往面扩宽、眼界开阔,我们在构建各种人际关系时处于越来越谨慎的状态。从交往的范围来说,大学期间主要的人际关系有三种:师生关系、同学关系、家庭关系。

1. 师生关系

总体上说,我们在大学期间与教师的关系比中学时期的师生关系疏远与淡化。大学的情况与中学相比有很大的不同。例如,中学课程科目少而课时多,任课教师与学生接触的时间多,学生对教师存在着依赖性。在大学里,学生课程科目多而上课时间少,且很多课程不在同一个教室,造成师生之间的接触较少,学生与教师交流的机会不多,没有充分的时间与教师沟通。从大学生自身的角度来看,独立意识增强,不愿意过多地与教师商量,这都在一定程度上影响了师生关系。但是,由于学习与成长的客观需要,大学生对学校里出类拔萃、德高望重的教师往往产生由衷的敬仰之情,这种敬仰是建立在深思熟虑的基础上的,因而对密切师生关系起着重要的驱动作用。这说明,只要在学生和教师之间找到需求的"黏合"之处,大学里的师生关系就会朝着理想的方向发展。

2. 同学关系

同学关系是大学期间人际交往的基本关系,大学同学也是我们人际交往的主要对象。大学同学关系中交往比较频繁的有三类,即班级同学、宿舍同学以及社团等各种学生组织里的同学。班级同学交往以学习与班级活动为主,而宿舍同学关系以情感交往与生活交往为主,社团关系以兴趣与工作交往为主。大学校园里的同学关系总体而言是和谐、友好的,同学之间的关系有亲情化、家庭化的趋势,即在日常生活、学习中创造一种如同亲属一般和谐稳固的同学关系。同时,我们与同学间的交往也很微妙、复杂。一方面,我们年龄相仿、经历相同、兴趣爱好相近,又共同生活在一个集体,沟通与交往容易。另一方面,我们来自不同地域,有不同的家庭背景,生活习惯、个性特征

温馨宿舍
和谐生活

阅读随感

等存在差异,加之空间距离小、交往密度高而自我空间相对狭小,对人际交往的期望较高,一旦得不到满足,容易采取消极退避的态度,导致人际关系紧张。

3. 家庭关系

进入大学后,我们中的绝大多数要离开家庭,长时间住在学校,甚至由于种种原因,连节假日也很少回家。但我们的身心发展与我们的家庭关系仍存在着紧密的联系。从总体上看,随着"成人感"的不断增强,我们对父母的责任感、理解程度也在逐渐增加。

三、人际交往的心理功能

一个人要想获得生存和发展,就必须学会为自己创造一个良好的外部人际环境。良好的人际交往在我们的成功道路上会起到十分巨大的作用。现代心理学家和社会学家的研究已经证实,人际交往具有以下显著功能。

1. 心理平衡的功能

青年时期,人的情绪往往是不稳定的,同时又是强烈的。美国心理学家霍尔用"疾风怒涛"来形容青年的情绪。在这一时期,我们常常会产生一种不安、孤独、焦虑的情绪,容易感情用事、容易激动。这种心理如果得不到及时调节,就会失去平衡,从而影响我们社会化的顺利进行。良好的人际交往可以起到稳定情绪、平衡心理的作用。知心朋友之间能够敞开心扉,宣泄苦闷孤独的情绪,恰如英国诗人威廉·布莱克所说:"我对朋友感到愤怒,我说出这愤怒,它消失了;我对敌人感到愤怒,我没有说出,它滋长了。"因为倾诉的过程是释放压力的过程,是解除精神紧张的过程。每个人的一生都像是在走一条路,如果是一大群人并肩携手,有说有笑,碰到沟沟坎坎互相搀扶一把,那你一定会很轻松很开心,不知不觉已经走了很远。当然你也可以闷着头独自走,对周围的一切不闻不问,遇到沟坎自己过,遇到麻烦自己咽在肚子里,那样你也能走很远,但难免会觉得很累,忧愁比别人多,快乐比别人少。而且,有些沟坎,只靠一个人的力量是过不去的。

如果一个人生活在冷嘲热讽中,有了烦心事没人可以诉说,有了困难没人愿意帮助,他会开心吗?更重要的是,得遇一位知己朋友,我们可以从他那里得到理解和支持。

阅读随感

2.优化学习的功能

大学时期,我们的主要任务是学习,学习质量如何是考核我们在校表现的一个主要指标。我们的学习质量是受多种因素影响的,这些因素包括我们自身的努力程度、学校的校风、学风、师资水平、学习环境、人际关系以及社会的政治经济形势等,所有这些因素都不可避免地会对学习质量产生一定的影响。在这诸多因素中,人际关系对我们学习质量的影响尤其值得重视。人际关系对我们学习质量的影响表现在以下方面。

(1)良好的心理共振,可以产生激励作用,使同学彼此团结、共同进步。学习是一个主观能动的过程,必然会受到学习者情绪的影响。一般说来,人际关系好,情绪平和稳定,学习质量就会提高;如果某一方面的关系搞得非常紧张,甚至多方面关系都搞得非常紧张,就难以保持平稳和谐的情绪,就会没有心思学习,学习的质量也就可想而知了。

(2)积极的人际交往会引起特有的精神振奋和竞争心理,从而增强学习欲望。大学时期的人际交往伴随着大量学习信息的交流,这会直接促进大学生学习质量的提高。人际交往的过程就是信息交流的过程。大学时期,我们的人际交往同其他的人际交往的一个显著区别,就是在大学期间我们的人际交往所产生的信息交流中有大量的学习信息的交流,这一点尤其表现在同学之间以及学生与教师之间的人际交往上。在交往的过程中,我们经常讨论学习中的问题,交流学习心得、学习方法,这样就可以从这种交往中学到许多课堂上和书本上学不到的东西,取得他人在学习中对自己的帮助和指导。在实际生活中,我们常常可以看到,有些同学不善于与人交流,不善于从这种交流中吸取有益的信息,尽管他们学习也很努力,效果却并不一定显著。这从反面说明了积极的人际交往有助于学习质量的提高。古人曰:"独学而无友,则孤陋而寡闻。"我们应该高度重视结交学友,并在讨论和交流中提高自己的学习质量和效果。

3.角色调适的功能

认识自己在社会中的位置和所扮演的角色,建立一个完整的自我形象,是我们参与社会生活的重要内容。如果一个人对自己的社会角色缺乏起码的认识,那他就不能适应社会生活,更谈不上发挥积极作用了。一些同学毕业后走上工作岗位不能快速适应工作环境,一个重要原因就是对自己在特定

阅读随感

环境中的定位和角色缺乏明确的认识。人际关系对我们自我角色认知的影响是多方面的，这里仅从两个角度做简要阐述。

首先，我们同一般青年一样，是一个角色集：在家里是父母的孩子，在学校里是教师的学生，在班级里是其他同学的学友，在共青团组织里是团员，在学生社团里是社员，等等。可以说，在不同的人际关系中，我们的角色身份都不一样。只有通过积极的人际交往，逐步自觉适应多角色集于一身的生活，我们才能塑造一个良好的自我形象。

其次，由于各种原因，我们不能客观地认识自我，对自己的评价经常会出现偏高或者偏低的倾向。在人际交往中，我们可以通过他人的褒贬评价，了解自己的优点和缺点，得出比较符合自己实际的正确认识。就像我们必须借助镜子才能看清自己的模样一样。在生活中，学会倾听别人的声音，能够帮助我们更全面地认识自己。

在综合程度越来越高、分工越来越精细的现代社会里，单凭个人的力量很难取得大的成就。事业成功、家庭幸福、生活快乐都与人际关系有着密切关系，只有善于处理人际关系，获得众人的帮助，才有可能创造辉煌的人生，更好地生存和发展。

四、人际交往的心理障碍

大学生思想活跃、精力充沛、兴趣广泛、人际交往需要强烈，希望通过人际交往去认识世界，获得友谊，满足自己物质上与精神上的双重需要。实际交往过程中，人际关系较好者则心情舒畅、身心健康，但也不乏交往受挫者心情郁闷、身心受损。大部分学生的人际关系状态基本上是较好的，但也有少数人因为各种原因，面临人际关系紧张的困扰，究其表现，或者是不敢主动与人交往，或者是不知道怎样与人交往，或者是不善于表达而在人前难于开口，或者是担心自己说错话而得罪人……据相关心理咨询领域的统计，大学生各种心理障碍中，人际交往障碍表现相对突出，甚至影响到正常的学习与生活。人际交往是运用语言或非语言符号交换意见、沟通思想、表达情感与需要的过程。在这一过程中，我们出现一些困惑或不适应是难免的，但若个人的人际关系严重失调，人际交往时常受阻，就说明存在交往障碍。常见的人际交往的心理障碍主要有认知障碍、情感障碍和人格障碍。

1. 认知障碍

认知是机体认识和获取知识的智能加工过程,涉及学习、记忆、语言、思维、精神、情感等一系列心理和社会行为。认知障碍是指与学习记忆以及思维判断有关的大脑高级智能加工过程出现异常,从而引起严重的学习与记忆障碍,同时伴有失语、失用、失认、失行等病理过程。认知的基础是大脑皮层的正常功能,任何引起大脑皮层功能和结构异常的因素均可导致认知障碍。由于大脑的功能复杂,且认知障碍的不同类型互相关联,即某一方面的认知问题可以引起另一方面或多个方面的认知异常。因此,认知障碍是脑疾病诊断和治疗中最困难的问题之一。

认知障碍在我们的人际交往中表现比较突出并且常见,这是由青年期的交往特点所决定的。一方面,青年期自我意识迅速增强,开始了主动交往,但受社会阅历和客观环境的限制使个体不能全面接触社会、了解人的全貌,心理上还不太成熟,因而人际交往中常带有理想化的预期。个体根据理想化的交往认知在现实生活中寻找知己,一旦理想与现实不相符合,则会在交往方面产生障碍,心理出现创伤。另一方面,青年期的个体常常以自我为中心,而人际交往则是要满足交往双方的需要,是在互相尊重、互谅互让、以诚相见的基础上实现的。忽视平等、互助的基本交往原则,以自我为中心,不考虑对方的需要,这样的交往难免会以失败而告终。诸如此类的交往失败经历在一定程度上会导致个体对人际关系的认知判断发生偏差,形成不同程度的人际关系认知障碍。

2. 情感障碍

情感障碍,亦称心境障碍,其主要特征是情感或心境显著而持久的改变。广义的情感障碍,包括精神科所有常见的异常心境。狭义的情感障碍,仅指情感高扬或低落,且伴有相应的思维和行为的改变,有反复发作的倾向,间歇期精神状态基本正常。在人际交往中,情感成分是其主要特征,即情感的好恶决定着交往者今后彼此间的行为。交往中感情色彩浓重,是青年期人际交往的一大特点。交往中的情感障碍具体体现在以下几方面。

(1)忌妒。忌妒是一种消极的心理品质,表现为对他人的优点、长处、成绩等心怀不满,报以嫉恨,甚至行为上冷嘲热讽,乃至采取不道德行为。忌妒容易使人产生痛苦、忧伤、攻击性言论等行为,导致人际冲突和交往障碍。例如,有的同学在恋爱竞争中失败,转而恶语中伤他人。

(2)自卑。自卑是一种过低的自我评价。自卑的浅层感受是别人看不起自己,而深层的体验是自己看不起自己。有自卑心理的大学生在交往中常常缺乏自信,畏首畏尾,遇到一个小挫折,就怨天尤人;如果受到别人的耻笑或侮辱,只会忍气吞声。实际上,自卑并不一定是能力低下,而是凡事期望值过高,不切实际,在交往中总想把自己的形象理想化、完美化,惧怕丢丑、受挫。有自卑心态的人在人际交往中常常感到不安,因而总是把社交圈子限制在狭小的范围内。

(3)自负。自负在人际交往中表现为傲气轻狂、居高临下、自夸自大,过于相信自己而不相信他人;只关心自己的需要,强调自己的感受而忽视他人;与同伴相处,高兴时海阔天空,不高兴时大发脾气;与熟识的人相处,常常过高地估计彼此的亲密程度,使对方处于心理防卫而疏远。无论是自卑还是自负,都是导致交往障碍的两个极端。

(4)害羞。害羞是因为胆怯或做错了事怕人耻笑而心中不安。害羞在人际交往中常常表现为腼腆、动作忸怩、不自然、脸色绯红、说话音量低而小,严重者怯于交往,对交往采取回避的态度。害羞使人过多约束自己的言行,无法充分表达自己的愿望和情感,造成交往双方的不理解或误解,妨碍了良好人际关系的形成,可称之为人际交往中的"暗礁"。

(5)孤僻。孤僻就是性格独特怪僻、不合群。孤僻多是因为幼年时缺乏关心关爱,或者在情感上受过重大打击而形成的。在孤僻的人眼里,世界是灰色的,人是不可信赖的;也可能表现为孤芳自赏,自命清高,结果是水至清则无鱼,人至察则无徒,与人不合群,待人不随和;或者是由于行为习惯上的某些怪癖使他人难以接受。总之,孤僻的人对他人保持着一定的距离,实行自我封锁,既不接近他人,也很少伤害他人。但由于人的自然心理倾向是需要人际交往和互相帮助的,因而他们内心是痛苦的、悲观的。由于以高度的戒备心理将人际沟通的渠道堵塞,他们不了解不关心别人,别人也难以了解和关心他们,这又印证了他们意识范围里"世态炎凉"的观念,形成一种恶性循环。

3. 人格障碍

人格障碍又称"人格异常",是一种持久而牢固的适应不良的行为模式,

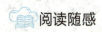

表现为人格发展的内在不协调,是在没有认知过程障碍或智力障碍的情况下出现的情绪反应、动机和行为的异常。人格障碍的种类较多,表现各异,但各类型都有一些共同的特征,主要表现在以下几方面。第一,一般始于青春期。人格是从小逐渐形成的,人格障碍也是如此。人格障碍的特征往往从儿童期就有发端,到青春期开始显著。年龄越小,人格的可塑性就越大,所以在青春期以前不能轻易诊断为人格障碍。第二,紊乱不定的心理特点和难以相处的人际关系。这是各类型人格障碍最主要的行为特征。不论是被动的还是主动的行为变异,如偏执、自恋等,都会给他人造成困难,甚至带来灾祸。第三,推卸责任。把自己所遇到的任何困难都归咎于命运或别人的错误,因此不会感到自己有缺点需要改正,而常把社会或外界的一切看作是荒谬的、不合理的。第四,认为自己对别人无任何责任。例如,对不道德行为没有罪恶感,伤害别人不觉得后悔,并对自己的所作所为都能做出自以为是的辩护。他们总把自己的想法放在首位,不管他人的心情和状态。第五,总是走到哪里就把自己的猜疑、仇视和固有看法带到哪里,任何新环境的气氛无不受其行为特点的影响。第六,行为后果伤及别人,使得周围的人鸡犬不宁,而自己却泰然自若。第七,总是通过别人的告发或埋怨得知自己的怪僻或不良行为,而不会自己感到愧疚。

人格障碍是一种常见的人际交往障碍,会给人际交往带来误解、矛盾与冲突。人格不健全的人,常常缺乏自我约束,过分苛责他人,放纵自己,情绪无常,行为怪异,使人难以相处,一般人际关系都不好。不健全的人格,如偏执型人格、表演型人格、强迫性人格等都是造成人际冲突的原因。

第三节　拓展新的人际关系

人有爱以及被爱的归属感的需要,都希望得到别人的容纳、承认和重视。进入大学我们都渴望能够在校园中建立起良好的人际关系,这是一种获取他人接纳的心理诉求;同时,人际关系状态也影响着我们的生活质量。在不知该怎么交往或交往失败后,处理不当则会影响生活、学习,甚至影响心理的和谐健康。这些问题如果得不到及时有效的解决,就可能影响学业与身心的健

阅读随感

康发展。正因如此,深入了解人际交往方法、提升人际交往能力成为我们适应大学生活的迫切需要。

成功的人际交往是一种素养,也是一种智慧,其涉及的范围十分广泛,本节将其重点内容概括为"一个基础、两项技术、三大纪律"。

一、一个基础:坚信"朋友从陌生人开始"的理念

跨进大学校园,要想结交到更多的朋友,迅速构建自己新的人际关系,首先就必须树立这样一个信念:朋友从陌生人开始。看看我们身边的朋友,不都是从陌生到熟悉,从熟悉到相知的吗?高中时期的那些"铁哥们儿"固然重要,但我们也要学会主动出击,去适应新的环境,开拓新的人际关系。我们主动出击的成本也许就是一句简单的问候,或者是真诚地打个招呼,但换来的可能就是值得我们珍惜一生的朋友。著名推销员乔·吉拉德的故事大家都比较熟悉,他所取得的成绩是世界瞩目的,但在他做销售之前是没有任何人脉可言的,我们来看看他是怎么做的?

没有人脉的乔·吉拉德最初靠着一部电话、一支笔和顺手撕下来的四页电话簿作为客户名单拓展客源,只要有人接电话,他就记录下对方的职业、爱好、买车需求等生活细节,虽吃了不少闭门羹,但多少有些收获。曾有人在电话中用半年后才想买车的理由打发他,半年后,乔·吉拉德便提前打电话给这位客户。他靠着掌握客户未来需求、紧追不放的黏人功夫,促成了不少生意。乔·吉拉德有一个特别的习惯,喜欢在公众场合"撒"名片,有人疑惑时,他则耸耸肩表示:我同意这是个很怪异的举动,但就是因为怪异,人们就越会记得。到餐厅用完餐,他总是在账单里夹上三四张名片,经过公共电话旁,也不忘在话机上夹个两张名片,永远不放弃任何一个机会。乔·吉拉德很有耐性,不放弃任何一个机会。或许客户五年后才需要买车,或许客户两年后才需要送车给大学毕业的小孩当礼物,没关系,不管等多久,乔·吉拉德都会隔三岔五地打电话追踪客户;一年十二个月更是不间断地寄出不同花样设计的卡片给所有客户,最高纪录曾每月寄出一万六千封卡片。他说:"我的名字'乔·吉拉德'一年出现在你家十二次!当你想要买车,自然就会想到我!"

当然,开拓人际关系的方法很多,但最重要的还是我们要有"朋友从陌生人开始"的信念,能够主动出击去积累我们的人脉。当我们相信并坚守这样

一个理念的时候,所有的陌生环境都变成了结交朋友的机会,我们的人际关系自然变得更加丰富、友好。良好的人际关系是在交往中形成和发展起来的。大学生从入校的第一天起,只要主动加强人际交往的实际锻炼,新的人际关系很快就可以建立。

二、两项技术:社交礼仪和语言表达能力

毋庸置疑,人际关系的维护和扩展是以沟通为前提和基础的。这就要求我们要具备良好的社交礼仪和语言表达能力。

1. 社交礼仪

所谓礼仪,就是人们在社会交往中所形成的人与人互动的行为规范。良好的社交礼仪是人际交往中给他人留下美好第一印象的关键要素。其在人际交往中主要涉及如下几方面。

(1)穿戴整洁,仪态端庄。穿戴要适时合宜,仪容举止端庄而不过于随便。但是,讲究仪表并不等于过分修饰。

(2)真诚自信。在人际交往中保持真诚热情自然会得到对方的接纳,为成功的交往架起一道桥梁。充满自信的人,会恰到好处地表现自己,给人自然生动的印象。

(3)有节有度。人际交往的奥秘在于把握分寸,针对不同的人、不同的事和不同的情况灵活掌握。说话的音量适中,营造心平气和的沟通氛围;话语数量适度,不能一语不发,也不能喋喋不休。纵使你在某些方面才华超众,也不要锋芒毕露,没有人愿意接受一个目空一切的人。掌握好表现的"度",是交往的一个原则,超过了这个"度",就有可能聪明反被聪明误,反误了"卿卿"友谊。

(4)尊重关注。在沟通中尽量看着讲话的人,对他人所说的话,要表示浓厚的兴趣。试想,假如你与一个人说话而他爱搭不理,或是心不在焉,手里忙着其他事情,如翻报纸、看手表、修指甲、打哈欠等,你肯定会认为他没把你放在眼里,这样的人你会喜欢他吗?结论不言而喻。合格的听众在贡献耳朵的同时,还要专注于对方,不要心不在焉、面无表情,不要轻易打断别人的话,要注意不时地做出一些语言和表情上的反应,表示你对他的话感兴趣。许多时候,对方从我们的无声语言中获得的信息远远多于我们语言所表达的内容。

阅读随感

所以,我们只有全身心的投入,才可能避免表错情、达错意的情况出现。这就要求我们在谈话的时候要专注,有感情地投入,这样才能将我们的眼神、表情和肢体语言全部用上。

(5)谈吐优雅、富有温情。言语之间要注意格调与情趣,掌握语言表达的艺术,谈吐风趣、高雅、富有感染力。得体优雅的谈吐,无形中更能增加一个人的人格魅力。言谈之间温婉含蓄、富有温情。一个人说话时的感情体现了对他人的态度。饱含温情的话语就像是一缕和煦的春风,温暖他人的胸怀。语言的感情力量迸发出的巨大精神能量是任何华丽虚浮的语言所无法比拟的。

(6)勇于认错。人际交往中要正视别人的批评。如果我们发现是自己错了,就要及时真诚地承认,这要比为自己争辩有效得多。古人云:人非圣贤,孰能无过,过而能改,善莫大焉。只有缺乏智慧的人才会为自己的错误找借口,强词夺理。一个坦诚、豁达、勇于认错的人,往往能赢得别人的理解和敬重。

2. 语言表达能力

和谐的人际关系以良好的语言表达能力为基础。这里将良好的语言表达能力的要点简要地概括为三个基础和三大技巧。

(1)三个基础。

第一,有效的沟通开始于融洽的气氛。融洽的气氛是成功交流的基本保障和前提。没有融洽、和谐的氛围,我们很难继续对问题进行深入探讨。要创造融洽的气氛就需要我们在进行交流的时候,面带微笑,充满热情。

第二,保证信息传递的精准性。首先要口齿清晰,表达准确。普通话可以不是那么标准,但必须保证对方可以听明白;同时,还应该避免语言的歧义等影响信息传递的其他不利因素。其次是说话时声调柔和并随着情感起伏富于变化。如果我们一直用一个不变的声调说话,语言就变成了噪声,对方避之不及,又怎么会听得进去呢?故此,沟通交流中语言的精准性一方面要求我们口齿清晰、措辞严谨,另一方面还应该注意语调贴切自然。

第三,表达内容应该真实简洁、清楚明白。我们应该保证说话的真实性:不夸大而务实、不猜疑而存信、不渲染而平实、不扭曲而正直。一方面,我们表达的目的是为了"说明白",让对方"听清楚",使其在了解、接受的基础上能够"做得到"。

"救火,救火!"电话里传来了紧急而惊慌的呼救声。

"在哪里?"消防队急救部门的接线员问。

"在我家!"

"我是说失火的地点在哪里?"

"在厨房!"

"我知道,可是我们应该怎么去你家呢?"

"噢!难道你们没有消防车吗?"

上述案例中的报警者说的可能是真的,但不一定是有用的,因为对方听过之后还是不知道应该怎么去做。

另一方面,表达中不要把简单的问题复杂化。

一个到集市上买柴火的秀才对卖柴的人说:"荷薪者过来。"卖柴的人听不懂"荷薪者",但听懂"过来"两个字,就来到秀才面前。秀才问:"其价几何?"卖柴的人虽然不太明白秀才什么意思,听到"价"字,就告诉了秀才价格。秀才说:"外实而内虚,故烟多而焰少,请损之。"卖柴的人担起柴就走了。

现实中总有一些人喜欢故作高深,但沟通的效果往往适得其反。

(2)三大表达技巧。

第一,倾听。倾听,或者叫作聆听,代表了感兴趣、认同、肯定和尊重。在倾听的过程中通过悉心观察对方的表情、眼神、肢体语言等收集信息,听清对方说出来的,听出对方未说出来的,以便真正地明白对方的意图,并做出适当的回应。这样才能保证在交流过程中充分交换各自的意见。人类有两只耳朵,两只眼睛,一张嘴,也仿佛在告诉人们:要多看多听少说。据说有个年轻人去向苏格拉底请教如何演讲,为了表示自己有很好的演说天赋,他就先滔滔不绝地讲了很多。最后,苏格拉底要他缴纳两倍的学费,年轻人很不解,苏格拉底解释说:"因为我得教你两门学问,先是怎样闭嘴,然后才是怎样演讲"。

在人与人的交流沟通中,听远比说要重要,讲之前我们应该先学会听,没有倾听就没有发言权。

一位将军为了显示对部下生活的关心,就搞了一次士兵食堂的突击检查。在食堂里,将军看见两个士兵站在一个大汤锅前,就向士兵命令道:"让

阅读随感　我尝尝这汤！"

"可是,将军……"士兵正准备解释。

"没什么'可是',把勺子给我!"将军夺过勺子就喝了一大口,怒斥道:"太不像话了,怎么能给战士们喝这个呢？这简直就是刷锅水!"

"我正想告诉你,这就是刷锅水。"士兵无奈地回答。

第二,赞美。俗话说:恶语伤人六月寒,一句好话三冬暖。每个人都有其自身的优点和长处,我们要善于发现对方的优点并给予适当的赞美。赞美是对人们行为的一种激励和鼓舞。当你真的学会赞美别人后你才会发现它的作用会有多大。最简单的体会就是初次见面时,当对方真诚地说出自己某一方面优点的时候,会很快拉近双方的距离。这不是人的虚伪,而是我们潜意识中最单纯的一面。脑神经学研究认为,人的潜意识都希望得到肯定和支持。

著名教育家陶行知在育才小学担任校长的时候,有一次在校园里看到学生王友用泥块砸自己班上的男同学,当即劝阻了他,并让他放学后到校长办公室来。放学后,陶行知来到校长室,王友此时已站在门口等着挨训了。可是出乎意料,陶行知并没有训他,反而从兜里掏出一块糖果送给王友,并说:"这是奖给你的,因为你按时来到这里。"王友心怀疑虑地接过糖果,不知怎么回事。接着,陶行知又掏出一块糖放到他手里说:"这第二块糖也是奖给你的,因为当我不让你再打人时,你就立即住手了。"这使王友更加惊疑。这时,陶行知又掏出第三块糖塞到王友手里,说:"我已调查过了,你用泥块砸那些男生,是因为他们欺负女生;你砸他们,说明你正直善良,且有跟坏人坏事做斗争的勇气。"王友感动极了,哭着说:"陶校长,我错了,我砸的不是坏人呀!"陶行知满意地笑了,随即掏出第四块糖递过去,说:"为你正确认识错误,我再奖给你一块糖,可惜我只有这一块糖了。我的糖送完了,我看咱们的谈话也就该结束了。"

当然,对他人嘉许和赞美必须是真诚而真实的,是发自内心的;高超的赞美要选准角度、恰如其分,多赞美人的具体行为而非人本身。赞美之奥妙堪称一门艺术。

一个瞎了一只眼、瘸了一条腿的国王,招来三个画家为他画像,第一个人把他画得高大威武,国王看后,说:"这是一个阿谀奉承的家伙",就命人把他

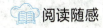

推出去斩首了;第二个画家画得逼真如实,也被杀了;第三个画家就把国王画成正在打猎,弓一腿拉箭,闭一眼瞄准,国王看了非常高兴,就誉他为"国内第一画师"。

我们在赞美别人的时候,可以不提他的缺点,但没有必要刻意的回避,这样可能会适得其反。

将赞美作为语言表达的重要技巧之一,强调其价值和意义,并不是提倡表面功夫,也不是讨他人欢心;不卑不亢的态度是很重要的,只有自尊的人格,才能和别人平等交流,才能得到他人的尊重。

第三,幽默。为了提高说话的效果,我们要学会风趣幽默、谈笑风生,这被称为语言艺术的最高境界。幽默是人们对生活的领悟,对事物的洞察。智慧的人将现实生活中丰富的经验、敏锐的洞察力、广阔的知识融合起来,揭示出生活中特殊的矛盾,从中发掘出戏剧情趣,从而创造出美妙的幽默。真正的幽默是一门学问,绝对不是说笑话。幽默必须是有趣能让人会心一笑的,但同时,幽默还必须是意味深长的,富有哲理、令人深思、给人启迪的。没有智慧不可能有幽默,有智慧不一定有幽默,但幽默的人一定是智者。要培养幽默感需要以一定的文化知识、思想修养为基础,用乐观开朗的心态多学习,多历练,经过长期的积累、沉淀来逐步修炼。对于语言表达来说,幽默是智慧的一种高级表现形式,是平时深厚的文化积累和临场应变与灵感的结合体。所以,幽默是人际关系的"润滑剂",在人际沟通中可以很好地起到拉近距离、化解尴尬、彰显智慧等多方面的作用。我们可以通过一语双关、故弄玄虚、比喻失当、超出常理、明显对比、设置悬疑等方法来设计幽默。但切忌低级庸俗的笑话或粗俗的语言,这种所谓的"幽默",不仅有损形象,也起不到沟通效果。

三、人际交往中的三大纪律

在人的主观认知中,每个人的世界都是不一样的;同样的道理,每个人都是不一样的。没有两个人的人生经验会完全一样,所以没有两个人的信念、价值观会是一样。因此,没有两个人对同一件事的看法能够绝对一样,没有两个人对同一件事的反应会一样,也没有两个人的态度和行为模式会完全一样。发生在一个人身上的事,不能假定发生在另一个人身上也会有一样的结果。人与人之间的不同,建造了这个世界的奇妙可贵。尊重别人的不同之处,别人才会尊重你独特的地方。同样地,自己与别人的看法不同,也是正常的事。每个人的观念、价值观也都是在不断演变中,没有一个人在两分钟是一样的。两个人之间信念、价值观和规条不一样,不一定会使两个人不能沟通或者难以发展出良好关系。给别人空间也就是尊重别人的信念、价值观和规条,这样才能有良好的沟通和关系。就是说,与人交往时必须尊重对方存在的空间,不要一味地将自己的观点强加给对方。在沟通时,必须承认对方的主观认知存在的客观性,不要用自己的想法取代对方的思维。当我们在说:"我也是为了你好"的时候,其实还是站在我们自己的评价标准上做出的判断。这就提示我们人际交往的核心是给予对方足够的尊重,而不要试图用自己的思维去替代他人的认知。这就是我们所说的人际交往的三大纪律:不能改变对方,只能引导对方;不能否定动机,只能调整行为;不能固守规则、道理,只能坚持效果。

1. 不能改变对方,只能引导对方

一个人不能改变另外一个人,每个人只能改变自己。一个人不能推动另外一个人,每个人都只可以自己推动自己。一个人不能教导另外一个人怎么做,只能引导另一个人去学习。我们只能自己推动自己,而不能寄希望于他人或环境改变。一个人不能希望另外一个人放弃自己的一套信念、价值观和规条,而去接受另外的一套。改变自己,别人才有可能改变。每个人的信念、价值观、规条系统只对本人有效,不应强迫别人接受。好的动机只给一个人去做某一件事的原因,但是不能给他控制别人或使事情恰如他所愿发生的权利。不强逼别人跟随自己的一套信念、价值观和规条,别人便不会抗拒。找出对方的价值观,创造、增大或转移对方在乎的价值,对方便会产生推动自己的行为。成功的沟通要保证在对方接受的前提下用有利于他的建设性意见满足他的需求。

2. 不否定动机,只调整行为

大多数人都选择给自己最佳利益的行为。大多数人做任何事都是为了满足自己内心的一些需要。大多数人的行为,对他的潜意识来说,都是当时环境里最符合自己利益的做法。因此,每个行为的背后,都必定有正面的动机。动机不会错,只是行为不能达到效果(满足背后正面动机的效果)。接受

阅读随感

一个人的动机,这个人便会觉得我们接受他。了解和接受其正面动机,才容易引导一个人改变行为。任何行为在某些环境中都会有其效用,因此,没有不对的行为,只有在当时环境中没有效果的行为。

3. 不固执道理,只坚持效果

沟通没有对与错,只有"有效果"或者"没有效果"之分,而沟通的效果则取决于对方的回应。沟通信息的发出与接收在潜意识层面的比意识层面的大得多。所以,沟通的效果,来自声调和身体语言的比文字更大。说话的效果由讲者控制,但是由听者决定。所以,没有两个人对同样的语言有完全同样的反应。改变说的方式,才有机会改变听的效果,听者的抗拒是对讲者不够灵活的指控。自己说得多"对"没有意义,对方准确接收到你想表达的信息才是沟通的意义;自己说什么不重要,对方听到什么更重要。同样的话可以用很多个方法说出来,使听者完全接收到讲者意图的表达方式,便是正确的方法。

【乐学善思】

1. 在人际沟通中你最大的优势是什么?有待改善的地方又表现在哪些方面?你准备如何改进呢?

2. 入学至今,你结识了多少新朋友、新老师?有哪些是被动接纳的?有哪些是你基于自己的成长目标主动结识的?

3. 你有过人际沟通效果不佳的经历吗?那是一次怎样的经历呢?未能达成预期沟通效果的原因是什么?下次遇到类似情况你准备怎么处理呢?

【知行合一】

你最大的兴趣爱好是什么呢?相信这个校园里有此兴趣爱好的同学还有很多,或许还有类似的学生社团呢!抓紧时间去找到他们并结识他们吧,将"独乐乐"变成"众乐乐"不也是一种生活乐事吗!

第六章
管理时间　提升生活品质

　　进入大学,从繁重的高中学习中解脱出来之后,每个人都明显感觉到自己可以自由支配的时间比高中多了许多,不知不觉地享受着前所未有的轻松和自在。可时光推移,心随境迁,一段时间之后突然发现,"无所事事、空虚无聊"成了自己最真实、最深刻的内心体验。事实表明:普遍意义上说,适应大学生活的过程中更大的挑战不是生活自理的问题,而是生活"太闲"的问题。究其原因,非常重要的一项就是缺乏有效的时间管理和闲暇管理的能力。从广义的教学和学习上讲,大学期间给学生足够的自由支配时间本来就是教育的手段和方式之一;而学生学会充分高效地使用、支配自己的时间也是学习的重要内容之一。时间管理是自我管理的基础和关键。大学新生要从入学之初就树立科学的时间管理意识,并在学习、生活实践中掌握适合自己的时间管理和闲暇管理的基本方法。

第一节　大学生时间管理能力的自我培养

　　时间承载了生命的过程,时间管理就是对生命的管理。正如本杰明·富兰克林所指出的:"你的时间用完了,你的使命也就到头了。"现代管理大师彼得·德鲁克也说:"时间是最高贵而有限的资源,不能管理时间,便什么都不能管理。"时间就是"木桶理论"中那块稀缺而珍贵的"短板"之一,它制约着其他各种资源效果的发挥。时间管理水平的高低决定了我们学习和生活的质量。如何根据自己的价值观和目标来管理好自己的时间,有效地控制生活朝着自己期待的方向前进,而不至于在忙乱中迷失方向,是一项重要的发展技能。对于大学生而言,你怎么管理时间,就意味着你怎么管理、支配、享受你的大学、你的青春。我们不能够决定生命的长度,但我们却可以控制生命的宽度。只有管理好有且仅有的时间,才能有效提升生命品质。对于我们而言,提升时间管理的能力是有效适应大学生活的基础,是提升大学生涯效能的关键,也是综合素养的必备修炼。

一、时间及其属性

有效地管理时间从正确认识时间开始。任何人都没有足够的时间,然而每个人又拥有自己的全部时间,它如影随形,司空见惯,可当被问到"到底什么是时间"的时候,又似乎无从回答。哲学家认为:时间是物质运动的顺序性和持续性,其特点是一维性,是一种特殊的资源。社会学家给时间的解释是:时间是从过去,通过现在,直到将来,连续发生的各种各样的事件过程所形成的轨迹。为了更好地管理时间,这里简要概述一下时间的特性。

(1)绝对公平性。时间是世界上最公平的资源。一方面,时间被相等地分配给所有人,任何人每一天所度过的时间都是等量的 24 小时,在任何情况下都不增不减,任何人都没有办法获得额外更多的时间;另一方面,每个人的时间都以同样的速度度过,无论男女老幼,无论贵贱贫富。故此,时间的供给是毫无弹性的,是绝对公平的。

(2)不可再生性。时间不同于可再生的植物,也无法像失物一样失而复得,它一旦逝去,则一去不返。花费了金钱,尚可赚回,但倘若挥霍了时间,任何人都无力挽回。所以时间是不可再生的、无法开源的。

(3)不可逆转性。任何人、任何事物都不能阻止时间前进的步伐,而已过去的时间也绝对无法从头再来,所以,时间具有不可逆转性。

(4)不能停滞性。时间不能够像人力、财力、物力或者技术那样可以被积蓄储藏,不管你使用与否、如何使用,无论过去、现在还是将来,它都以同样的速度前进不止。无论你愿意与否,时间都在无声无息地流逝,你都必须消耗时间,所以时间具有不能停滞性,无法节流。

(5)不可伸缩性。时间既不能拉长也不会缩短。你无法在睡觉的时候把时间压短一点,等醒了以后再把它拉长一点,它永远以同样的状态存在着。

（6）不可替代性。任何一个事件都有赖于时间的堆砌而没有任何的其他替代品。也就是说，时间是任何活动所不可或缺的基本资源，它有且仅有而又绝无仅有，是无法取代的。

二、时间管理

1.时间管理的概念

时间不容易被定义，但可以被理解。为了更好地理解时间，我们首先来解析两个基本观点。

第一，时间本身不能解释自己，只能通过事件来描述，事件是时间的基本要素。当人们说某一天很重要的时候，是指这一天的日子很重要呢，还是指在这一天将要发生的事件很重要呢？当然是指事件，是因为某一事件发生了或者将要发生某一事件决定了那一天的重要程度。故此，时间是通过事件来呈现的，人们只能通过"事件"来描述时间的实际意义。某一段时间重要是因为选择了重要的事件去做，某一段时间不重要是因为选择了不重要的事件去做，或者就没有事件可做。要使时间具有意义，就一定要把时间和事件的选择以及事件的控制联系起来，时间因为事件的不同而具有了不同的意义。

第二，时间本身不能被管理，对时间的管理是通过对单位时间内所发生的事件的管理来实现的。时间管理的载体就是事件管理，离开事件管理就谈不上时间管理，利用时间的方式离不开对事件的选择和控制。例如，我们前面所说的"时间管理的水平决定生活的质量"，可以换言"对事件的选择和控制决定了生活的质量"。时间的公平性以及人的主观能动性决定了每个人都可以选择自己想做的事情。故此，选择以及控制事件定义了时间的意义。

基于上述两个观点可知，时间管理的本质就是主体对其在单位时间内要参与的事件的管理，或者说时间管理就是主体对其参与事件的自我管理。换言之，时间管理的本质是如何选择、支配、调整、驾驭在单位时间里所做的事情。基于这样的解析，需要明确的是：时间管理可以减少不必要的时间浪费，但并不能增加新的时间；时间管理的目的并不一定要在单位时间内做更多的事情，而是在单位时间内能够有效地创造更多的价值，实现单位时间内效能的最大化；时间管理并不能实现完全的掌控，而是将事先的规划作为一种提醒与指引以增强主动性，降低被动性。

2.时间管理的基本原则

阅读随感

有效地管理时间首先必须对事件进行定位,时间管理中的事件定位应该遵循五个法则。

(1)目标导向法则。时间管理的关键是时间是如何被使用的,是否被用在了有意义的事件上。而判断事件是否有意义的第一判断标准就是是否符合我们的既定目标。有效的结果大多是通过对既定目标的有意识努力达到的,而不是依靠随机的巧合。目标管理的基本概念就来源于这个已被证实的原则,而这一原则对时间管理而言依然有效。没有目标就不知道想要什么,又如何知道该做什么呢?我们就会被杂乱无章的琐事困扰,陷入盲、茫、忙的怪圈中恶性循环。目标也为我们确定了价值取向,能够帮助我们区分出事情的轻重缓急。故此,有效的目标是实施时间管理的基础,是管理时间的出发点。

(2)80/20法则。80/20法则认为很多情况下80%的结果来自20%的原因,其对于时间管理的意义是:总结果的80%是由总消耗时间中的20%所创造的。它启示我们:避免将时间花在琐碎的多数问题上,而应该将时间花在重要的少数问题上,因为掌握了这些重要的少数问题,你只需花20%的时间,即可取得80%的成效。而你如果能够用80%的时间处理20%最重要的事情,结果是不是会更好呢?做对的事情要比把事情做对更重要,有效的时间管理总是确保最关键的20%的活动具有最高的优先级。你不可能做好每件事情,应该把时间和精力用在最见成效的地方,时间管理就是把时间投资在那些可以事半功倍的事情上。

(3)持续发展法则。分别以重要性和紧急性为纵、横坐标所形成的四个象限依次代表了既重要又紧急、重要但不紧急、紧急但不重要、既不紧急也不重要四类事件。

第一象限:既重要又紧急的事情,主要是维持学习和生活持续的基本任务,如准时完成作业、按时考试等。

第二象限:重要但不紧急的事情,主要是与提升生活品质、达成长期目标等相关的事情,如学习新技能、坚持健身运动等。

第三象限:既不紧急也不重要的事情,主要是一些对实现目标没有实际意义的事情,如为消磨时间的手游等。

第四象限：紧急但不重要的事，主要是各种琐碎的闲杂事，如无谓的电话、没有意义的应酬等。

四象限法则的基本内容就是以事件的重要性为首要前提，兼顾事件的紧急性，实现可持续发展。具体的操作就是：控制第一象限重要而又紧急的事件的数量，减少甚至杜绝第三、四象限两类无关紧要而又没有意义的事件，将重心向对目标最有推动作用的发展型任务的第二象限倾斜。高效时间管理的秘密在于第二象限，关注第二象限，就能逐步控制第一象限，进一步掌握时间的主动权。

（4）控制可控原则。时间管理的关键在于对事件的选择和控制，但必须承认：并非所有的事件都能控制。按照可控性我们可以把事件分为可控制事件和不可控制事件。可控制事件是指与个人密切相关，可以因个人的意志和行为而改变的事情，如学习、工作、吃饭、穿衣等。不可控制事件的产生发展和消亡不以个人的意志为转移，不能以个人的意愿确定其取舍。大的方面诸如自然规律、生命现象、社会变革等；小的方面包括社会风俗、法律法规、规章制度等。时间管理中，我们要具体分析各种事件，分清该事物中哪些是可控因素，哪些是不可控因素。在充分接纳不可控事件存在的客观性的前提下，对可控因素实施管理，最大限度地充分利用事件可控制的一面，避免在不可控因素上消耗太多的时间。而如果我们不能区分事件是否可控，甚至不承认事件中的不可控因素，就有可能怨天尤人，或者违反规则，甚至违反自然规律，背道而驰，其结果可想而知。

（5）全面兼顾原则。我们不能把时间管理的目的简单定义为做更多的工作、创造更多的财富等。管理时间是为了帮助人更好地使用自己的时间，是为了帮助人们更好地提高生活品质。我们的生活由多个不可或缺的部分构成：健康、家庭、财富、知识、社交、事业、精神等。在事件的选择和时间的分配上我们必须兼顾一个完整的生活，而不是仅仅着眼于学习或者工作，这也是目标管理的原则之一：要系统兼顾，形成一个全面而非残缺的生活。我们不需要把每天的时间均分给它们，但要保证每一项都得到充足的时间，维持生活的平衡。如果长期忽视某个部分，不对它投入时间，生活就会失衡，其他的各项也将受干扰而导致生活节奏错乱。所以，时间管理既要突出重点性，更要兼顾完整性。

三、大学生时间管理能力的自我实践

 阅读随感

时间管理能力和其他技能一样,归结到最后是一种习惯性行为方式。梳理各种时间管理的理论和方法,结合大学生活的特点,这里将时间管理分为四个步骤,分别是分析误区、定位事件、制订计划、执行跟进。现分别做简要介绍。

1. 分析误区

管理时间我们首先要充分了解自己使用时间的习惯。要解决这个问题仅凭感觉和记忆是不够的,必须依靠精确的记录。因为时间总是给人们一种错觉,自己感觉工作了若干小时,实际上,也许大部分时间在打岔、走神、吃东西,真正有效使用的时间可能很少。我们可以使用《时间使用情况记录表》详细地记录一天中每个小时的每一刻钟所做的事情,并利用《时间使用情况统计分析表》整理分析一天的时间实际使用情况。实事求是地完整填写《时间使用情况统计分析表》后,你会清晰地看到这一天的时间支付情况。坚持一周后继续使用该表总结这一周的时间使用情况,并依据所得到的数据分析导致自己时间浪费的各种因素,即时间使用误区。再次审视《时间使用情况记录表》,看清自己的时间使用习惯,找出自己的时间使用误区,作为后面时间规划的参考。

时间管理表格工具

2. 制订计划

从广义上讲,时间管理可分为以年为单位的时间管理、以学期为单位的时间管理、以月为单位的时间管理、以天为单位的时间管理和以小时为单位的时间管理。但确切地说,时间管理是目标管理的一部分,我们所做的中长期目标规划实际上也包含了时间安排规划。这里要重点探讨的是我们如何加强在短期计划中的时间管理,但需要强调的是:这需要以有效的长期规划为基础。

(1)梳理目标计划。在制订时间使用计划之前,首先要做的事情就是梳理近期的目标和计划,具体可以采用以周为单位的总结部署法:以周为单位,每一周结束、下一周开始之前,以中长期的目标和总体规划为参照,认真总结一下目标的达成效果、计划的执行进度,甚至目标的科学性;在此基础上进一步修订完善下一周的执行计划,明确下周的短期目标、努力重点和具体安排。

阅读随感

这样的一个周计划也基本上等同于这一周的时间使用计划了,为每天的时间规划提供了基本依据。

(2)确定事件性质。借助于《时间管理中的事件性质定位表》罗列每天需要处理的事件并明确事件的性质,可以分两个步骤来完成。

第一步,根据已经明确的本周规划,结合当前的实际情况,列出第二天需要处理的所有事件。这一步不是在心里想想了之,而是一一列举出来并填写在表中,越详细越具体越好。这里暂且不考虑事件的定位问题,但要尽量全面而不遗漏,完成之后可以参照该周的目标规划进行核实,以确保罗列完整。

第二步,根据前面介绍的时间管理的原则,分别从可控类型(事件的时间安排是否受自己控制)、发展类型(维持性任务、发展性任务)、紧急级别(可按事件的紧急程度排序)、重要级别(可按照"非常重要""重要""一般""不重要"分类,也可按重要程度排序)、处理方式(亲自处理、放弃、转交他人)、预计耗时等方面确定需要处理的各项事件的性质,并为其排出优先级别。

(3)制定时程安排。依据前面的事件性质分析,利用《一天时程安排规划表》详细、客观地安排第二天的时间使用分配情况。在做时程安排时,要以优先级别为核心,以不可控的紧急、重要事件为支点,将较大的任务进行划块分割,为每件事设定明确的起止时间。制定时程表时要有可操作性与防震性,并要保留休息时间、用于自省和修订计划的固定时间。

这套计划经过一段时间的实际应用很容易掌握并熟能生巧。在具体的执行过程中我们可以继续使用前面的《时间使用情况记录表》和《时间使用情况统计分析表》加强对时间使用计划执行情况的评估和总结,根据情况进行适当调整,对不合理的地方进行必要的修正,并从中摸索出一套适合自己的、简单有效的时间管理和时程安排方法。

3.执行跟进

执行时间管理计划并在实践中不断跟进,最终形成适合自己的时间管理模式。时间管理是管理者的自我管理,就是管理主体对自身观念认知、能力态度、行为习惯、规则方法等影响结果的要素进行更新和改进,以更好地配合时间管理计划的执行和实施,并持之以恒地在实践中提升、完善。当然,这是一项持续的自我修炼,以下几方面至关重要。

(1)立即行动。有了计划还必须有行动,只有行动才能让计划变得有意义。不管计划有多好,除非真正身体力行,否则永远没有收获,唯有切实执行你的计划和创意,才能真正发挥它的价值。而开始行动的最佳时间就是现在。我们要记取"过去",把握"现在",放眼"未来"。昨天是一张已被注销的支票,明天是一张尚未到期的本票,今天则是随时可运用的现金,一定要妥善使用!

(2)完全投入。完全投入于目标而不要在无意义的消遣中消耗生命。时间管理的基本要求就是让生命的每一分、每一秒都对终极人生目标产生最大的价值,让生命的每一分钟都做最有生产力的事情。

(3)积极休闲。大学生需要的是自身的全面、和谐发展。时间管理如果以消耗其他生活为代价而在某一方面过分专注,就难以维持生活的平衡。积极的休闲通过身心的放松、精神的陶冶更有利于调节身心状态,提高时间效率。

(4)无情放弃。就时间管理而言,选择"不做什么"与选择"做什么"同等重要,甚至有过之而无不及。所以,我们必须学会取舍,学会拒绝,并敢于无情地放弃。

提升时间管理能力是为了获得优质的人生,享受充实而丰富的生活。时间管理的方法非常简单但实践性与个性化很强,文中所介绍的原则和技巧只有运用到实际中才有效用,需要你在持之以恒的应用实践中去印证,逐步找到真正适合自己的操作模式。希望我们能通过一点一滴的改进与积累,寻求合适的支点位置,管理好自己的时间,促进生活品质和学习品质改善,拥有一段有意义、充满快乐的大学生涯!

第二节 大学生闲暇管理能力的自我培养

与在职人群和中小学生相比,大学生的闲暇时间是最多的,超过170天,几乎占了年天数的48%。加之高校倡导自主学习的相对宽松管理,故此,大学生真的很"闲"!正如查里斯·布莱特比尔在其力作《挑战休闲》中所言,人们的不安定因素随人们自由时间的增多而增多。面对陡然增加的闲暇时间,更多的大学生往往是"为闲所困,暇不知措"。对于习惯了高中时各种忙

阅读随感

碌生活的大学新生而言，真的实在太闲了，在"进入大学就可以好好放松歇歇了"的观念"引导"下，一不小心就将自己陷入了"无所事事而备感空虚"的旋涡。因此，大学之大不仅在其学业之大也，更在于其闲暇之大也，自由之大也。在大学里，打败我们的往往不是学业之忙，而是生活之闲。如何有效驾驭闲暇，实现知识积累与人格培养的双丰收是我们在大学的起点就必须面对的基本话题之一。

一、闲暇与休闲

1. 认识闲暇与休闲

何为闲暇呢？根据马克思关于"自由时间"的论述，可以从时间和状态两个维度来理解闲暇时间，即个人在没有必须做的事情情况下而完全由个人自由支配的活动或心境。古希腊哲学家柏拉图认为，闲暇是"从活动中获得自由""是一种自我控制的自由状态和休闲状态"。何谓"大学生闲暇时间"？曹玉霞认为，大学生闲暇时间是指一天中除去正常的课业时间、必要的生理时间外可以自由支配的时间及其生活状态。也有学者从闲暇社会学角度认为，大学生闲暇时间是除去学习时间和生理需要时间以外，可以自由支配的时间。胡仕勇等人认为，闲暇时间是所有教育教学计划所安排的活动（如上课、实验、实习等）、为完成教学培养计划（如做作业、复习）的活动及满足其基本生存的活动之外的时间。概言之，大学生闲暇时间是指：除了上课时间、完成作业时间、个人事务时间、满足生理需要时间、有组织的活动等既定任务占用以外的时间。

何为"休闲"呢？从字面的意思可以简单地理解为：人们在闲暇时间里的休息方式。"休闲"一词并非时下之时尚，古今中外对其已早有研究，学者们从不同的角度对其有各种阐述。从传统文化的角度看，中西方都强调休闲"是对生命意义和快乐的探索"，是自由的、愉悦的；意味着人们摆脱了为谋求生计而进行的劳作，同时也摆脱了劳作中纪律的强迫，可以在社会道德和个人经济等许可的范围内从事自己所喜欢的活动，并从其中获得积极愉悦的身心体验和智慧成长。从时间角度出发，休闲是人们在可以自由支配的时间里用于满足精神生活需要所从事的各种活动。从活动角度定义，休闲是指在自由时间内按照自己的意愿自愿参与的活动及由此而获得的休息、恢复、娱乐、

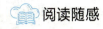
阅读随感

自我实现等体验。从心理学的角度定义休闲则更强调休闲活动带给人们的心灵上的愉悦、幸福等与个人内心世界密切关系的感官体验。

综上所述，休闲是一种特别的社会实践活动，是人们在从日常艰辛劳作与生活的外界压力中解脱出来的自由时间内，在一定的空间内所从事的积极学习、发展自我并服务社会的一种相对自由的、积极的、有价值的、一系列连续不断的、可以产生美好感受的生理和心理体验的活动，是个性化的生命运动过程，其目的是解除体力上的疲劳和获得精神上的慰藉。大学生休闲就是指大学生在其闲暇时间内的活动方式及其过程的总和。

2. 闲暇管理与积极休闲的价值

（1）拥有闲暇并能够享受休闲是人类社会发展和文明进步的重要表现。闲暇把休闲从劳动状态、从负有责任的其他活动中分离出来，是人的具体生活方式和存在方式之一，其本质是人的价值存在的表现，是人的全面发展的表现，也是人的生命整体的一个组成部分。通过休闲促使人对生活、生命进行思索，帮助人们构建意义的世界、守护精神的家园，有助于人的全面发展和个性成熟，使人真正走向自由。我国休闲学研究的先驱于光远先生指出："争取有闲是生产的根本目的之一，闲暇时间的长短与人类文明的发展是同步的。"闲暇的真正意义在于它是一种可以自由支配的时间，人可以按照自己的方式选择符合自己内心体验和需要的、有意义的活动。因此，从社会文化的角度来审视休闲，大学生休闲生活蕴含着特定的精神内涵，它要求我们的理想信念、思想观念和道德观念与社会的主流观念保持一致，进而实现个人精神层面的追求、人格的完善。

（2）闲暇管理具有学习性，对我们而言是教育的手段之一。教育应该使受教育者具有谋取生存的手段和实现受教育者的自我发展与自我实现的双重目的，教育的本质是促进人类生命个体健康成长，实现生命个体由自然人向社会人的高度转化。休闲是"非劳动时间"，但并非是"非学习时间"。德国思想家席勒认为："当人是完全意义上的人时，他肯定在玩；人也只有在玩的时候才是完整的人。"爱因斯坦对人的从业和休闲现象的研究指出：人们的差异在于业余时间。休闲与工作、学习等一样，都属于生活的一部分。

我们的全面成长不仅要学习知识，更应注重个性与人格的培养，在全面发展中不断超越自己。休闲生活是我们生活方式中不可缺少的重要内容。

阅读随感

我们休闲时间是一种十分宝贵的财富,对我们的个性发展、知识的丰富、素质的提高、潜力的开发都有很大意义,是我们自我成长的助推器,是提高和完善自我的重要途径,对我们的社会化和成熟具有不可估量的影响。

（3）闲暇管理是人和谐健康发展的现实需求。大学的教育目标不仅仅是传授知识、训练技能,其更重要的价值是培养学生健全完善的人格,训练学生全面综合的素质,并在这一过程中完成从学生向合格的社会成员转变的社会化进程。而休闲活动在我们社会化进程中就起着不可或缺的作用。休闲是通过获取身心调节放松,达到生命保健、体能恢复、身心愉悦目的的一种精神层面的体验。科学文明的休闲方式可以有效地促进能量的储存与释放,它包括对智能、体能的调节和生理、心理机能的锻炼。我国古代很早就将闲暇作为教育手段了。成书于战国晚期的《学记》中有明确的论述:"大学之教也,时教必有正业,退息必有居学。"所谓"居学"就是指课堂教学以外的活动,即是说,受教育者在课堂学习之外,还要进行与课堂学习有关的课外活动,这样,才能使受教育者"安礼""乐学"从而实现"安其学而亲其师""乐其友而信其道""虽离师辅而不反"的目的。正如著名教育家陶行知先生所言:"解放时间……还要有空玩玩,才算是有点做人的味道,创造力才可以尽量发挥出来。"对我们而言,所有的自由时间都是供自由发展的时间。大学中的闲暇时间对于我们完善自我人格、培养综合素质,实现从一个职业学生向一个准社会人的转变具有不可估量的价值和意义。故此,适应大学生活就需要积极面对"闲得无聊"这个普遍问题,修炼"乐闲居学"的本领,实现"兼修臻善"的目标。

二、大学生闲暇管理的现状与存在的不足

休闲活动涉及体育健身、消遣娱乐、怡情养身、旅游观光、社会活动等多种类别。从总体来看,我们的休闲生活可谓"内容丰富、精彩纷呈"。其中有追求自我实现的活动,有追求心智、体能全面发展的活动,有积极服务社会的志愿活动,有简单追求娱乐放松的活动,有单纯追求感官刺激的活动,也不乏轻浮躁动、毫无目的的活动。从表面来看,我们通过参加多姿多彩的休闲活动,来满足各自不同的需要,实现自身的价值。然而,由于多元文化与各种价值观的冲击,包括负面效应的蔓延、渗透,各式各样的休闲方式充满着诱惑,

致使当前大学生休闲的内容越来越丰富,休闲的形式越来越多样的同时,也存在一定程度上的休闲行为失范,主要体现在以下几方面。

阅读随感

1. 休闲观念狭隘

一些人对闲暇和休闲的认识存在一些误区。一是工具主义地对待休闲。认为休闲就是为了消除身体的疲惫状态,恢复良好的身体机能而进行的活动,休闲在他们的心中成了学习、工作的润滑剂。二是消极地对待休闲。认为休闲就是睡觉,就是玩,就是消磨时光。三是消费主义地对待休闲。认为休闲就是金钱的派生物,休闲就是消费。少数人没有正确认识休闲的意义和内涵,消极地对待休闲,甚至把休闲当作浪费的代名词,不能将休闲与生活质量和全面成长有机联系起来。

2. 闲暇活动的层次不高,结构不尽合理

大学期间的休闲生活丰富多彩,个体所选择的活动也是各有千秋,不尽相同,呈现积极、健康的总体趋势。但是相对缺乏文化品位,存在为了摆脱生活单调、消磨时间而对世俗消遣、市井娱乐方式的随波逐流现象,而高雅的休闲文化处于缺失状态,闲暇活动层次不高,结构也不够合理。这就导致当前我们的休闲活动中:休息时间多、活动时间少;小范围交际活动过多,大空间交往活动过少;智力活动过多,体力活动过少;一般性活动过多,技能性活动过少。

3. 休闲生活具有随意性,缺乏计划性

休闲活动是一种由个人意志选择的自主活动,但不是无序的。部分学生缺乏理智的、自觉的休闲认识,休闲生活基本上处于一种无意识的状态,具有很大的临时性和随意性,同时对一些不良的休闲习惯又不具备足够的抵制力。这就导致了精力充沛、思维活跃的大学生的休闲生活基本上处于一种无目的、不觉醒的、盲目的状态中,缺乏对休闲的自我管理意识。

4. 休闲知识贫乏,休闲技能匮乏

我们当下休闲生活的质量远远低于我们内心理想的休闲生活的质量,部分人存在一定程度的"休闲贫困"或"休闲迷惘"现象,我们在休闲生活中存在心理需求高层次与实际操作能力低水平之间的矛盾,究其原因主要是休闲技能匮乏所造成的。这就导致不少人的休闲活动范围较窄,休闲生活结构失当,缺乏生机与活力且消极从众,而没有享受闲暇的主动性。

阅读随感

5. 大学生的休闲生活道德约束失当

大学生的休闲生活在一定程度上存在对高消费、高品位的休闲生活的盲目追求倾向,在休闲生活上也表现出强烈的个人本位休闲价值意识和强烈的时效意识。例如,从自己的需要和爱好出发、不受约束的个人主义休闲生活,不考虑行为后果及他人感受;休闲活动选择一味盲从他人或者是时尚潮流,不考虑自身的学生身份;盲目超前消费;等等。

综合以上分析,我们在休闲的观念理解、时间安排、内容选择、道德约束等方面存在着一定程度的不足,休闲质量也有待提高。

三、大学生闲暇管理能力的自我培养

1. 端正认知:树立科学的休闲观

人们缺乏对休闲生活的作用、目的、意义的理解是提升休闲生活质量的最大障碍。故此,改善休闲生活,首先要做的是"培养意识"的工作,真正理解休闲对于构建人的意义世界的作用,只有树立了科学、合理的休闲观,大学生才能自觉、自主地安排好闲暇时间。

(1)摆脱传统观念中对休闲的误解。由于休闲生活带给人们的不是生活中"用得着的知识"而会被轻视甚至抵触。积极的休闲并不是安逸享乐,更不是不思进取,其与艰苦奋斗的优良传统也不矛盾、不冲突。正确理解休闲与学习的辩证关系,休闲并不是对学习的一种逃避,而是成长过程中富有活力的组成部分。对我们而言,休闲是一种心灵的体验、一种积极的参与,也是一种学习与服务社会的载体。我们应该充分重视休闲,改变将休闲等同于"闲休"的传统观念,用休闲管理闲暇,实现休闲以致学的效果。

(2)准确把握科学休闲的积极意义。休闲是一个具有现代意义的、富有多元价值的文化系统。一方面,它强调科学设计个体生活方式、积极重塑个体生活态度、鼓励追求个体人生价值;另一方面,它还强调关注社会、爱护自然、关爱他人等责任与义务。现代意义上的休闲是真、善、美的内在统一,具有矫正、平衡、弥补人的内外矛盾的人文功能。休闲生活中蕴藏着责任与义务、知识与创造、文化与品德、艺术与欣赏、团结与友善、美好与真诚、自助与他助、健身与修心等极其丰富的内涵。

(3)树立自觉参与的休闲意识。我们要培养主动管理闲暇的休闲意识,学会以自我的全面成长为中心来对待闲暇,抛弃"学习中心主义",树立"以休闲为手段、以发展为目的"的观念,将健康积极的闲暇生活作为教育和学习的一部分,有意识地把休闲活动和课堂学习、素质培养、知识完善结合起来,理解休闲对"成为人"的意义,并自觉地进入"成为人"的过程。

(4)培养正确的休闲伦理观念。首先是休闲道德观,良好的道德品质是我们健康休闲的基本要求。其次是休闲价值观,用理性的休闲认知提高休闲评价能力和选择能力。再次是自觉的公民意识,以公益意识、责任意识、可持续发展意识将休闲规范于有益于社会、服务于自我的社会伦理范围内。最后是良好的休闲品质,以智慧、节制、正义管理闲暇质量。

2. 明确目标:确立学会休闲的学习目标

(1)理论目标。通过对休闲理论知识的学习,简要地了解休闲文化的发展历史,理解发展休闲的理论依据,正确理解休闲的内涵,客观评价一些具有代表性的休闲观点,消除对休闲的错误理解,摆脱传统文化中"谈闲色变"的影响,为进一步学习休闲技能打下良好的基础。

(2)技能目标。理解休闲技能对自身发展的重要性,进而努力学习休闲知识、钻研休闲技能,能够独立制定契合自身发展的休闲目标,正确地选择适合自身发展的休闲方式、客观评价休闲活动的效果、主动承担休闲活动中的义务和责任,从而使自己初步具备真正进入休闲世界、享受休闲生活的能力与素质。

(3)情感性目标。正确处理自我发展与休闲、自身休闲与他人、自身休闲与自然、自身休闲与社会的关系。学会时刻关注社会发展对人才的要求,遵守社会道德规范,爱护自然、珍惜社会休闲资源,树立"以休闲促发展"的休闲意识,力图勾画出愉快休闲、全面发展、自然健康、社会和谐的美好愿景。

(4)发展性目标。发扬自主创造精神,锻炼积极探索的能力,培养积极创造的人格,并想方设法创造发挥自我能动性的机会,力争成为既会休闲,又具有较强自我发展能力的新时代大学生,并激发自己为了满足自我需要、实现自我全面发展的源源不断的内在动力。

3. 合理规划:强化闲暇时间的管理

对闲暇时间的安排合理与否,直接影响休闲活动的效果,安排合理则愉悦身心,乐此不疲;安排不当,则劳心费神,越休越乱。增强规划和使用闲暇时间的自觉性、主动性要处理好三个问题:一是正确处理好学习与休闲之间的关系。学习与休闲既相互对立,又相互依存、相互促进,我们对自身的全面发展要有全局意识,学会统筹计划、合理安排休闲时间与学习时间,并通过实践检验闲暇管理的效果,提高自己闲暇管理的能力。二是正确处理好身体运行规律与休闲之间的关系,休闲安排与科学的作息规律相结合,不以牺牲休息时间等方式违背人的生理运行规律。三是正确处理各种休闲活动在休闲时间中所占据的比例问题。因人而异,突出重点,兼顾其他。总之,休闲时间既具有不以人的意志为转移的客观性,又因为以人为实践主体而具有主观性,辩证把握,方为正道。

4. 深化内涵:培养良好的休闲技能

休闲技能是参与休闲活动的基础,是提高休闲活动质量的关键因素,并以思维技能、观察技能等为基础转化成为各种社会技能,反映人的综合素质。狭义的休闲技能包括表达、运动、欣赏等技能。广义的休闲技能主要指休闲选择的技能、组织的技能、参与的技能、评价的技能等。因此,我们必须主动加强多方面休闲能力的培养和强化,逐步培养自己的兴趣爱好、审美情趣以及对社会的人文关怀。在正确的休闲观的引导下,逐步提升参加休闲活动的技能、拓展新的休闲经验。

(1)把握参与休闲活动的原则。

科学性原则:指以科学的态度支配休闲生活。休闲活动要兼顾娱乐和学习,既增长知识又培养能力,既发展个性又陶冶情操;在休闲生活中合理适量地安排自己的时间,避免过犹不及;在活动内容上,既要有学习活动、文艺活动、体育活动、娱乐活动,又要有多种形式的社会交往活动;在活动效果上,既要参与,又要有切身体验。

主体性原则:指休闲生活要充分发挥自己的主体作用,充分体现自身的自主意识和个性特点。在休闲中体验真正放松的感觉,在健康休闲生活中自己教育自己,自我选择、自我参与、自我发展,从而在形式多样、内容充实的休闲活动中,形成和加强自己带有明显个性特色的内化结构和外化方式。通过提高思考、评价和做出自己休闲的选择和决定的能力,在实践中培养自我支配、独立选择的能力。因为休闲的本质是自由,所以更多地关注自我体验,促进主体在休闲中的自我决断意识和决断能力的提高。把领略休闲生活的美和寻求自身个性发展结合起来,把深化休闲认知与亲身的休闲经历结合起

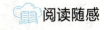

来,把充实精神境界和意义世界与考察、体验、想象、探究、参与、讨论、调查、设计、创作、试验、合作、反思、社会实践等多种学习方式结合起来,寓学于乐,在休闲中学习,在学习中休闲。

适度性原则:要有效把握对休闲活动的"度"的控制,做到既不漠视,也不沉迷,适可而止,保证休闲与工作或学习的交互融合,进而保障休闲活动的顺利开展,还应该注意休闲活动的强度,量力而行。

(2)努力提升休闲选择能力。

我们如果不能学会以一种整体性的、有内涵的、有创造性的方式来享受休闲,就不是在休闲,而是在"闲休"。以自己的成长需求和价值取向为核心标准,根据自己的兴趣、爱好、特长、个性以及审美情趣,理清自己的休闲价值取向,培养正确的休闲动机,把握适当的休闲时机。树立鉴别意识、自控意识,培养好的休闲习惯,在实践中明确自己的休闲目的,自觉、自主地确定休闲在自己生活中的位置,灵活、有效地选择适合自己的休闲方式,有针对性地提高休闲生活的品位和水平。在具备一定的休闲知识的基础上,善于借鉴、反复实践、敢于体验各种休闲技能,从而使休闲真正成为一种充实的生活方式与生命状态。

(3)积极提高审美素养。

人的个性中的一个根本而必要的部分是对美的兴趣,是领悟美并把美吸收到性格中去的能力。具备了良好的审美能力,才可能更好地体验和享受休闲生活,提高分辨力,进而使鉴赏能力与道德素养达到一个更高的水平。

5. 坚持自修:在休闲实践中强化自我修炼

休闲生活本身的自由性和自主性赋予了大学生休闲活动自我教育的功能。我们应该在属于自己的休闲时间中积累、体验、内化和磨合自己的完美人格。休闲能力的提高,除了自觉接受休闲教育外,更重要的是注重个人自我教育,坚持不懈的自我修炼,不断提高自身的休闲素养,确保在较少外部强制的休闲生活中,能择是避非,积极进取,追求高雅休闲。自我修炼的方法多种多样,可以因人而异。总结前人的经验,结合大学生休闲生活的特点,强调两种方法。

(1)慎独。这一方法强调在无人监督时不仅不能放任自己,而是更加注意自己的道德信念,谨慎小心,在"隐"和"微"上下功夫。休闲生活是休闲主

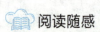

体脱离工作责任后的自由自主的生活，由于没有外在力量的牵引、约束和干涉，更需要学生自身具有高度道德觉悟和自觉精神的"慎独"来约束自己，使自己的休闲活动不至于出格。

（2）自省。这一方法旨在发挥人们的主动精神，在自己内心深处用道德标准检查、反省，找出坏毛病、坏思想、坏念头，并加以克制。在休闲活动中，休闲主体自我塑造、自我约束具有重要的意义，对良好的休闲道德品质的形成起着积极作用。

第三节　大学生自主阅读能力的自我培养

清代张潮在其《幽梦影》中说："人莫乐于闲，非无所事事之谓也。闲则能读书，闲则能游名胜，闲则能交益友，闲则能饮酒，闲则能著书。天下之乐，孰大于是？"大学的自主时间每个人都可以根据自己的爱好特长选择各自不同的休闲方式来服务自身的全面和谐发展，如果必须找一项所有人都应该积极参与的共性活动的话，那就应该是阅读了。

一、大学生的阅读现状

当前阅读状态欠佳主要表现在阅读数量不足、阅读层次不高、阅读结构无序、阅读深度不够、阅读动力不强、阅读意识模糊等方面。阅读在大学生活中缺失的广度和深度的蔓延，已经成为影响我们成长速度和质量的重要因素之一。导致阅读缺失的原因是多方面的。第一，在社会意识形态和价值取向多元化的冲击下，现今我们的追求更加直接化，加之观念认知偏向，导致了阅读被忽视。第二，在互联网网罗天下的大环境中，智能手机人手一部，这就为资讯的泛滥提供了"温床"，也满足了我们"痴情"新鲜时尚的心理需求。故此，更多的人忙碌于信息快餐而将书本束之高阁。浅阅读的高效与快感淹没了深阅读的质量与厚重。第三，趋尚浮华的浮躁心态加上阅读方法的缺失导致不少人没有独立的、深入的读书经历，自然也就是无法真正体验到读书的乐趣和真味，对读书也未能形成正确的、积极的认知和理解，也就更无从谈起对阅读的热爱和投入。

二、阅读对大学生活的价值

阅读随感

人的成长与进步,尤其是精神世界的丰富与完善,离不开读书的滋养。对于我们而言,不管是从成长的效益还是成长的需求等任何一个视角去考量,阅读都是一种"物美价廉""物超所值"的事情。

1. 阅读是最廉价、最方便、最自由、最无界的学习方式

且不说每所大学的图书馆中都有大量好书,就是自己掏三五十块钱买一本书也可以看很多遍,相对而言无疑是很廉价的。阅读对外在条件的要求也是最低的,不管是行在旅途当中,还是排队等待之时,只要有书、有心,随时、随地都可以进行。与课堂由教师主导不同,阅读是一种不受外在思想限制、不受他人主观意识左右的一种自由的学习过程。同时,阅读也是最无界的学习方式,独处一室之中,既可与远隔重洋的智者对话,也可与古往今来的大师交心。这种廉价、方便、自由、无界的学习方式无疑是大学生首选的成长载体之一。

2. 阅读是润心怡情、穷理致知、启智明德的重要渠道

阅读是帮助我们理顺事理、物理,积累综合知识,加强技能素质的重要载体之一。古人"书到用时方恨少,事非经过不知难"的名训更是告诫我们:从长远的角度看,读书是有备之用、无用之用,是穷理致知的重要渠道。同时,读书的另一重要功能就是润心启智。北宋哲学家程颐说:"外物之味,久则可厌,读书之味,愈久愈深。"这便是深得读书之味的至理名言。读书也是我们明德修身重要而有效的载体之一。在读书中达成个人的圆满透悟,并在向外的行动中实践完善,把读书悟道与明德修身统一起来,这便是读书更高层次的境界了。

3. 学会阅读并爱上阅读将是改善大学质量乃至影响一生的好习惯

首先,大学开始了真正意义上的自主阅读。在进入大学之前真正意义上的自由阅读是比较有限的。进入大学之后,我们有了充足的阅读时间,有了主动选择阅读对象的自由,有了不受标准答案限制的权限。我们真正开启了完全从自己的兴趣爱好出发、没有任何功利性的、自由自主的阅读之旅。

其次,大学是最好的读书时间。这一时期正处于我们人生中精力最充沛、思维最活跃、最易于接受新事物的青年时期,并且我们也拥有了大量自由

支配的时间,是读书的最好时期,可谓之读书之天时也;大学的图书馆中有着丰富的、免费的图书,并无偿地为我们提供幽静怡人的阅读环境,可谓之读书之地利也;身边有着学识渊博的教师、教授以及和我们一样渴求知识的同龄人,可谓之读书之人和也。天时、地利、人和,三者皆备,足见大学当为读书之时、之地也! 可谓,抓住机会,读取智慧,获取实惠,终生受惠。

最后,在迈进大学之初学会阅读并爱上阅读是我们养成读书习惯的关键。如果我们不能在迈进大学的第一个学期学会读书并爱上读书,我们便很难真正体会到读书的乐趣和价值并养成阅读的习惯,当我们幡然醒悟的时候,可能已经悔之晚矣。

三、六字读书法

要想从书本中读出快乐、读出智慧就要首先解决读书方法的问题。这里结合多种读书方法,简要介绍一种六步读书法。顾名思义,就是把读书的过程分成六个步骤:一曰选,二曰览,三曰读,四曰理,五曰说,六曰行。

"书香郑财"阅
读书目推荐

1. 选:选择阅读对象的四项基本原则

学会阅读,首先要解决的问题就是读什么的问题。在今天这个书籍数量浩如烟海、品质良莠不齐的时代,有选择的读书之道,显得日益重要。但阅读是一种十分个性化的心理行为,个性需求的差异决定了人们对书之美丑好坏都会有各自不同的理解和判断标准,很难说何书为是,何书为非,也难以定论哪一本书好或者哪一本书不好。但总体而言,我们在选择阅读对象时可以遵循以下四项原则。

(1)目标原则。既然不能读完所有的书,那么,我们就应该用有限的时间去读最重要的书。对于我们而言,判断其重要性的首要标准就是是否符合自己的成长目标。故此,我们选择阅读对象的第一原则就是要满足目标一致性原则,基于我们为自己规划的职业生涯设计和设定的成长目标来确定我们的阅读范围。

(2)经典原则。在符合我们目标需求的既定范围内的同一内容的书籍也会有多种不同的版本,为节省时间、提高效率、保证质量,我们应该选择那些经过时间检验而堪称经典的作品。经典一定有经典的理由,故此,我们应该选择经过实践验证的那些经典版本。例如,读史学当首选史部之前四史,读

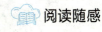

古籍当选商务印书馆、中华书局、上古出版社等出版社之精选本,或名家点校注释本等。

(3)挚爱原则。读书是怡情之事,宜兴趣所至,我们可以根据自己的兴趣、价值取向来选择那些语言风格、行文措辞甚至是装帧设计最让我们喜爱的版本。唯一见倾心、怦然心动者方有可能有感于心,悦之于情,进而达到海枯石烂、痴心不改的执着。故此,是否喜爱是激发主动读下去的阅读动力、提供源源不断阅读毅力的重要因素。只有爱不释手,方能废寝忘食;若能手不释卷,不难韦编三绝。

(4)兼顾原则。大学生的基本任务不仅仅是通过积累知识来培养职业能力,更要培养健康和谐的人格和全面协调的综合素养。同时,不同的书带给人们不同的收获,正如培根所言:"读史使人明智,读诗使人灵秀,数学使人周密,科学使人深刻,伦理学使人庄重,逻辑修辞之学使人善辩,凡有所学,皆成性格。"我们不仅要阅读与我们所学专业相关的知识性书籍,更要兼顾促进我们全面健康成长的人文类书籍,方能实现自身的全面、健康、协调、可持续发展。

2. 览:浏览全书确定阅读策略

浏览全书是阅读的前奏,可以帮助我们抓住该书的重点,弄清其表述结构,以形成一个概括性的了解,确定阅读策略,为进一步的精读奠定基础。

(1)查看封面信息。书籍的封面除了装帧设计外,还有书名、作者、出版单位等信息。

书名:一本书不管是采用比喻或象征的虚拟手法还是直接概括书中主要内容的写实手法来命名,都是作者经过一番精心推敲、反复考虑后确定的,通过书籍名称可以了解作者的寓意,把握住书名所蕴含的意义。

作者:正如孟子所言:"读其书、颂其诗,不知其人可乎?"所以,阅读前对书籍的作者做一番了解是有必要的。遇到熟知的作者,已知其作品的语言风格、行文思路,犹如老友相逢晤谈,不亦快哉;遇到不曾熟悉的作者,做一番了解和认识,恰如结识新交,不亦乐乎。

出版单位:出版单位不仅标示了书籍内容所属的学科领域,同时也代表了书籍的专业性和权威性,是了解书籍内容和质量的重要渠道。

(2)阅读内容提要和目录。内容提要和目录是全书内容的纲目,是书中内容的高度提炼和浓缩,具有极强的概括性,基本上具体翔实地列举了全书的主要内容、呈现了全书的基本结构、指明了全书的主要思想内涵和艺术价值。通过阅读内容提要和目录能提纲挈领地了解全书的主旨和各部分内容;从整体上把握全书的结构布局,清楚地了解全书与各章节以及章节与章节之间的逻辑关系;进而能体察作者写作该书的思想和行文脉络,从客观上把握全书的重点和难点,从主观上明确该书的阅读价值。

(3)查阅序言和后记。通过阅读序言、后记、代序、出版说明、译者的话,可以了解作者写作的缘由、背景和目的,以理解全书的主旨;了解该书的读者对象,判断是否适合自己阅读;了解该书的主要内容,以抓住重点和难点;通过他人对该书内容的概括性评价了解该书的优缺点。

(4)扫读或选读部分章节。在了解上述内容的基础上可以扫读全书,重点抓住关键词、摘要、标题、讨论、图表以及各章节的首尾等具有代表性的内容,并选读部分章节,以把握全书的主题、重点与逻辑结构,进而确认自己对书籍的认识、判断。

经过浏览确认书籍为可读对象后,便可着手制定阅读策略了。关于自然科学的理工科类书籍多为由浅入深、环环相扣的纵向结构,必须逐章掌握、有序推进;而关于社会科学的人文社科类书籍多为相互交叉的横向结构,则可在全面了解的基础上各个击破。

3.读:细读深思

确定阅读策略之后就开始正式阅读了。针对不同类型、内容的书,阅读的方法有很多种:精读、泛读、通读、跳读、速读、略读、再读、写读、选读……无须尽述。但不管是学习阅读的方法还是提升阅读的效果,其重点在于有效掌握精读的方法。精读一定不要贪多求快,须仔仔细细、认认真真地读,一个字、一句话乃至一个标点都不要轻易放过,一定要把其中的准确含义琢磨清楚,然后通过思索把作者的观点和文中的实质内容"抓"出来。基本方法因人而异,但要做到以下三点。

(1)先问后答。就是在阅读每一章节之前,先就该章节的标题、主要内容有针对性地提出一些问题,并尝试从自己的角度回答这些问题,然后再带着自己的答案和对作者观点的期待去阅读。这样既可以因为对答案的期待而激发阅读的动力,又可以理顺阅读的思路和逻辑;既可以保留独立思考的空间而不会迷信书本,又可以有效把握阅读过程中的重点与关键。这是阅读者与作者的对话,对作者而言是一种考验,对阅读者来说是一种挑战。阅读中若是与作者的见解不谋而合,自有一种"英雄所见略同"的惬意,并进一步激发阅读的兴趣与信心;若是作者的见解远远超越自己的见解,欣赏赞佩之余,又颇受启发;若是作者的见解平淡无奇,权视为一家之见,亦无可厚非。

(2)边读边思。真正的阅读不仅仅是获取即时资讯的浏览,还应该有更深入的理解与思考;应该触及所读之书的思想核心而不能浅尝辄止。阅读是一种知识解读与思想碰撞的过程,要敢于辩驳,善于质疑,并借助其增强我们的思考能力。"学而不思则罔,思而不学则殆。"读书之得失、读书之乐趣,与思考不可分离,读书之大忌就是读而不思。阅读的全过程都需要阅读主体发挥主动性,贯注着读书人的思想旨趣与情感的调节。

阅读中的思考首先是思考"是什么"。这里有两层意思。第一,我们要读懂文字的字面意义,知道作者在说什么。第二,在读懂字面意义的基础上想明白作者想要表达什么内涵。例如,读小说,就要从字里行间通达作者的心灵世界,穿透文字的表层意义而进入它内在、深层的象征意义。这样才能把作者的思想融会贯通起来,一通百通。切不可"读书看皮,读报看题"。

其次应该思考"为什么"。华罗庚曾说过:"无论是读一本书,还是一本书的某一章节,首先应该不只看到书面上,而且还应该看到书背后的东西。"这就是说,对书中的观点不仅应该记住它的结论,懂得它的道理,而且还应该设想一下作者是怎样想出来的,经过多少曲折,攻破多少关隘,才得出这个结论的。阅读中总会有一些不太透彻甚至是不甚理解的内容,或者是有怀疑、质疑的地方,这是还需要我们下一番功夫的地方。可以通过查阅其他资料、求教专家见解、开展自由讨论等方式来搞清楚到底是什么。所谓由薄到厚,就是阅读中多思考、多发问、多查证,最终将心得体会、疑问评述、注解批注、参考材料、心得笔记等放在一起就会明显感到书更厚了。

(3)且读且注。曾国藩认为读书中眼到、心到是必然的,而手到、笔到、口到亦极为重要。也就是我们在阅读的过程中要对重点内容做好圈点画线,在书页边缘写边注、做眉批,随时记录思考所得与灵光一现的领悟,且便于理解、记忆、温习。实际操作中可以选择不同颜色的笔对重点、难点、不解之处进行圈画,对阅读感悟进行边注眉批。这里推荐"三色笔"阅读法。假设我们

阅读随感

使用红、蓝、黑三种不同颜色笔迹的笔,可以用红色的笔勾画重点、标示认同、做边注眉批;用黑色的笔标注疑问、提出质疑;用蓝色的笔标示出无法理解的内容。还可以结合自己的习惯形成一套完整的符号系统来丰富标注方式。

且读且注中注意:画满全篇等于没画,批满全章多是废话,圈画批注在精不在多;阅读时尽量选择纸质书籍而不要在手机等电子设备上看电子书;重要而必须精读的书尽量自己购买,方便自由批注;不便购买的期刊论文、经典之作也可打印、复印为影印件后批读;借来的书实在不便批注可以用阅读笔记代替。

4. 理:用思维导图进行内容梳理

"理"最简单有效的工具就是思维导图。如果说上述第三步的"读"是一个从薄到厚的过程的话,那第四步的"理"就是要实现从厚到薄的效果。如果说前一步的工作可以叫"肢解"的工作,那么,这一步我们就需要做"综合"的工作。在对书中每一个问题都经过细嚼慢咽,理解消化之后,就需要进一步把全书各部分内容串联起来理解,加以融会贯通,从而弄清楚书中的主要问题以及各个问题之间的关系。这样我们就能抓住统率全书的基本线索,贯穿全书的精神实质。厚厚的一本书,读懂了,理解了,透彻了,抓住了重点与核心,其精神实质和重点仅用不多的语言就能表达出来,你就会感到书变薄了。所谓的"理"就是对作者的思路和逻辑进行梳理,将书中分散零碎的资料整理成系统的知识。在阅读的过程中要做到一章一小理,全书一大理。在每一章节读完之后,我们可以从本节的主题、作者从哪些层面分析讨论了这一主题、其中探讨了哪些重要观点、得出了什么样的结论等方面进行总结概括。到全书读完之后再对全书内容进行同样的梳理和整合,把握要点、掌握实质,最终实现由薄到厚,再由厚到薄的螺旋上升。

5. 说:将从书籍中领悟的观点转化为自己的语言

通过阅读和思考,我们对所读之书就有了自己的一些观点和领悟,但这些所得往往是散乱无序的,也多缺乏更深入、全面的系统性。这时候就需要我们通过合适的方式对其进行必要的整合和深化,进一步提升对书本的领悟和把握。我们将这个过程统称为:说书。所谓说书,简单地说就是用自己的语言把所读过的内容准确叙述出来,并通过合适的平台与他人分享自己的阅读感受和心得。古人说,听君一席话,胜读十年书。因为这种分享过程既是对自己思路和认知的整理、整合,更是与他人思想的碰撞与交锋。对提升阅读效率、巩固阅读成果深有裨益。具体方法很多,最简单、原始的方法就是整理读书笔记并撰写读书心得;最直接、有效的方法是寻找志趣相同的同学、朋友定期聚在一起谈论读书感悟;最简洁、方便的方法是通过微博、微信、论坛等网络平台发表读书感言并接受读者评论;当然,如果有机会我们甚至可以发表公众演说,和他人探讨、交流。

6.行:学以致用,知行合一

阅读不仅要致知,更要致用。故此,阅读的最后一个步骤就是将书本上所学到的东西运用到我们的生活实践中去,将我们掌握的知识转化为实际操作的能力,将我们的观念认知转化为指导生活的智慧。阅读最终要回归到生活,要能通过学以致用的实践和探索上升到知行合一的修炼和蜕变。否则必如荀子所言:"知之而不行,虽敦必困。"此中道理古往今来多有论证,毋庸多言,但切记:"用"当为阅读之必需步骤,万不可忽略。

四、爱上阅读的三项修炼

当我们能够选对一本好书并读懂它的时候,我们就步入了阅读之门。如果要进一步提升阅读的质量,就需要我们在阅读的过程中进一步修炼阅读技能。

1.养成阅读的四种性情

(1)痴性。调查显示,多数学生在进入大学之初都曾计划读书甚至也曾打开书本开始阅读,可是很多人却慢慢放弃了,未能坚持下来。究其原因多为缺乏对阅读的痴迷和执着。当我们深识阅读之价值、把握阅读之方法、培养阅读之情感、寻找阅读之兴趣、体验阅读之快乐之后,想不读都很困难了。就像有人说烧土豆很好吃,可是你总是觉得挖土豆、洗土豆很麻烦、洗完了还得烤,这时候,即使你挖到了土豆,甚至洗好了土豆,但最终还是放弃了,所以,你最终还是没能品尝到烧土豆的美味,又如何能爱上烧土豆呢?希望我们在开启阅读之初能够有一份痴性,凭着这份痴性慢慢地培养出对阅读的感情。

(2)率性。有人读书太"理性",每天十页,不多不少;有人读书求快马加鞭、一气呵成,可盖上书本大脑一片空白、一无所得;且阅读之乐趣荡然无存,

阅读随感

身心备受煎熬,阅读之体验味同嚼蜡。也有人阅读时时断时续、甚至"想入非非",其实那并非走神,而是结合书中内容展开了"心骛八极,神游万仞"的联想与思考,也许速度会慢些,但效果也会好得多。所谓"一张一弛,文武之道也"。读书亦当率性,不易强求,该快则快,该略则略;能多则多,少亦不乱。当然并非没有规划,而是不要僵化。

(3)韧性。阅读之道亦通常理,欲求功德圆满,重在韧性。人处俗世,难免纷乱,总有诸多干扰在不断地引诱我们,这就要求我们要有求韧之心。这里的韧性有四层意思,第一,要有戒骄戒躁、专一不易的耐心;第二,要有求精求透,步步为营的专注;第三,要有水滴石穿、寒毡坐透的执着;第四,要有持之以恒、不懈不怠的坚持。

(4)悟性。在现今这个崇尚浮华、人心浮躁的大环境中,要想真正体验到"读书之乐何处寻,数点梅花天地心"的境界无疑需要一些悟性;而浩瀚书海,要想有五柳先生"好读书,不求甚解;每有会意,便欣然忘食"的体悟也需要悟性;要想通过阅读得乾坤清纯之气、识宇宙活泼之机,更需要悟性;阅读与悟性同在也。

2. 避免阅读的三个误区

穷究诸多"读者"之经验,阅读也应当避免一些误区方能把书读正、读好,否则,虚冠阅读之名,却难得阅读之效。这里简要地将常见的阅读误区概括为"三不化"。

(1)泥古不化:信什么读什么。有人喜好什么就只读什么,喜欢西方哲学,就只读西方哲学,而视中国哲学为另类,反之亦然。且不说门户之见弊端难免,把自己的头脑封闭起来,变成某个人或某种学说的私人领地,任何新思想都进不去,又如何能够不局限、僵化呢? 如果只读自己信的,只认自己读的。彼此贵己而贱人,结局如何,不问可知。

(2)食古不化:读什么信什么。当阅读缺乏独立思考和分辨能力的时候就容易被一种先入为主的观念俘虏,让自己的头脑变成跑马场,任由别人践踏,变成书的奴隶。特别是当书中观点彼此矛盾,各有所说时,更是不知所从。阅读应该以追求真理为目的,即读书在于求真。既不能先入为主,又不能六神无主。读书非为职业,阅读亦非目的,手段而已。尽信书不如无书,切不可迷信书本、亦步亦趋、人云亦云;而要消化吸收并付诸思考、批判质疑进

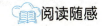
阅读随感

而付诸应用实践。阅读当清醒与投入同在,不投入不能体会书的韵味,不清醒则堕为书奴。做书的主人而不是书的奴隶,唯有"拿得起放得下""进得去出得来"者方能实现"开卷有益"之效。

(3)贪多不化:见什么读什么。书海浩瀚,精力有限。纵是好书,亦非越多越好。常有人言及要读"完"诸如四库、二十五史等,有此必要吗? 诚然,兴趣所致,乐此不倦,亦为幸事,但也无须强求。古人所谓半部《论语》可治天下,缘何? 了然于心且可自如运用也。若无此心智,即便熟读四库又能如何? 书橱而已! 当然,这不是主张少读书,勿博学。书应该多读些,知识面应该宽些,可是生命有限书无限,读尽平生未读书,多半是读者豪言。贪多难免不化,我们当坚持在能多则多、少则不懈的基础上读而有所获、读而有所得。最重要的是在阅读中通过自己的独立思考和比较分析逐渐形成自己的正确见解,从所读的书中获得真正有用的东西。读书,忌好大喜功,宜精,宜透。忌滥,忌片面求全,忌走马观花。

3. 超越阅读的三重境界

没有真正读过书的人,或者很少阅读的人,大约是体会不到读书的味道的,尤其难以体会甜酸苦辣交织在一起的那种真正的令人向往的读书味道。故此,爱上阅读之后,慢慢地登堂入室,渐入佳境,你又难免遭遇意想不到的尴尬。这个时候,读者就要超越读书的境界了。

阅读的第一重境界:看山是山看水是水。涉书之初,视野尚不够开阔,所知所思尚有待开发,我们怀着对这个世界的好奇与新鲜,对一切事物都用一种纯真的眼光来看待,对许多事情懵懵懂懂,万事万物在我们的眼里都还原成本原,固执地相信所见到、所读到的就是最真实的,相信世界是按设定的规则不断运转,并对书中之真理有种信徒般的崇拜。故此,每读至精妙之处皆有不甚惊喜。恰如游山观景,每过一处,虽然只是山、只是水,却也美不胜收、陶情怡性。

阅读的第二重境界:看山不是山看水不是水。随着涉世日深,我们慢慢发现,书中所写的和我们现实中看到的并不一定是吻合的,一切如雾里看花,似真似幻,似真还假,从而对书中所述产生了怀疑,甚至迷失了判断。但随着一番迷惑、彷徨、痛苦的挣扎过后,我们便慢慢地学会了用心去体会书中的世界,对一切都多了一份理性与现实的思考,书中的世界也慢慢地清朗起来:山

143

不再是单纯意义上的山，水也不是单纯意义的水了。

阅读的第三重境界：看山还是山看水还是水。随着我们的阅读日益深邃、日益广泛，人生的经历也在不断地积累，生活也在不断地反省，对世事、对自己的追求有了一个清晰的认识，并慢慢地步入了洞察世事后的返璞归真的豁达与圆满。这时，看山还是山，水还是水，只是这山这水，看在眼里，已有另一种内涵罢了。但这一境界需要的是坚持不懈的修炼和感悟，甚至穷诸一生的执着。

【乐学善思】

1. 你是如何管理自己的时间的呢？有没有"太闲了"而产生的空虚感又或者是"太忙了"的压迫感呢？你准备如何改善呢？

2. 你的休闲方式都有哪些？你准备怎样去培养、提升自己的闲暇管理能力和休闲能力呢？

【知行合一】

1. 结合本文所述时间管理的方法，为自己制订一套时间管理方案，并在实际生活中运用。

2. 从阅读内容的设置和阅读时间的分配入手，为自己制订一份阅读计划书。

第七章

主动选择　驾驭校园生活

　　世界上的很多东西是在书本上看不明白的,成长中的很多需求是在教室里找不到的。作为新时代的大学生,要读书,更要阅世。如何让生活成为一种学习,充分有效地运用大学的课余时间锻炼自己走向社会、适应社会的能力,并在其过程中学会管理自己的生活,是迈进大学之初就该积极面对的重要修炼之一。那在未来的大学生活中我们都可以干点什么呢? 又应该干点什么呢? 我们又该回避什么呢?

第一节　提升安全意识,加强安全防范

　　大学本就是一个集教学、科研、生产、商贸各种社会活动于一体的多元化的、开放型的社会机构。随着高校管理方式社会化、办学形式多样化、学生结构复杂化的深入,校园与社会相互交叉、相互渗透,在改变我们的学习方式、丰富大学生日常生活的同时,也导致了校园内外不安全因素的增加。校园安全需要社会、学校、学生各方面的协同努力来共同打造,但这其中最核心、最重要的安全防线还应该是学生自身,只要全体大学生都树立起了强烈的安全意识,校园安全自然固若金汤。

一、认识校园安全

　　安全至上,不管是学校还是社会都一直十分关注校园和我们的安全问题,但一些不安全的校园事件还是时有发生。一方面是大学社会化的环境为不法之徒提供了可乘之机,另一方面大学生群体自身也的确存在一些容易被

阅读随感

利用的因素。大学时代对于人生,是一个伴随探索与追求,理想与奋进的黄金时代,我们更是书生意气、热情奔放,只记得"世界充满了爱""人性本善",却忘记了世界的多样性和复杂性为不法分子留下了可乘之机。究其原因,大学新生思想淳朴,缺乏社会生活经验;习惯感情用事,做事麻痹大意、遇事欠思考;法制观念不强、缺乏安全防范意识,安全防范能力差。例如,不少学生不知道教学楼和宿舍的灭火器在哪里,不知道如何使用灭火器,等等。

校园中的失窃、诈骗案件多数是由于我们自身安全防范意识淡薄,思想麻痹,财物保管不当,轻信他人,交友不慎引发的。如:宿舍没有养成随手关门、锁门的习惯;夏季开门休息;笔记本电脑、手机等贵重物品随意乱放;等等。这些不仅可以诱发犯罪,也给不法分子提供了便利,这是导致校内失窃发生的重要原因。又如诈骗案件的发生,作案人一方面利用个别大学生容易动恻隐、怜悯之心。另一方面利用个别大学生贪图小利、爱慕虚荣的心理,靠编造谎言,骗取被害人的信任,如假冒身份、骗取同情达到骗财骗物的目的。随着网络化的深入,一些大学生通过上网结交朋友,由于缺乏识别能力而上当受骗。还有一些大学生在勤工助学或毕业求职中急于求成,不通过合法机构求职,给不法分子造成可乘之机,使之合法利益受到侵害。而对交通规则和交通安全的忽视也导致了很多交通事故的发生。还有就是个别法制观念不强者,违反学校的规章制度,在宿舍内使用违章电器,酿成火灾事故。以上现象表明,树立强烈的安全防范意识和良好的法治安全意识是我们立志成才、完成学业的基础性保障。

二、强化安全意识与防护能力

在社会加强安全管理,学校强化安全教育的同时,大学生自身也要进一步强化安全意识,提升防范能力。

1. 强化安全意识

安全是指没有危险,不受威胁,不出事故;意识是指大脑对于客观世界的反映,是指人们对外界和自身的觉察与关注程度。安全意识,就是危险、威胁、事故等客观因素在人们脑子里的反映,即人们对于避免危险,消除威胁,防止事故在大脑里形成的思维和认识。增强安全意识,就是对各种危害因素保持应有的防范观念和戒备心理,它是做好安全防范工作的前提。安全隐患的客观存在就要求人们必须增强安全意识,否则我们的主观意识将严重脱离客观存在,势必存在安全问题上的盲目性。意识对于物质的能动作用也告诉我们,只有不断增强安全意识,头脑里经常绷紧安全这根弦,才能在安全防范工作中充分发挥主观能动性,自觉做好安全工作。对我们而言,主要包括安全防范意识、校规校纪意识、法律法规意识、网络安全意识、消防安全意识、心理健康意识、交际交友安全意识等。

2. 掌握安全知识

安全知识是指人们在长期生活实践中,对避免危险、消除威胁、防止事故等安全方面规律的认识和经验总结。简单地说,我们的个体安全涉及人身安全、心理安全、学业安全和财物安全等各个方面,我们要做好安全防范工作,就要有效掌握有关防止侵害、消防安全、交通安全等安全防范知识,并善于在实践中运用。

3. 提高自我保护能力

自我安全保护能力是指自己通过学习和掌握一定的法律、安全知识和防范技能,使得自己的生命、财产避免危险,消除威胁,防止事故。或者说,一旦自己的生命、财产遇到危险,受到威胁,发生事故时,能使自己的生命、财产得到适当的保护,使损失减少到最低程度的本领。第一,要加强法律、安全知识的学习。我们自我安全保护能力的强弱、大小,很重要的一个方面,取决于自己对安全知识掌握的多少和能否正确运用。因此,我们要提高自我安全保护能力,就要加强学习,尽可能地多掌握安全知识。这样,在遇到不法侵害或意外伤害时,才能做出正确分析和判断,知道怎么做才能化险为夷。第二,要勇于社会实践和锻炼。要着眼于对安全知识的实际运用,注重在学习、生活、实践中有意识地锻炼提高自我安全保护能力,逐渐使自己成为安全防范方面的强者。第三,要善于总结。通过自身和他人的教训使自己聪明起来。尽可能在少走弯路、少交"学费"的情况下,使自己的安全保护能力得到提高。例如,有人对校园诈骗的主要手段进行了总结归纳,常用的手段主要有以下十六种:一假冒身份,流窜作案;二谎称出事,急需用钱;三以物抵押,骗取钱财;四借打手机,盗取信息;五利用合同,骗取钱财;六以次充好,恶意行骗;七骗取信任,寻机作案;八投其所好,引诱上钩;九招聘为名,设置骗局;十编造谎言,博得同情;十一贪不义财,必吃大亏;十二短信中奖,实为骗局;十三迷惑人

阅读随感

心,偷梁换柱;十四封建迷信,受骗上当;十五团伙设套,兑换外币;十六低价出售,其中有诈。当我们知道了以上这么多作案手段,对行骗的大致过程也有所了解,可以减少我们上当受骗的概率,使我们视野开阔,增长见识,提高识破骗局的能力。

三、给入校新生的五点具体建议

每年新生入学往往都是大学校园最为热闹繁忙的时候,陌生面孔大量的涌入往往也是学校自身安全防御最为脆弱的时期。有这样一句话:相信上帝,但是别忘了锁门! 大一新生应该注意哪些安全事项呢? 概括来讲大致有以下五点。

1. 放好自己的贵重物品

大学校园不是一片静土,社会上的一些不法行为,大学校园里也难以杜绝。例如,物品被盗并不是什么稀奇事,小到水瓶、手机,大到自行车、笔记本电脑等都可能成为被盗窃的对象。而对于刚入校的我们,因为要报道注册等很多事情需要完成,加上对新环境比较陌生,而且校园来往人员多而杂,如果安全意识不强则很容易为不法分子提供可乘之机。所以妥善保管好自己的贵重物品以防丢失或被盗是我们增强安全意识的起点。

2. 坚决拒绝来宿舍推销用品的人

新生入学,水瓶、席子、电话卡、书架等物品都需要购买,这给一些有"头脑"的学生或者校外人员提供了发一笔小财的机会。与此同时,新生经济往往比较"富足",再加上平时缺少购物经验等,往往觉得自己需要就立即买下,不讲价格,甚至连商品质量都不检查。笔者的建议是:凡是来宿舍推销用品的人员一概拒见。因为他们卖的东西大多比学校或者门口超市里要贵,而且为了盈利的考虑往往商品质量没有保障。日常用品可以到学校的超市里去买,一般来讲他们不会肆意抬高价格,而且商品质量相对有保障。

3. 最好别在校外用餐

新生入学时食堂买饭的队伍往往因为过于集中而显得异常拥挤,许多新生觉得排队太麻烦也浪费时间,再加上天热而选择到校外的小饭店去用餐。笔者建议,尽量在食堂进餐,因为食堂的饭菜卫生条件比校外要相对好很多,而且食堂的饭菜价格不会因为人多就上涨。

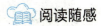

4. 别去离学校过远的地方

同学们来到新的环境,往往会充满新奇,稍有空暇就会跟新认识的室友甚至独自一人去游逛。笔者的建议是,去人多的地方可以,但是最好不要去比较偏僻的地方,更不要独自一人去。如果要去距离不远的亲戚朋友家,一定要跟家人、老师和室友报备行程及时间。这样如果有突发情况,家人、老师和室友会尽可能提早知道,并有一定线索方便联系你。

5. 出现意外及时告知学校

一旦发生被盗、被抢、被骗等意外事故,应第一时间报警并告知老师和学校保卫人员,他们会尽可能想办法通过相应途径帮你挽回损失。

虽然校园安全事故并不多见,但又时有发生。故此,新生入学,在保持兴奋的同时,还要记得建立防范意识,提高警惕,防患于未然。别轻易跟陌生人,尤其是校外人员交往得过于亲密。

第二节　培育信息化素养,驾驭网络生活

随着大数据、移动计算等新兴信息技术在各领域的应用逐步深入,社会信息化步伐急剧加速,整体信息化程度不断加深。党的十九大报告顺应时代发展的需要,明确提出了建设"网络强国""数字中国"的发展理念,对于大力提高国民信息化素养提出了更加紧急、更高标准的要求。如何全面提升信息化素养是高校深化教育教学改革、学生全面成长成才所面临的共同课题。

一、互联网对大学生的影响

互联网的发展速度及对人们的生活所造成的影响是毋庸置疑的。网络早已不再是什么新鲜事物,并且已经成为大学生活的重要组成部分。网络上自由、平等的多向、交互式互动方式符合大学生追求平等、自由意识的心理;网络资源的丰富性也能满足大学生学习、生活的需求;凡此种种,注定了大学生和互联网的密不可分。

大学生的网络生活可谓精彩纷呈。网络的隐蔽性、自由性、广泛性为大学生提供了情感交流的"最佳平台",网上学习、网络购物等也都已然成为大

学生基本的生活方式之一。既然注定"今生相伴",就该掌握相处之道:驾驭网络而不能被网络驾驭。

二、网络对大学生的"双刃剑"效应

对我们而言,网络不是洪水猛兽,而是一把"双刃剑",它在给我们带来积极影响的同时,也不可避免地产生了一些负面影响。

我们必须承认:网络在我们的学习、生活中发挥了重要的作用。首先,网络作为一种教育手段,丰富了教育内容,拓宽了教育途径,帮助我们在一个宽广、自由的环境中积累知识,使我们能方便快捷地了解各种各样的现代科学知识和生活经验,有利于自身综合素质的提高。其次,网络促进了我们相互之间的交流,增强了校园生活与广阔的社会空间的融合,有助于我们全球意识的形成。最后,网络改变了人们的生活方式,为生活带来了极大的便利。

1. 对大学生世界观、人生观、价值观的影响

大学阶段是青年学生世界观、人生观、价值观形成的关键时期。我们容易接受新事物、新观点,但由于缺乏经验与鉴别能力,容易良莠不分。如果没有较高的是非鉴别力,则容易导致世界观、价值观的认知冲突。同时,在网络的"虚拟"环境中,如果缺乏足够的道德自律,也可能会诱发道德意识和道德行为的失当。互联网上不同区域、国家之间的文化传统、思想道德观念、宗教信仰、生活方式都各不相同。面对开放性的、超国界的、全球性的、多元化的网络文化,我们的人生观、价值观难免受到冲击。

2. 网络对大学生身心健康的影响

不管是论坛、贴吧等网络沟通平台,还是各种类型的网络游戏都是我们人际交往、思想交流的重要手段,对缓解心理紧张,释放学习、生活压力有一定的积极作用,但也很容易使我们深陷其中不能自拔。面对新的环境和人际关系,如果不能够快速适应新的生活,就容易借助网络来寻找心理平衡,偶尔消遣,无可厚非,而一旦沉迷甚至成瘾,无疑会影响正常的生活、学习。例如,在失意时,发个"帖子",向网友发发牢骚,再相互安慰一番。明明知道靠网络是解决不了实际问题的,但还是沉溺其中,甚至对网络产生依赖心理。更有甚者,沉溺于网络游戏,一头扎进这个虚拟的世界中去寻找现实中感觉不到的自信和满足感,甚至因此而影响学业。

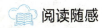

网络交流的隐匿性容易使我们放任自己回避现实世界,回到现实后则会感到束缚和压抑,产生一种孤独感。严重者会逃避现实、沉溺网络难以自拔。长此以往,则可能影响心理健康,甚至影响建全人格的培养。

3. 对大学生人际交往的影响

大学阶段是我们人际交往能力和人际关系形成的重要时期,由于网络交往与传统的人际交往方式大不相同,往往难以形成真实可信和安全的人际关系。缺乏直接的人际交往,容易使我们趋向于孤立、自私、冷漠,也容易使我们对现实生活中的一切人和事物漠不关心。

(1)人际交往的受阻。一些大学生可以与网络中的陌生人侃侃而谈,但当真正见到其人时,却不知所措。一些大学生由于青睐网络交往这种匿名形式,习惯上网向网友发泄自己的不良情绪,讲过自己的"心情故事",以求从网友那里得到支持,可是回到现实生活后他们发现自己面对的问题依然如故。还有一些大学生由于把大部分时间投入网络聊天中,既减少了结识现实生活中新朋友的机会,也减少了与现有朋友的联系,导致友情淡化,无形中缩小了个人生活的圈子。所以,当回到平静单调的现实生活时,强烈的心理落差就更容易使人产生心理孤独感。

(2)人际交往的错位。网络社会是一个高度信息化、自动化的社会,人们在日常的工作和生活中都可以通过网络进行联系。这极大地改变了人们情感沟通的方式,使传统的人际交往方式逐渐弱化。长此以往就会造成在现实生活中人与人之间直接交流减少,人际关系淡化,逐步削弱我们的人际交往能力,从而造成现实人际交往的矛盾与错位。

(3)人际交往的剥夺。上网时间过多相应减少了正常参加社会活动和人际交往的时间,从而导致了我们社会行为退缩,心理健康水平下降。网络有它的局限性,人不能沉溺虚拟的网络世界,终究要回归现实社会。如果长期脱离现实,进入社会后我们可能无法与人进行正常交往,甚至可能出现社交恐惧症,影响我们正常人格的完善。因此,无休止、无节制地上网而逃避现实生活,严重阻碍了我们的人际交往能力。

三、培育信息化素养

(一)信息化素养的内涵

信息化素养是信息知识的学习与获取能力、信息的理解与处理能力、信

阅读随感

息的传播与表达能力以及信息道德与信息责任的综合体现,其涵盖知识技术、人文涵养、管理应用、评价调控、情感价值等多部分,其内涵可以概括为以下四方面。

1. 信息情感意识

信息情感意识是人们在信息活动中通过与信息相互作用而产生的对信息的认识、理解和需求的总和,是人们对信息的主观态度和行为倾向,表现为人们对信息的敏感力、观察力以及判断力,是个体获取信息的内在动因,是信息化素养的基础性前提。其主要内容包括:对大数据环境下信息以及信息化素养在学习生活乃至以后的工作、成长中的作用的价值认同和理性判断;具有主动接受信息、学习信息化技术、提升信息化技能的兴趣态度和敏锐性。

2. 信息知识技能

信息知识技能是指个体从各种信息源中获取信息、科学识别、有效提取并进一步进行分析、加工、评价、创新信息、传递信息的习惯和能力,包括信息需求确定、信息收集获取、信息评价使用多方面的内容,是信息化素养的核心要素和基本内容。

3. 信息素质涵养

选择有效信息、拒绝无用信息,需要借助相应的研究方法正确、完整地认识、理解信息并对其结论进行批判性的辨别、分析、评估,与自己原有的信息储备进行融会贯通,并在解决问题的过程中灵活地支配信息、进行信息的加工,还需要具备良好的、与信息技能本身非直接相关的信息素质涵养。首先,是诸如语言表达、思维分析、观察判断等一系列的间接能力和必要的综合知识与人文素养及由其转化而来的创新意识。其次,具备信息真伪的辨别力、抵抗力和对不良信息的免疫力。最后,站在客观、中立的立场对不同视角下形成的不同观点的信息进行审视和思辨的批判意识和包容思维。

4. 信息伦理道德

信息伦理道德以有关信息活动的法律法规、伦理道德的约束力在潜移默化中从不同的角度规范、管理人们的信息行为,形成对信息的是非、正误、美丑的善恶区分力和判断辨识力。一方面是强烈的信息安全意识,另一方面是良好的信息道德约束和信息法制意识。在信息活动中注意个人信息的保护,识别并远离信息诈骗,预防信息泄密,强化维护信息安全的责任感,提高信息安全实践水平,遵守信息道德和信息法治是信息化素养的基础和前提。

综上所述,信息化素养是指人们在遵守信息伦理道德的前提下,以正确、敏锐的信息情感意识,合理、高效运用信息知识技能搜集获取信息,借助自身的信息素质涵养对信息进行理解整合,创造信息成果、提升自主学习能力的过程中所需要的情感态度、知识技能、文化涵养、道德意识的总和,是人们适应社会信息化发展而应具备的有关信息的知识、技能、文化、意识多层面的综合性的能力素质和文化修养。

(二)信息化素养培育对大学生全面成长的意义

信息的巨量存储和海量剧增、急速蔓延和交叉混乱、高度互联和深度融合使得大学生信息化素养培育产生了多方面的意义。

1. 信息化素养培育是提升新时代精神生活品质的需要

中国特色社会主义进入新时代,我国社会主要矛盾已经转化为人民日益增长的美好生活需要和不平衡不充分的发展之间的矛盾。"人民日益增长的美好生活需要"不仅仅是物质文明的需求,更应该包括精神文明的需求。能否用良好的信息化素养面对网络中大量的信息资讯,准确解读信息背后的意识形态,做主动获取信息和辨别信息的受众,成了影响人们生活质量的重要因素。故此,信息化素养培育也成为新时代提升日益增长的精神生活需求质量的重要手段,成为提升精神生活品质的需要。

2. 信息化素养培育是适应新时代人力资本储备的需要

新时代开启了我国社会主义现代化的新征程,也对人才的发展和储备提出了更高的要求,对大学生的信息化素养提出了更高的要求。故此,加强大学生信息化素养培育是适应社会主义现代化建设对人才储备的长远要求的需要。

3. 信息化素养培育是新时代大学生可持续发展的需要

网络化、数字化、智能化、个性化、终身化的泛在学习环境构建形成了以学习者为中心的学习新模式。这就迫切要求大学生要具备在信息环境中利用发达的信息技术高效地获取知识、进行学习的能力。随着信息活动的复杂化,信息化素养已成为我们的基本能力需求,成为社会衡量人才的基础性指标。信息化素养将学习与数字化环境深度融合,被称为数字化学习能力,为继续学习提供帮助和指导,构成了新时代大学生适应未来社会、开展终身学

阅读随感

习、促进自身的完善与可持续发展、提升核心竞争力和发展潜力的基础和前提。

(三)大学生信息化素养的现状

1. 具备一定的信息情感但信息意识迟缓

我们能够充分意识到信息化素养的价值和意义,获取信息的渠道和方式也逐渐多样化,信息情感也随之增强。但部分学生信息获取的能动性不强,对信息积累的主动性和自觉性不够,对信息的判断和获取尚显盲目和无序,不能积极主动利用信息的丰富性进行专业学习,有效信息资源利用率较低,综合运用各种信息工具和信息资料解决实际问题的主观愿望不够强烈。概言之,我们未能树立起敏锐的信息意识,形成正确的信息价值取向,且对信息化素养的培养意识不够强烈,提升信息化素养的积极主动性不够。

2. 具有一定的信息知识但信息技能欠缺

抽样调查显示,能够掌握基本信息理论知识和信息检索知识,按照需求明确信息来源并进行信息收集的学生比例较高,大部分学生普遍具备了基本的信息知识和信息技能,但大多停留在基本掌握的基础层次,能够深入熟练掌握信息化理论、信息检索、信息技术的原理和规律的比例相对偏低,能够高质量进行信息深加工的学生较少,能够深入掌握信息实践活动中相关的原理、规律的比例则更低。

3. 具有良好的文化基础但信息涵养匮乏

我国大学生普遍具备较好的综合文化知识储备,也具备潜在的学习能力,但在将储备知识运用于信息行为的综合素养、自主拓展能力上表现出较大的个体差异。换言之,我们的信息化素养呈现一种虚假的普及表现,主要表现为我们不能有效地将有效信息与学习实践相互结合、在专业知识和专业信息的获取及利用方面距离专业培养目标以及社会对人才的要求仍存在较大差距、跨专业间的信息整合和创新能力较弱、不能准确审视网络与网络信息的真伪和价值等方面,导致这种虚假表象的根本原因是信息涵养的匮乏。

4. 信息伦理道德普遍觉醒但行为约束有待加强

大部分学生对信息行为中的道德准则和法律规范有着清醒的认知和理性的认同,但对信息道德意识和法制意识发展的重视不够,在具体的信息行为中缺乏有效的自我约束。例如,对于信息安全重要性的认识不足,个别学生对相关法律法规了解不深,对不文明网络信息行为的危害认识不足,无意之中通过网络侵犯知识产权或他人隐私,发布不当言论、转发不实信息,因信息辨识力低而受骗等事件时有发生。

阅读随感

(四)大学生信息化素养的自我培育

信息化素养培育涉及情感意识的培养、技术技能的训练、人文素养的应用、伦理道德的内化等一系列知识、能力、技术的构建与重组,是一个系统、复杂、多元的过程。

1. 明德:加强自身的网络道德修炼

网络道德,是指以善恶为标准,通过社会舆论、内心信念和传统习惯来评价人们的上网行为,调节网络时空中人与人之间以及个人与社会之间关系的行为规范。网络道德是时代的产物,与信息网络相适应,人类需要面临新的道德要求和选择,于是网络道德应运而生。网络道德是人与人、人与人群关系的行为法则,它是一定社会背景下人们的行为规范,赋予人们在动机或行为上的是非善恶判断标准。

网络道德作为一种实践精神,是人们对网络持有的意识态度、网上行为规范、评价选择等构成的价值体系,是一种用来正确处理、调节网络社会关系和秩序的准则。网络道德的目的是按照善的法则创造性地完善社会关系,其社会需要除了规范人们的网络行为之外,还包括提升和发展自己内在精神的需要。

由于网络具有开放性、虚拟性、自由性、交互性、无序性等特点,使得网络道德重在自律。网络道德是传统道德规范在互联网环境中的一种特殊表现方式。一切网络行为必须服从于网络社会的整体利益,要求个人参与网络活动时,不得以任何形式损害网络社会的整体利益。与传统道德比较,网络道德的一个突出特点或发展趋势,在于从道德他律到道德自律的明显变化。网络社会中的道德不像传统道德那样,主要依靠舆论来规范个体行为,而是靠网民以"慎独"为特征的道德自律。因此,我们要约束自己的网上行为,在网上只发布对社会有用和有益的信息,不做有损于网络道德的事。当代大学生作为网络文化的先锋,必须直面挑战、积极应对,通过加强自身的网络道德建设来营造良好的网络文化氛围。首先,要增强法制意识,自觉遵守网络法律法规。其次,要加强"慎独"修炼,培养自律精神,将自由与自律、责任与道义

阅读随感

相互统一起来,自觉主动地增强网络道德意识。最后,要加强自我修养教育,培养坚定意志,增强抵御网络环境负面影响的能力。

2. 弘毅:坚决抵制网络诱惑

在客观认识网络积极价值和作用的同时,也要正视网络使用不当所给我们带来的负面影响,并且要有坚定的意志去面对网络的诱惑。首先,我们要积极应对挑战,培养正确的心态,接受网络而不迷恋网络,使用网络而不依赖网络,取于网络而不迷信网络。其次,加强预防,防患于未然。面对网络诱惑不能因噎废食,而是要防患于未然。要明确上网目的,限制上网时间,不在网络上无谓地浪费时间;要加强自律,主动远离黄、赌、毒以及反动、迷信等不健康的信息;尽量少参与甚至不参与电脑娱乐,特别是网络游戏。第三,强化生活管理,充实生活内容。培养学习动力,提升学习的积极性和主动性;培养广泛的业余爱好,多参加社会实践、校园文化活动和体育锻炼,丰富课余生活;主动构建和谐、广泛的人际关系,增强自我认同感;加强对不良情绪的调节,保持愉悦健康的心情。第四,抛弃传统认知,勇敢走进心理咨询室。不能自助就要积极求助,一旦发现自己有迷恋网络的倾向且不能自制时,就要积极向教师、家长、心理医生、同学、朋友倾诉、咨询,甚至可以利用电话、网络等进行远程心理咨询,释放心理压力,缓解心理冲突,通过心理调适最终完成从他助向自助的过渡,并形成健康向上的心理状态,切不可讳疾忌医。

3. 辨识:提升网络信息的辨别力

进入信息时代,信息的更新、获取和提炼对现代人的日常生活形成了巨大的冲击并产生了深远的影响。网络的传播速度快捷而监控力度薄弱,信息量巨大而又良莠不齐。这使得本来是为了消除人们的不确定性而存在的信息却让人们难辨真伪,难以取舍,无所适从。网络无所不包,无所不有,信息泛滥,精髓难寻,在寻觅的过程中往往会耗费许多不必要的时间与精力。面对茫茫网络中无尽的信息资讯,大学生要具有识别优劣、见微知著、举一反三的洞察力和辨别力。在获取信息的过程中有些人惰化了对信息的梳理和思辨能力,逐渐形成麻木盲从,不加甄别的心态和方式。在多元复杂的网络环境下,去解读信息背后的意识形态,了解传媒在日常生活中扮演的角色,做个主动获取信息和辨别信息的受众是我们当代大学生的基本素质。我们作为具有完全行为能力但思想尚未完全成熟的青年要提高自身的思考和判断能力,在信息时代中不断自我调节、启蒙,做现代传媒的理性主体。首先,要端正自己的世界观、人生观、价值观,对网络信息具有基本的是非辨别力和善恶区分力,并保持高度的政治敏锐性,能够远离不健康的信息,遏制虚假信息,抵制非法信息。其次,像在现实生活中承担相应的社会责任一样,也要在网络生活中主动承担一定的社会责任,增强对社会公共事务的关注,积极参与社会公共空间的讨论和建设,积极传播正能量。第三,要加强自身的媒介素养教育,提高识别和抵制不良信息的能力。要在日常生活中不断建立获得正确媒介信息和判断信息价值的知识结构,增强自身对是非、正误、美丑的判断能力,培养对信息的辨别与选择能力,掌握如何在网上获取有效、健康的信息,使自身成为媒介的主动参与者,而不只是媒介信息的被动接受者。第四,要提高网络信息处理能力,学会将获取的信息进行归纳、分类、鉴别,从而能够在丰富的网络信息中根据自己的学习目标去选择和鉴别自己所需要的网络信息,充分运用网络信息工具进行学科知识的学习和研究,明确地表达自己的研究成果并分享给他人。

4. 致用:充分利用网络资源优化生活方式、服务成长成才

网络是一个工具,不仅可以用来娱乐,更可以用于生活,助于学习。正所谓"君子善假于物也!"网络绝对不应该只是用于聊天、玩游戏而已,更应该有效地服务于我们的生活和学习,促进我们的成长成才。

不管是网络新闻、网络交流还是网上购物,都极大地方便了我们的生活;网络上大量的免费教学资源让我们不管身在何方,随时随地都可以聆听哈佛、耶鲁等名校的课程,很方便地获取各种学习资料;网络更是一个超级图书馆,各种文献资料、电子书籍大多数都可以免费下载,甚至有些书籍在图书馆里未必能找到,但是却可以通过网络找到;网络更是一个学习交流的互动平台,不仅可以与兴趣一致的人在各种论坛中问答互动和碰撞讨论,更可以向相关的专家学者请教。当然,在这里还可以结识很多志同道合的朋友,拓展人脉;可以开微博写写自己的生活感悟,既可以作为一种学习的载体,又可以训练自己的综合素养,等等,无须综述。网络虽然是虚拟的,但它却突破了物理空间的限制,为我们提供了一个全新的生活、学习平台。懂得利用网络资源也是一门学问,切记:网络的作用不仅是玩游戏和聊天而已,还有很多用途,理当善待之。

阅读随感

当然,要想充分地使用网络资源,我们还需要在实践中不断提升运用网络的能力。例如,掌握有效使用搜索引擎的方法,提升对网络资源的整理加工能力,等等。

因此,面对网络对学习方式的冲击,我们要正确认识和使用网络,养成良好的用"脑"和上网习惯,避免对不健康的、不客观的、不科学的信息"全盘接受"现象的发生。要学会区别纷纭复杂的网络信息,进行判断和筛选,从中找到对自身发展有益的、正确的信息,让网络为我所用。另外,要用理智的眼光正视网络的负面作用,提高自身抵制信息污染的能力,自觉养成良好的上网习惯,在时间上限制自己,不沉溺于脱离现实的虚拟世界,使自己不仅成为计算机网络的使用者,更是计算机网络的建设者和真正主人。

第三节 参与第二课堂,延伸成长空间

大学的课余生活可以选择的范围之广泛、内容之丰富,从理论上说是无限的。当然,这需要我们在大学生活实践中逐步探寻。为了帮助大学新生在入学之初可以学会有效进行闲暇管理,这里简要地介绍大学生在课余可以选择、参与的校内外活动,以供参考。

一、学生干部

大学的学生干部主要包括两部分,第一是学生会工作人员,第二是班级干部。

1. 学生会工作人员

高校中的学生会是指中华全国学生联合会(简称全国学联)在各院校的团体会员机构,是在学校党委领导下、团委指导下,学生自我教育、自我管理、自我服务、自我监督的主要学生组织,是学校联系学生的桥梁和纽带、依照法律、学校规章制度和章程开展工作。其基本任务是:以习近平新时代中国特色社会主义思想为指导,以加强对同学的政治引领为根本,以全心全意服务同学为宗旨,及时向同学传达党的声音和主张,引导广大同学自觉把个人理想融入党和人民的共同奋斗之中。学生会必须面向全体同学,坚持从同学中

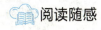

来、到同学中去,听取、收集同学在学业发展、身心健康、社会融入、权益维护等方面的普遍需求和现实困难,及时反馈学校,帮助有效解决。

高校学校学生会一般设校学生会与其基层组织二级学院学生会两级。两级学生会均实行"主席团+工作部门"的学生会组织架构模式。一般设主席团成员3~5人,根据实际工作需求设工作部门5~6个,每个部门设负责人2~3人,工作人员5~8人。

我们想加入学生会,成为一名学生会工作人员参加学生工作,需要按照相应的流程参加遴选。一般情况下在开学之初学校里的各级学生会组织都会面向新同学进行工作人员的招募遴选,并且会举办招募遴选说明会。在招募遴选说明会上都会对招募的对象、岗位及能力要求做详尽的说明。有意向加入学生会做一名学生会工作人员,并借助于学生会平台锻炼提高自身综合能力的同学可以在入学之初多关注校园内招募启事,按照招募遴选程序进行报名。

2. 班级干部

班级干部主要包括班长、学习委员、生活委员等班委会成员和团支书、组织委员、宣传委员、文艺委员等团支部成员。班级干部一般是由辅导员负责组织班内有意向的同学竞选、由班内全体同学投票产生。

其次还有诸如广播站、国旗班等各种学生团体的工作人员。做一名学生会工作人员,或者做一名班干部,又或者进入广播站做一名播音员,从本质上讲没有优劣高低之别。大学新生可以根据自身的兴趣爱好、成长需求等实际情况做出最适合自己的选择。这里要说明的是:不管是学生会工作人员还是班干部,都具有一定的竞争性;有竞争就必然会有成有败。故此,对于竞选学生干部,不管成败,参与竞选的过程就是一次学习。做学生干部不是大学生活的唯一选择,竞选成功是一种收获,但也意味着更多的付出和责任,甚至其他方面的一些失去;竞选失败是一种失去,但也意味着更多的选择和可能性。

二、学生社团

学生社团是大学校园一道亮丽的风景,社团生活也是大学生活最美的点缀。

1. 社团的概念

高校学生社团是落实立德树人根本任务、推进素质教育的重要载体,是

社团简介

阅读随感

大学生根据成长成才需要,结合自身兴趣特长,在高校党委的领导和团委的指导下开展活动的群众性学生团体。高校学生社团的基本任务是:以习近平新时代中国特色社会主义思想为指导,团结凝聚广大青年学生,坚持思想性、知识性、艺术性、多样性相统一的原则,积极开展方向正确、健康向上、格调高雅、形式多样的社团活动,丰富课余生活,繁荣校园文化,促进青年学生德智体美劳全面发展。

学生社团是校园文化的重要载体,是学校第二课堂不可或缺的组成部分,是学生培养兴趣爱好,扩大求职领域,陶冶思想情操,展示才华智慧的广阔舞台。对我们而言,参与社团既有助于确立正确价值观,促进自我实现,又有利于培养组织管理、沟通协调、人际交往等综合能力;既可以充实课余生活,保持积极心态,又有助于促进知识结构的不断完善;既可以深化兴趣爱好的培养,也可以强化自身的社会责任意识。

2. 社团的种类及活动形式

高校学生社团一般分为思想政治类、学术科技类、创新创业类、文化体育类、志愿公益类、自律互助类及其他类等。

社团活动的形式多种多样,各社团各自依据法律法规、校纪校规和社团章程有计划、有组织地开展相应的理论研讨、文艺体育、学术科技、创新创业、志愿服务等形式多样、内容丰富的社团活动,例如:社团联合会组织的"社团成果汇报演出"文艺晚会、书画协会开展的书画摄影作品展、青年志愿者协会组织的慰问孤寡老人爱心活动等。

3. 加入社团

每年新生进校时,学校团委都会指导各学生社团进行招新工作。我们可根据各社团的招新宣传进行报名。这里就如何选择社团提几点建议。

(1)以自身的特长、爱好为基础。社团的种类是多种多样的,但并非所有的都适合自己。选择符合你的特长或爱好的社团,才能增强你的主动性、表现欲、学习欲,也才利于你自身能力的发挥和技能的锻炼。

(2)仔细了解,谨慎选择。选择社团时应该全面了解一下这个社团。首先,你想要加入的社团对于你的能力提高有没有帮助,这种帮助是不是你需要的。其次,你想要加入的社团是否"合法"并"运行正常"。

(3)贵在精而不在多。西方有句谚语说:想逮两只兔子的人最终一只也

阅读随感

逮不到。社团活动虽然是丰富多彩的,但不宜贪多,所以选择一个自己最感兴趣的、最擅长的社团足矣。

(4)功利性不可太强。社团本就是"民间兴趣组织",参加社团的本意是充实生活,培养兴趣,而非为"谋官扬名",切不可有功利性的思维倾向,否者,得不偿失。

4.社团的组建

我们入校后如未能找到自己心仪的社团,若条件成熟亦可申请组建新的学生社团。具体组建程序因各高校皆有所区别,不同时期也有所调整,难以详述。可参照所在学校关于社团管理的相关规章制度或者直接到负责社团管理的职能部门咨询了解。

三、校园文化艺术活动

校园文化艺术活动掠影

校园文化艺术活动是课堂教学的延伸、补充和发展,具有广泛的、深刻的、生动的教育效能,可以丰富学生的精神生活,陶冶情操,有助于培养学生的兴趣和爱好,促进学生德、智、体、美、劳等各方面素质的全面优化及提高。一方面,丰富多彩的校园文化活动,给我们提供了展示青春风采和人格魅力的舞台,激发兴趣培养的动力和毅力,提高休闲生活的水平和能力,促进身心全面和谐发展。另一方面,深入接触严肃文化和高雅艺术,培养对严肃文化的兴趣,帮助我们在积极向上、格调高雅的艺术氛围中提升品位,升华自我。校园文化艺术活动由于强调学生自主参与、自愿组合,充分发挥了学生的性格特性和主观能动性。在活动过程中,学生的主体作用得到了充分发挥,才能得到了施展,独立性、责任心、参与意识等也可以得到有效的培养。大学生积极参与文明、健康、高雅的校园文化艺术活动,对于培养自己的实践能力、技术创新能力以及协作精神,具有重要的现实意义。

1.校园文化艺术活动的特点

(1)自愿性。校园文化艺术活动的个性化不同于课堂教学的标准化,是学生根据自己的兴趣、爱好、特长以及实际的需要,自愿地选择和参加的活动。

(2)灵活性。校园文化艺术活动的内容、形式不受教学大纲的限制,其规模大小、时间长短、内容形式等都相对生动活泼、灵活多样。

（3）自主性。校园文化艺术活动是在教师的启发指导下，由学生独立自主地进行，能够充分体现学生的主体作用，发挥学生的主观能动性。

（4）实践性。在校园文化艺术活动中，学生亲自参与、组织、设计，拥有很多直接动手的机会，实现了对所学知识的应用和实践。

（5）导向性。校园文化艺术活动能够对社会上的腐化思想进行筛选，去其糟粕取其精华，对大学生的成长道路和成长方向做出正确的引导。

（6）规范性。学校通过相关的规章制度和教师的管理引导，保证了校园文化艺术活动的规范性。

（7）激励性。健康向上的校园文化艺术活动有很大的吸引力和感染力，可以在大学生当中形成一股无形的积极向上的动力，使参与者为了同一个目标走到一起，引导大学生发愤图强、追求崇高的人生理想，增强对家庭和社会的责任感和使命感。

（8）塑造性。校园文化艺术活动为大学生的自由发展提供了一片广阔的天地，通过参与多样化的活动，在组织、管理、创新、社交等方面的能力可以得到锻炼提高，在开阔视野、拓展知识层面、增强抗压能力、实现自我价值的同时，优化学生的人生观、价值观、世界观，进而促进大学生人格的完善。

2. 校园文化艺术活动在素质教育中的作用

开展校园文化艺术活动是实施素质教育的一个重要组成部分，它有利于培养学生的独立意识，提高适应能力；有利于因材施教，发展学生特长，有助于学生独特个性的形成；有利于培养探求意识，提高创造力；有利于学生身心健康的全面和谐发展。

（1）促进能力的形成。人的能力是在实践活动中形成和发展起来的。校园文化艺术活动恰恰为我们形成各种能力提供了充分的锻炼机会。

（2）促进良好的意志品质的形成。校园文化艺术活动能培养我们自觉、顽强、自制等优良的意志品质。

（3）促进良好个性的发展。校园文化艺术活动可以培养我们自尊自爱、谦逊虚心、宽宏大度、沉着冷静、积极主动、持之以恒、敢于创新等良好的个性品质。

（4）促进心理健康发展。生动活泼、丰富多彩的校园文化艺术活动给学生提供了展示聪明才智的天地，增添了轻松、愉快的校园文化氛围，能有效地调剂学生的学习与生活。

(5)培养社会交往能力。校园文化艺术活动为我们提供了学习与训练社会交往能力的机会和平台。

3.校园文化艺术活动的种类

由于不受教学计划、教学大纲和教育形式的限制,大学校园文化艺术活动的范围十分广泛,内容也十分丰富。例如,科技竞赛活动、体育比赛、知识竞赛、演讲比赛、文艺演出、主题活动、专题讲座、社团活动、公益活动等。

四、社会实践

"纸上得来终觉浅,绝知此事要躬行。"社会实践活动作为课堂教学的延伸和补充,为我们锻炼自我和服务社会提供了很好的机会。社会实践活动帮助学生加深对理论知识的理解,增加社会阅历和工作经验,拥有特殊的教育功能,是对我们进行素质教育的重要途径,能提高学生的创新能力与就业竞争力。

1.大学生社会实践的特点

(1)双重性。社会实践既有学校教育的属性,又有社会教育的属性,它是联结学校教育和社会教育的纽带。

(2)综合性。融认知发展、技能训练、情感培养等教育目标于一体的社会实践具有德育、智育、体育、美育和心理教育的综合性。

(3)社会参与性。社会实践可以帮助我们获得对校园外的物质文化、精神文化和制度文化的认知、理解、体验和感悟。

(4)开放性。社会实践的开放性包括活动内容的开放、活动时间的开放、活动形式的开放等。

(5)合作性。社会实践的团体性行为可以锻炼我们的人际交往能力和团队合作精神。

暑期社会实践掠影

2.社会实践对大学生的积极作用

(1)有利于正确认识自我。社会实践活动可以帮助我们更加准确地认识和评估自己的能力,缩短"理想中的自我"与"现实中的自我"的差距。

(2)为我们提供学以致用、融会贯通的锻炼机会。社会实践活动是一个将主观思想对象化、目标化、物质化的过程,并将人们的主观思想系统和行为

阅读随感

系统联结起来进行相互的启发、参照、验证,能够帮助我们将自己掌握的知识用于指导具体的行为活动,获得学以致用、融会贯通的锻炼。

(3)有利于学习能力的提高。社会实践能够帮助我们检验自身的知识、能力结构的科学性,培养学生不断追求新知识的科学精神,激发我们的学习积极性和主动性。

(4)有利于提高应用能力。通过将所学知识运用于生产实践,帮助我们巩固和深化在课堂上学到的知识,锻炼实际动手能力。

(5)有利于自立能力的培养。社会实践活动在为我们提供了展示和证明个人才能的机会的同时,不断地驱使参与者以一个独立的社会人的姿态去要求自己、管理自己,有利于我们自理能力的锻炼和培养。

(6)有利于创新能力的培养。在社会实践活动中,通过对陌生事物的大胆探索和具体问题的实际解决,可以培养参与者的创新意识和创新能力。

(7)有利于培养合作精神,提高综合竞争力。社会实践活动可以帮助我们学会理解、接纳他人,并把自己融入集体当中,以培养团队合作精神。

(8)有利于加速社会化进程。社会实践活动可以帮助我们在全面认识自己的基础上,通过持续的调整完善,实现理想与实际、理论与实践、自身与社会的统一。

3. 大学生社会实践的形式

大学生社会实践的形式繁多,在此主要介绍几个典型的形式。

(1)勤工俭学。勤工俭学是指同学们利用课余时间,参加体力或智力劳动,获得一定的报酬,以资助学习的实践活动。例如,家教、电器维修、商品销售、餐厅服务、校外兼职等工作。学校在组织勤工俭学活动时,一般优先安排生活困难、学习刻苦的学生。

(2)社会调查。社会调查,是指应用科学方法,对特定的社会现象进行实地考察,了解其发生的各种原因和相关联系,从而提出解决社会问题对策的活动。例如,大学生就业情况调查、城镇居民生活水平调查、贫困大学生问题调查、当代时尚流行的调查、网络发展对青少年的影响调查等。

(3)社会服务。指同学们利用周末、节日或课余时间走进社会,从事各种义务服务活动(不收取报酬的活动)。社会服务包括志愿服务和公益劳动等。例如,交通法规宣传、环境保护宣传、电脑维修、慰问演出、校内植树绿化、公共环境清理、橱窗清理等。

参加社会实践时,我们应该注意以下几点。

(1)社会实践的途径必须是值得信赖的、合法的。

(2)社会实践的单位是正规的,实践活动是有安全保障的。

(3)不要做赚钱很容易的工作,那百分之九十九是骗局。

(4)不要独自一人远离学校,去复杂陌生的地方。

(5)不要轻易相信陌生人的话,用眼睛去观察、用心去分析,切记天下没有白吃的午餐。

(6)坚持安全第一,万事都要小心。

【乐学善思】

1. 你每天使用网络的时间有多长呢?都在做什么呢?网络可以怎么样更好地服务于你的全面成长呢?

2. 你准备做学生干部吗?做或者不做的理由是什么呢?你会参加社团吗?你会选择什么社团呢?

3. 对大学的校园文化活动你有什么样的期待呢?你会选择参加哪些类型的活动呢?你希望在参与的过程中有什么样的收获呢?

【知行合一】

选择一项自己喜欢的校园文化活动全身心投入地参与一次,不必在意结果,纵使不尽如人意甚至失败,但其中的每一次真实的互动和每一份真实的体验都是课堂和教师无法教给你的。

第八章
面向阳光　关注心理健康

　　大学是一个"美丽新世界"，很多学生都憧憬着有一个彩色、绚丽的大学梦。大学生涯对每一位大学生来说，都是一种无法割舍的人生体验。在这里，不管你愿意与否，都要开始独立地面对真实的生活，都要自主地解决遇到的人生难题。但是，当你以极大的热情去直面生活、实现自己的理想之梦时，会发现生活之舟是那么复杂，有时甚至是那么难以驾驭，新的环境、新的学习方式、新的人际关系，会不会让你"不知所措"？

　　在痛苦的反思之后，有人开始调整目标、重塑生活，以积极的心态去迎接新的生活；有的人则选择了逃避与自暴自弃，以消极的心理与行为去对抗生活。积极的接纳与奋进是美好人生的起点，而消极的对抗则有可能一事无成。因此，让自己保持一颗健康的心，在迈进大学时就显得尤为重要。

　　新的开始，也是"心"的开始，作为大学新生，要了解并掌握心理健康的相关知识，关注自己的心理健康，正确看待心理咨询，塑造健康心理，打造阳光心态，方能顺利适应大学生活，收获新的美好！

第一节　对心理健康的认识

　　近年来，大学生的心理健康状况已经成为政府、社会、媒体、学校、家长和学生共同关注的共同话题，关注大学生心理健康既是时代发展的要求，也是学校教育的重要任务，更是大学生个人发展的需要。大学阶段从心理发展的

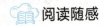
阅读随感

角度来讲,是处在心理发育的青年期,尤其是大一新生,在进入大学以后,每一个学生都会遇到学习、交友、恋爱、适应等人生课题,由于缺乏经验,可能会出现短暂的不适,体验到焦虑、紧张、恐慌和不安等负面情绪,更需要对心理健康有一个全面的认识。

一、心理健康是一种选择

既然心理健康如此重要,那么究竟什么是心理健康呢? 我们自己离心理健康有多远呢? 心理是怎么回事? 为了更好地把握心理健康的概念,我们先来了解一下什么是心理。

1.认识心理活动

说到心理,人们总会觉得它挺神秘,其实心理是人类最常见的精神现象之一,心理不过是人脑的机能,是人脑对客观事物的能动反映。心理现象由心理过程和个性心理两大部分组成。心理过程即人们心理活动的过程,具体包括认识过程、情绪情感过程和意志过程。认识过程是人脑对客观事物的现象和本质的反映过程,包括感觉、知觉、记忆、思维及注意等。情绪情感过程是人们对客观事物的态度体验过程,即人们在认识客观事物的过程中,总会持有一定的态度和倾向,产生某种主观体验,如喜、怒、哀、乐、爱、憎、惧等。意志过程是人们在认识世界、改造世界的过程中为达到预期目的所具有的克服困难的心理活动过程。认识过程、情绪情感过程和意志过程构成了心理过程的三方面,它们既相互区别,又相互联系和制约。

人的心理活动不仅有各种各样的心理过程,而且具体到每个人时又表现出各自不同的特点。这些不同的特点就构成了人与人之间心理上的差异,即个性差异。个性差异主要体现在两方面:个性心理倾向和个性心理特征。

个性心理倾向是指一个人所具有的意识倾向以及对客观事物的稳定的态度倾向。它是人从事各种活动的基本动力,决定着人的行为方向。个性心理倾向主要包括需要、动机、兴趣、理想、信念、世界观和人生观等。个性心理特征是一个人身上经常表现出来的本质的、稳定的心理特点,它包括气质、性格和能力。

个性心理与心理过程是紧密相连、密不可分的。心理过程是个性心理特征形成的条件和表现;个性心理特征又可以影响和制约个性心理过程的形

阅读随感

成,并在个性心理过程中得到表现。总之,心理就其自身来说,是一个有组织的、整体的动力系统,是个人在现实生活中对客观事物的主动反映活动,具有主观性和客观性的统一。

2. 心理健康的内涵

一个人的健康,不仅有身体健康,还有心理健康。健康的心理是正常生活、学习和交往的前提与保证,但由于心理现象是一种精神现象,很难有一个固定而清晰的界限,人们对于心理健康的内涵也存在着不同的解释。

按世界卫生组织的定义,心理健康是一种持续高效而满意的心理状态。在这种状态下,生命具有活力,潜能得到开发,价值得以实现,这是从广义层面去理解心理健康。世界卫生组织同时提出了心理健康的具体标志:身体、智力、情绪十分调和;能适应环境,人际关系和谐;有幸福感;在工作中能充分发挥自己的能力,能高效率地生活,这是对心理健康狭义的理解。通俗说,心理健康就是指一个人各类心理活动正常、关系协调、内容与现实一致,以及人格处于相对稳定的状态。从消极层面看,心理健康是指没有心理障碍和疾病,这是心理健康最起码的标准;从积极层面看,心理健康是一种积极发展的心理状态,这是心理健康最本质的内涵,它意味着不仅要减少一切不健康的心理,更要使一个人在心理上处于最佳状态。

要真正理解什么是心理健康,就要消除人们平时关于心理健康的各种误区。第一个常见的误区就是认为心理健康代表没有任何消极情绪,其实真正心理健康的人也是会出现消极情绪的,只不过出现消极情绪的频率比一般人更低,即使出现了其自我化解能力也会比较强;第二个常见的误区是认为心理不健康就是意味着神经病,现实生活中,经常会听到某某人是个神经病,但其实神经病是医学用语,是指神经系统方面的疾病,跟心理不健康没有什么必然的关系;第三个常见的误区是认为心理不健康意味着精神病,其实精神病是精神病学的范畴,典型的症状是幻觉、妄想、精神异常,需要到精神病院就诊。心理不健康和精神病相差万里,不能混为一谈。

3. 界定心理健康与否的原则

界定心理健康与否的原则主要有三个。

(1)心理活动与外部环境是否具有同一性,即一个人的所思所想、所作所为是否正确地反映外部世界,与外部世界有无明显的差异。

阅读随感

（2）心理过程是否具有完整性和协调性,即人的心理活动中认识、情感、意志三个过程内容是否完整,是否协调一致。

（3）人格心理特征是否具有相对稳定性,即在没有重大的外部环境改变的前提下,人的气质、性格、能力等人格相对稳定,行为表现出一贯性。

此外,心理健康是一个相对的概念,要区分心理健康与否尚无一个适用于任何人、任何情境的绝对标准。因为人的心理世界是复杂多样的,即使一个健康的人,有时候也可能会出现突发性、暂时性的心理异常。每个人随时随地都有可能产生心理困扰,在某些时候处在不健康的状态,但经过自身努力和外界帮助,又会恢复到原来的状态,成为一个心理健康的人。因此,没有绝对的心理健康。不管是对于社会、家庭、学校还是我们自身而言,都应该端正对心理健康的认识和理解,给予心理健康足够的重视。

我们每个大一新生,要做自己心理健康的第一责任人,积极主动地关注自己的心理健康状况,呵护自己的心理,努力创造一种认识自我、接纳自我、超越自我的生活状态,保持心理健康。所有的一切,都是自我积极主动的心理选择。

二、大学生心理健康的标准

心理健康的标准随时代的发展和环境的变化而变化,大学生作为一个比较特殊的群体有其独特的发展特点,根据大学生所具备的年龄特征、心理特征和社会特征,大学生心理健康的基本标准可概括为以下几方面。

1. 能保持浓厚的学习兴趣和较强的求知欲望

智力正常是人们从事一切活动的最基本的必要条件,它是大学生胜任学习任务、适应周围环境变化的心理保证,是大学生心理健康的首要标准。这并不意味着只有门门功课都很优秀的人心理才健康,一个学生功课只有六七十分,但能保持一种比较积极的学习态度,其心理也可能是健康的。心理健康的学生能保持浓厚的学习兴趣和强烈的求知欲,能克服学习中的困难,掌握有效的学习方法,保持较高的学习效率,并从学习中能获得满足感和快乐,因此,对学习的态度能反映一个学生心理健康的水平。

2. 能够保持良好的自我意识

自我意识是人格的核心,指人对自己以及自己与周围世界关系的认识和

体验。我们在现实环境中与他人的相互关系中认识自己。自我意识良好的大学生在自我认知方面有"自知之明",能客观正确地评价自己,自信、乐观,既不妄自尊大,也不妄自菲薄、自暴自弃;在自我体验方面,自尊自爱、自我肯定而不是自轻自贱;在自我控制方面,自主、自信、自强、自律,能促进自我全面发展与完善。因此,自信乐观,生活目标与理想切合实际,不苛求自己,能扬长避短是大学生心理健康的重要标志。

3. 能保持稳定的情绪和良好的心境

情绪稳定是指人对外界刺激引起的生理和心理变化的一种态度体验,也是影响心理健康的一个重要因素,对人们工作、学习、人际关系有着重要影响。情绪异常往往是心理疾病的先兆。情绪稳定的大学生能经常保持积极愉快的心境,热爱生活,对未来充满希望,善于控制和调节自己的情绪,遇到挫折时,情绪反应适度并能泰然处之。

4. 能保持和谐的人际关系

人际关系和谐是大学生心理健康的重要保证。人际关系状况最能体现和反映人的心理健康状况。人际关系的实质是一种情感互动,它不仅单指朋友多、人缘好,还指个体能够从各种人际关系中得到个人的成长和温暖、友情、爱的体验,从而对生活充满信心。心理健康的大学生敢于交往、乐于交往、善于交往,有着广泛而稳定的人际关系,在交往中能用真诚、宽容、理解、信任的态度与人相处,能理智地接受爱和给予爱,与集体保持协调的关系,在人际交往中能正确处理人际冲突,化解矛盾,处理好竞争与互助的关系。

5. 能保持良好的社会适应能力

社会适应能力包括正确认识社会环境及处理个人和环境的关系。心理健康的大学生能在社会环境改变时,面对现实,对环境做出客观的认识和评价,主动调整自我以积极地适应环境。能和社会保持良好的接触,不断调整自我对现实的期待及态度,使自己的思想、目标、行为和社会协调一致。当社会环境出现负面变化时,不是被动消极地去适应,而是积极主动地去影响和改变周围的环境,保持头脑清醒,不随波逐流、人云亦云等。

6. 能保持健全的意志

意志是人自觉地确定目标并支配与调节其行动,克服困难达到预定目标的心理过程。意志健全主要体现在行动上的自觉性、果断性、顽强性和自制力等方面。对于我们来讲,就应该有明确的学习和生活目的,并有坚定的信念和自觉的行动,在各项活动中具有坚韧性、果断性、独立性和较高的自制力,具有充分的自信心、高度的责任感和使命感;能克服不良习惯,克制不良欲望,抵御不正当诱惑。

7. 能保持完整统一的人格

人格统一是指人格作为人的整体精神面貌能够完整和谐地表现出来,这是大学生心理健康的核心因素。大学生人格统一的标志是:所思、所做、所言协调一致,具有积极进取的人生观,并以此为核心,把需要、动机、兴趣、理想及气质、性格、能力统一起来。

8. 能保持适度的行为反应

人的心理特征是随着年龄的增长不断地发展变化的。在人生的不同年龄阶段都应该有相应的心理行为表现。心理健康的人,认识、情感、意志、行为都符合其所处年龄阶段的基本特征。大学生正处于朝气蓬勃的青年阶段,因此,心理健康的大学生应是精力充沛、勤学善思、反应敏锐、积极探索、勇于创新、不断进取的,而不是老成迂腐、保守落后或者天真幼稚、过于依赖的。

在判断大学生是否符合心理健康标准时,应注意以下几点。

第一,心理不健康与有不健康的心理不能等同。心理不健康是指一种持续的不良心理状态,而偶然出现的一些不健康的心理和行为,不能认同为心理不健康或心理疾病。

第二,心理健康与心理不健康或心理正常与心理异常之间没有绝对界限,在心理正常和心理异常之间有一个广阔的过渡带。

第三,心理健康的状态是一个动态的变化过程而不是固定不变的,随着时间的推移、环境的变化及人们自身的成长,每个人的心理健康状态都会不断地发生变化。

上述大学生心理健康的标准只是一种相对衡量尺度,它只反映了我们在适应社会生活方面应具有的最基本的心理条件,而不是心理健康的最高境界。

心理健康有三个层次:预防心理障碍的出现,不患心理疾病是心理健康的最低层次;能够有效地学习、生活、交往是心理健康的第二层次;发挥自身潜能、促进自我价值实现、追求自身全面发展是心理健康的最高层次。我们

阅读随感

每个人从一开始都应努力追求心理健康的更高境界,为自己的学习和生活奠定坚实的心理基础,最终成长成才。

三、提升心理健康素养

2018年,中共教育部党组印发了《高等学校学生心理健康教育指导纲要》,纲要的发布进一步表明了党和国家对大学生心理健康教育工作的重视,也提出了具体的工作要求,为高校心理健康教育工作指明了方向。新时期高校心理健康教育工作的根本任务是培养和提升大学生的心理健康素养。健康中国行动(2019—2030年)中也明确提出心理健康促进行动,要求在全国普及心理健康知识,提升心理健康素养。

那么心理健康素养是什么呢? 心理健康素养指的是个体在促进自身及他人心理健康、应对自身及他人心理疾病方面所养成的知识、态度和行为习惯。简单地说,是一个人照料自己心理健康的能力、知识和行为习惯。

大学生心理健康素养是指我们所拥有的心理健康理念、心理健康知识、促进心理健康的技能、对待心理疾病患者的观念、帮助自己和别人缓解心理问题的知识和技能的总称。其概念内涵包含自助性心理健康素养和助人性心理健康素养。我们主要从大学生自己的角度出发谈谈如何提升大学新生心理健康素养。

1.树立正确的心理健康理念

我们要正确认识心理健康的内涵,理解心理健康和身体健康的关系,保持一个健康的心态,正确地把握心灵的准绳,懂得自我调节和适应,重视自己的心理健康状况,努力提高自己的心理健康水平,树立正确的心理健康理念。据调查,很多大学生对有心理问题的同学尚存在一些认识误区。我们认为有心理问题的学生存在一定的危险性,会主动回避甚至用异样的眼光去看待他们,对于主动帮助有心理问题的学生的技能也较为缺乏。这是社会发展需要解决的问题,社会需要改变对心理问题者的"污名",对于我们而言,更应该破除这种观念,这就需要我们对心理健康有一个正确的认识和科学的理念。

2.了解心理健康的相关知识

我们进入学校以后,可以通过积极参加学校开展的心理专题讲座、学习有关心理健康的课程、积极参加心理主题活动、阅读相关的心理书籍、观看心

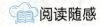

理学电影、关注心理微信公众号、了解心理咨询等方式尽快掌握有关心理健康的问题与知识。也可以通过成为班级心理委员、加入心理社团等方式进一步深入了解和学习,通过自身努力方能揭开心理健康背后的神秘面纱,消除对心理健康的误区,了解真实的自我,接纳自我,促进自身的心理健康。

3.掌握促进心理健康的技能

我们要学习并掌握促进心理健康的技能,就需要通过学习来提高自己心理适应的能力、全面客观地看待自己、积极悦纳自我并完善自我、保持和谐的人际关系、学会管理自己的情绪、掌握心理放松的技巧等。同时,能够对自己的心理状况有一个正确把握,能够及时识别自己可能存在的心理困扰,掌握必要的自救和求助能力,关键时候懂得学会利用自身资源进行专业帮助。

总之,心理健康对青少年的成长有着积极的促进作用,它是人格发展的基本动力,是激发潜能的可靠途径,更是预防身心疾病的重要因素。让我们行动起来,共同关注心理健康,提升自己的心理健康素养,更好地适应学校生活,促进个人发展。

第二节 健康心理的塑造

一、保持健康心理

为了尽快适应全新的大学环境,我们应积极进行全方位的自我调整,不因生活环境不适应而产生失望感;不因人际关系不适应而产生孤独感;不因在中学时的优势消失而产生失落感;不因对学校管理制度不适应而产生压抑感。调整的过程就是从中学到大学的转变过程,调整意识的强弱和速度的快慢决定了适应周期的长短。起步越早,调整得越快,转变得也就越好,在高一层次的竞争中就越占优势。适应转变的关键在于以轻松自然、积极健康的心态面对新的生活,学会塑造健康的心理。

1.养成健康的生活方式

生活方式对心理健康的影响已经被越来越多的人所关注,生活没有规律、随心所欲、懒散放任与过度学习等都是不健康的生活方式。为完成繁重

阅读随感

的学习任务,提高身体素质,一定要养成健康的生活方式,使自己身体强健,精力充沛,朝气蓬勃。这就要求我们注意以下几方面。

(1)生活规律,合理安排时间。人们的日常生活、学习和工作都是通过一定的安排而有秩序地进行的。我们应该学会做生活的主人,安排好自己的生活与学习。首先要合理安排时间,既不能荒废时间,也不能为了学习,给自己施加不必要的压力,在学习上搞疲劳战术,应学会科学用脑,劳逸结合。其次要加强运动。生命在于运动,学习负担过重,长时间读书不仅有害身体健康,也会使大脑兴奋、抑制神经失调,导致神经衰弱。坚持锻炼可以提高中枢神经系统的反应能力,增强肌肉活动能力,增强体质,也能培养乐观开朗的性格,减轻精神压力。

(2)培养生活情趣,丰富业余生活。大学生活应是丰富多彩的,我们在校学习期间应积极培养自己的兴趣爱好,参加各种社团活动,培养生活情趣,调剂单调的学习生活。这样不仅能增长自己的知识与能力,还能广交朋友,满足社交要求。此外,我们还要注意在学习之余多参加娱乐休闲活动,以松弛紧张情绪,达到劳逸结合,提高学习效率的目的。

(3)合理饮食,谢绝烟酒。饮食习惯也是生活方式的重要组成部分。合理饮食就要求日常生活中三餐定时,并注意营养均衡,且不可暴饮暴食。同时,生活中要少饮酒,杜绝抽烟。

2. 正确认识自我

驰名世界的古希腊德尔斐阿波罗神庙的入口处,矗立着一块巨大的石碑,上面醒目地写着著名的神谕"认识你自己"。人的一生,始终都在寻找自我,实践自我,完善自我,这是生命赋予每个人的神圣使命。大学阶段是自我意识迅速发展的关键时期。正确地认识和发展自我,解决自我认同、自我确立的危机,是每个大学生不容回避的主要课题。健全的自我意识是塑造健康人格、培养良好情绪的基础,也是全面发展的重要条件。

进入大学后,随着独立生活的开始,我们进入了"自我发现"的新时期,急于想认识自己,评价自己。这种认识和评价不仅仅针对仪表容貌,更多的是对自己的能力、性格、品德、人生价值等深层次问题的探讨。由于人的心理活动的复杂性,一个人要认识自己并不容易,加之大学生认识能力还不成熟,因而大学生在认识、评价自我时还缺乏必要的客观性和正确性,对自我的理解和判断也不够深入,可能会"一叶障目,不见泰山",出现自我否定或者盲目自信等片面性。例如,大学新生容易被高考成绩左右情绪,相互之间存在着攀比学校名气,所学专业是否紧俏的心理,不能客观地评价自己。部分学生由于没能考取理想的学校、学习理想的专业,产生了怨天尤人的情绪;部分学生需要克服骄傲自满情绪,纠正对自己的过高评价。从高中到大学就像上楼梯一样,从一楼到二楼的中间会有一个平台,大学新生就处在这个平台上。从纵向来比,你很优秀,考入大学;从横向上看,每个考入的人都很优秀,大家站在同一起跑线。关键在于,新生要把握好对自己的定位,一切从头开始。

　　曾经有一位闻名遐迩的美容医生,善于做面部整形手术。他创造了不少奇迹,使很多丑陋的人改变了容颜。但是他们仍旧抱怨自己不够漂亮,说手术没成效。于是,医生悟出一个道理:美与丑的关键不在于一个人的本来面目如何,而在于他是如何看待自己的。大学新生容易因为把握不好对待自我的标准而表现出过度自信与过度自卑的矛盾心理,时而慷慨激昂,觉得"天生我材必有用""天将降大任于斯人也";时而又悲观失落,哀叹"我是一只小小鸟,想要飞怎么也飞不高"。大学新生对自己的态度往往也影响到他人对自己的态度。不管对人对己,都不应有过分的苛求,应该看到"积极心态的力量"是巨大的。

　　一个充满自信的人,善于发现自己的美,更懂得充分展示自己的美。例如,意大利明星索菲亚·罗兰拒绝做整形手术,形成自己独特的美。一个人对自己的态度往往能影响到周围的人对他的态度。因此,一个人首先应该自己喜爱自己,才能让别人也喜爱自己。很难想象一个对自己都不满意的人会大受欢迎。另外,借助外力,努力修正自己。自信乐观是后天锻炼培养的结果。努力接近自信的人,观察他们的言行,在实际生活中不断给自己积极的心理暗示,说"我能行",要明白世界上没有完美的东西,只有不完美的才是真实的,不要去苛求完美。

3. 重构奋斗目标

　　我们应该有理想、有志向。理想和志向应该随着年龄的增长,越来越具体,实现起来也越来越具有操作性。小时候我们说长大了要当科学家,那时候实现这样的理想就是按教师的要求一点点掌握知识。在大学里的理想和志向如果还是"长大了当科学家",显然是不妥当的。因为大学生已经长大了,为了实现当科学家的理想和志向,应该按科学家的标准设计出自己"达标"的时间表和具体行动措施。大学生的理想和志向既不能高不可攀,也不应唾手可得,而应该是通过一定努力可以实现的适宜的目标,应该符合个人的个性特点和实际能力水平。同时,这种目标又应符合社会发展方向,不可背其道而行之。一些人因不满社会上的个别消极腐败现象,或因挫折失去信心,便幻想过一种超凡脱俗的隐居生活,不愿面对现实。也有人为自己设计的是一条不择手段达到荣华富贵的不法路,把自己的聪明才智用于不法勾当,最终自毁前程。所以,一个人给自己确定一个什么样的目标很重要,应善于选择目标,并将长远目标具体化,由近至远、由低到高地逐步接近终极目标。

高考成功的盲目乐观或目标未达的失落,会导致我们对未来几年的大学生活缺乏应有的系统、周密考虑和安排。我们面对大学里广阔的自由空间彷徨了。"只知道要看书但不知道要看什么书;知道要看什么书后,又不知道看了有什么用。我忽然不知道上大学到底为了什么。"因此,进入大学后,重新为自己确立奋斗目标,是大学生活成败的关键。进入同一所大学的学生,水平相差无几。但经过一段时间后,有的学生能拿奖学金,顺利通过英语四、六级,考取各种证书;而有的学生连学期考试都过不去,连连补考,这些学生在中学时学习成绩还出类拔萃,补考的原因显然不在于智力因素。从某种程度上说,大学是一条泾渭分明的分界线很有道理。其实,成功与否的差距只是在于:成功的人在成功之前就确立了自己的奋斗目标,他们的成功只不过是长期的、不间断地向着自己的目标努力的结果。美国成功学家拿破仑·希尔说:"你过去或现在的情况并不重要,你将来想要获得什么成就才最重要。除非你对未来没有理想,否则做不出什么大事来……有了目标,内心的力量才会找到方向。茫无目标的飘荡终归会迷路,而你心中那一座无价的金矿,也会因不开采而与平凡的尘土无异。"

"天下大事必做于细,天下难事必始于易",我们应把握好自己,制订明确的目标规划,激励自己一步一个脚印地走下去,这样才会不断获得成就感,才会对生活始终保持旺盛的激情。

4. 不断超越自我

健全自我、塑造自我的修养过程,亦是一个超越自我的修养过程。坐在轮椅上的加拿大残疾青年里克·汉森,靠一双手,"走"遍了全世界,跨越了四大洲,穿越了34个国家,行程40 073千米。面朝黄土背朝天的农民周克芹,在艰辛穷困的条件下写出小说《许茂和他的女儿们》,获得茅盾文学奖,由一介草民一下成为八种世界名人录的入选者。从小集聋、哑、盲于一身的海伦·凯勒学会了四种语言,写出了风靡世界的著作,她对语言的掌握,被称为"教育史上最伟大的成就"。

阅读随感

对自我的超越,需要意志的力量作为保障。"自知者胜,自胜者强""惟志坚者始能遂其志"。为此,我们应在实践中发展自己的耐力和自制力,增强对挫折的承受力,加强自我控制的自觉性和主动性,朝着既定的目标,努力克服困难,战胜干扰,胜不骄,败不馁,最终实现自己的理想。

对自我的超越,需要发展健康的独立感。独立感是指个体摆脱监督、支配和管教的一种自我意识倾向。大学生的独立感十分强烈,但有时会出现过分的现象,发生盲目的反抗。例如,为了显示自己的独立性而打扮得奇形怪状,为显示自己的成人感而学抽烟喝酒,甚至做一些有违校规校纪的事情,从中体验虚假的伪"强大"和"成熟"等。健康的独立感应该是有自己的思想和头脑,不人云亦云,不随波逐流,能独立控制自己的言谈举止,既有批判精神也能虚心听取别人的建议,能在任何情况下坚持符合社会规范的做人标准,做到"慎独"。

对自我的超越,需要增强竞争意识。竞争已成为当今社会的主要基调,大学的竞争比中学的竞争更为激烈。如果说中学的竞争是为了考上大学的话,大学的竞争则是为了抓住有利于自己成功的一切机会。大学生只有一开始就认识到这一点,才能立于不败之地,成为命运的主宰。

对自我的超越,需要修养个性品质。中学生由于成长经历、生活阅历、受教育的条件等原因,形成了比较特殊单一的个性品质和人格特征,如爱学习、好动脑筋、有朝气等。但是也有其不足的一面,如视野不开阔、看问题片面偏激、情绪容易冲动等。这些中学生的人格弱点是阻碍一个人成长进步的大忌。我们应该努力克服性格弱点,培养良好的个性品质,塑造健康的大学生形象。

每个成功者都是不断进行自我超越的典范。超越自我,就是要把昨日的成就当作今天的起跑点,用今日之我战胜昨日之我,使明日之我比今日之我

阅读随感

更进步。

5. 学会自我调适

对当代大学生比较适用的心理调适方法主要有以下几种。

（1）自我暗示法。林肯曾经说过："人只要心理上决定快乐,大多数都能如愿以偿。"其实他讲的就是自我心理暗示。所谓自我暗示就是自己通过语言动作影响自己心理的过程。积极的心理暗示可以调节情绪,缓解心理紧张,改善消极心境,矫正不良习惯。

（2）自我激励法。自我激励是精神生活的动力源泉之一,主要是指用生活哲理、榜样力量或明智的思想观念来激励自己。首先,要相信未来是美好的,热爱生活,相信太阳每天都是新的,学会从零开始,心向未来;其次,要正确对待意外事件,长存一颗平常心,临危不惧,处变不惊;再次,知足常乐,自强不息,物质上的追求是永无止境的,要学会知足,但在精神上的追求要勇往直前;最后,要相信自己,接受自己,不能被挫折吓倒。例如,失恋了应有"天涯何处无芳草"的想法,找不到工作应坚定"天生我材必有用""是金子总会发光"的信心,与朋友分手应持"莫愁前路无知己,天下谁人不识君"的态度,遇到棘手的问题应抱有"车到山前必有路"的信念。总之,绝不能被困难击败,时时激励自己用"不到长城非好汉"的精神去实现既定目标。

（3）情境迁移法。当遇到挫折时,可以转移环境,离开引起苦闷或愤怒的环境,把注意力从消极情绪上转移到积极方面去。使自己的情绪恢复稳定,如出去散步、听音乐,或去做一些其他有益的事,这对于消除烦恼、愤怒情绪非常有效。

（4）情绪宣泄法。把自己的委屈、烦恼、痛苦向知己好友倾诉,或哭泣,或者通过呐喊、歌唱、运动等形式宣泄出来,这样可以减轻、释放心理压力,维护心理平衡。

6. 塑造健康人格,促进个性完善

人格统一是大学生心理健康的一个重要标准。当代大学生一般具有聪慧、机敏、乐观、自信、敢于竞争、积极进取等人格特点,但其中也有一些大学生面临一些人格缺陷的挑战,如偏执、多疑、狭隘、鲁莽、急躁、孤僻等。完善的人格是我们的必备素质。人的发展应该是自由和全面的,应该是身心与品德等得到全面的均衡发展。虽然每个人都需要经历从低级到高级的若干发

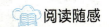

展阶段,但不同的发展阶段应具有不同层次和水平的素质。在任何一个发展阶段,人都应该是完整而均衡地发展的,否则就是畸形的,而畸形的人格,于个人、于社会均有百害而无一益,因此,当代大学生的健康人格,应该是全面发展的人格。

我们正处于身心发育的关键时刻,也是人格形成的重要时期。在此时期,由于身心的发展与成熟,大学生已基本具备人格自我完善的能力与全面接受人格教育的能力。此外,由于大学生是青年群体中文化知识水平较高的一部分,其自省能力、认知能力较强,接受新知、观念更新速度快,因此,我们有能力达到较高层次的人格素质水准。

坚持各种人格素质和谐均衡发展的原则。人格素质包含思想道德素质、心理素质、智能素质以及身体素质等,各种人格素质之间相互影响,互相渗透,表现出人格的同一性和统一性。人格的各种素质只有和谐均衡地发展,才能相得益彰,形成健康的人格;否则将会导致人格障碍,形成畸形的人格。例如,有的人智能虽高,但品行低下;有的人思想品德好,但心理素质差等。我们正处于人格形成的关键时期,因此更应自觉遵守人格和谐均衡发展的原则,及时克服障碍,使自己的人格逐渐趋于完善。

坚持个性与共性相统一的原则。人格是共性与个性的有机统一,亦即人格有共性的一面,也有个性的一面,共性存在于个性之中,个性体现着共性。当代大学生的人格共性就是要顺应社会和时代的需要,成为社会主义事业的建设者和接班人,但这种共性并不排斥人格的个性,相反,我们每个人都应有自己的个性,有自己的特色。

总之,大学生心理素质的培育过程和心理健康的实践过程,既是认识自己、实现自身价值的过程,也是其不断地与社会相互作用,为社会做贡献的过程。在这个过程中,我们的人生必将经受一次洗礼,达到一个崭新的境界。

二、做好情绪管理

俗话说:"人非草木,孰能无情?"换言之,人都是有感情的。感情是人类的基本心理现象之一,其包括情感和情绪。而情绪则与人的心理健康的关系极为密切。有人说:"情绪是心理健康的窗口。"这一形象的比喻充分说明情绪对心理健康的重要性,或者说情绪在心理健康中的地位之重要。对我们而

阅读随感

言,把控好自己的情绪,既有利于心理健康,又有利于生活和学习。我们要认识情绪及其特点,学习并掌握管理情绪的方法和技能。

1. 认识情绪

情绪是人对客观事物是否满足个体需要而产生的一种内心感受和态度体验,以个体的愿望和需求为中介的一种心理活动,具有心理和生理反应的特征。我们无法直接观测内在的感受,但是我们能够通过其外显的行为或生理变化来进行推断。因此,情绪主要从主观体验、生理唤醒和表情行为三方面组成,满足需要就容易产生积极情绪体验,不满足需要就容易产生负面情绪体验。

从生理学的角度来说,情绪是大脑与身体相互协调所产生的现象,是生命中不可分割的一部分。因此,一个正常人必然会有情绪,就像见到喜欢的人会产生愉悦的情绪,遇到讨厌的人自然会有不舒服的情绪感受,没有情绪反而可能是有缺憾和不完整的状态。

从进化的角度来说,一些基本的情绪对我们是具有生存意义的,如恐惧可以让我们远离威胁情境,愤怒可以让我们保持自己的边界不受侵犯,悲伤可以让我们和别人保持连接。这些基本情绪都是人类适应环境的结果。情绪本身从来都不是问题,它只是告诉我们,人在有些事情上出现了情况需要我们去处理,我们内心有些需求需要得到满足。读懂情绪背后的意义,方能真正理解情绪。

一个人情绪的好坏会直接影响身体的健康,不良情绪的积累也会导致出现心理方面的问题或疾病,情绪与身心健康的关系十分密切。

因此,我们在入校以后要想更快地适应大学生活,就需要主动调节自己的情绪状态,保持良好的情绪状态对于大学生来说是至关重要的。

2. 大学生情绪状态的特点

情绪状态有广义和狭义之说。狭义是指心境;广义是指情绪本身存在的形式,如心境、激情、应激等。对大学生情绪状态的特点做如下概述。

(1)冲动性和暴发性。一方面,由于大学生这一阶段各种需要大量涌现,生理和心理都处在成熟期的高峰,精力充沛又似乎有使不完的劲,具有一股冲劲和闯劲,做任何事情都有不达目的不罢休的劲头。这无疑对学习、生活、克服困难都是有益的。另一方面,由于大学生自我意识的发展尚不很成熟,

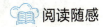

比较敏感却不善于控制自己的情绪和进行自我调适,分辨是非的能力尚待进一步提高,易受情境气氛的感染,再加上精力旺盛,激情一旦被激发出来就难以控制。

由于在激情状态下的认知能力、判断能力下降,以致有的同学为一点小事而出现冲动的情绪或情绪暴发,弄到难以收拾的地步。因而有人将包括大学生在内的青年人的情绪冲动性和暴发性喻为"疾风暴雨时期"。

(2)动摇性和两极性。大学生的内在需要容易发生变化,时而这种需要占优势,时而那种需要占优势,再加上价值观不稳定,对需要的认识和评价经常发生变化;大学生的情绪容易一时趋向于这一极端,一时又趋向于另一极端,正如俗话所说,青年人容易出现"三分钟的热情",有时冷时热的毛病。因此,有的大学生在行动上和情绪上容易表现出不稳定、走极端或摇摆不定的状态。

(3)心境化和间接性。心境化是指大学生的情绪一旦被激发起来后,就不像儿童那样容易消失或改变,即使引起情绪的刺激已经消失,也可能会转化为心境,尽管情绪状态会有所缓和,其余波却会持续相当一段时间,在无形当中起着影响作用。同时,有些大学生往往具有心理上的自我封闭的特点,思想感情不易外露,不愿向同学、教师或亲友敞开心扉去诉说内心的苦闷。因此,在不良的心境状态下,不但持续的时间较长,而且会影响其后一段时间的学习、生活等各方面的活动和心理健康。

间接性是指大学生在一定程度上能够有意识地控制自己的情绪,不像儿童那样容易外露,而是尽可能以其他间接的、比较含蓄的方式表现出来。

总体来说,大学生的情绪特点是积极向上的,在情绪的具体表现上可以用两句话来概括:情绪具有不稳定性即具有多变性,情绪好时精神振奋,情绪不好时垂头丧气,有时因失意或不如意的事情而感到情绪压抑,有时因如愿以偿而感到欣然自得。情绪具有可控性,理智感强的大学生面对不良情绪波动时,能主动寻找其原因,并不断地调整自己的情绪状态,具有自我反省能力和自控能力。

3. 大学生情绪的自我调控

情绪的自我调控是培养健康情绪的根本。只有善于调控自己的情绪,才能够有效地培养健康的情绪;只有培养好健康的情绪,才能有助于身心的

阅读随感　健康。

情绪的自我调控是心理调控的一个方面。情绪的自我调控就是通过积极发挥个体的主观能动性，以心理技巧对自己的情绪状态进行调节和控制使之改变的过程，或者是调整情绪的强度，或者是改变情绪状态的性质，将消极的情绪状态转变为积极的情绪状态。我们每个人自己的情绪是属于我们自己的，自己的情绪状态如何，只能靠自己调控。也就是说，情绪属于自己，自己才是情绪的主人。

情绪的自我调控，可以从情绪觉察、情绪表达、情绪管理三方面进行调控。

（1）情绪觉察。人之所以是人就是因为我们有各种情绪，没有情绪的人生是不真实的，情绪是让我们生命真正有价值的重要因素。当有各种情绪的时候，我们应该感谢情绪，它是帮助我们认识自己的身体和自我最好的方式。

我们要学会正确地面对情绪，当感受到不舒服的时候，我们要有意识地想想是什么让自己不舒服，这个不舒服里面具体都有哪些情绪，用言语帮助自己把这种不舒服的情绪表达出来，无须压抑或伪装自己的情绪，只有觉察到自己的情绪是什么，了解引发它的原因，找出有效的应对方法，才可以有效调节和管理自己的情绪。

觉察、接纳是情绪自由的第一步，也是接纳自己的开始，这是自我了解的过程，学会看到情绪背后自己真实的意图，才是根本。有时候情绪来得莫名其妙，找不到原因，这种情况可以让自己暂时转移注意力或者放松一下，让自己平静下来，度过这段时光，情绪自然而然就会回归正常。

（2）情绪表达。觉察到自己的情绪以后，还需要将自己的情绪以恰当的方式表达出来，主要有向当事人表达、向他人表达、向环境表达、向自我表达四个途径。

向当事人表达：谁让你产生了这个情绪，你就对他说出来，尤其是在亲子关系、朋友关系里，鼓励大家把自己真实的感受说出来。如果平时不表达，堆积之后就会大爆发，后果就会很严重。好的表达方式是以"我"开头，而不是以"你"开头。可以说"我感觉很委屈"，而不是说"你让我感到委屈"。以"你"开头，就容易让对方感受到指责，从而影响后续的沟通。

向他人表达：如果不方便向当事人表达，可以采用向他人表达的方式。

例如,如果在学校和老师发生了矛盾,自己很委屈、愤怒,但又不能向教师说出来,这时候就可以找家人、朋友诉说出来。从心理学角度讲,如果把痛苦告诉你的朋友,你的痛苦就能减少一半。如果你家人、朋友里面没有这样的倾诉对象怎么办?那就可以去找心理咨询师。心理咨询起效的一个重要的因素,就是治疗师帮助来访者表达了压抑的情绪。

向环境表达:最常用的向环境表达的方式是运动、呐喊等方法。当心情不好时,做一些运动,出点汗,会让人感到畅快淋漓、身心轻松。"喊山""喊海"等方式,都可以释放内心压抑的情绪。学校心理咨询中心一般都配置有"宣泄室",可以在里面尽情踢打喊叫,也是不错的向环境表达情绪的方式。

向自我表达:向自我表达就是自己看到自己的情绪,也就是我们前面提到的觉察情绪的过程。觉察本身,就是一种情绪的表达。情绪觉察力提高以后,可以随时随地看到自己的情绪。如果在情绪刚开始起来的时候就能觉察,情绪就不会继续恶化,也就是人们所说的"不怕情起,就怕觉迟"。觉察太迟钝,容易导致更严重的情绪爆发。一滴水,任何人都可以挡得住,当一滴水变成一江水,人就挡不住了,情绪的洪水就会漫延成灾。

(3)情绪管理训练——合理情绪疗法。著名的心理学家埃利斯曾针对如何管理情绪提出了合理情绪疗法即情绪 ABC 理论。它的基本假设是我们的情绪根源于我们的信念、评价和解释,人同时具有理性和非理性的信念,人不是被事情本身所困扰,而是被其对事情的看法所困扰。A 代表刺激事件,B 代表个人持有的信念,C 代表情绪及行为反应,该理论认为事件本身(A)并不是情绪反应或行为后果(C)的原因,人们对事件的非理性信念(B)才是真正的原因。

我们要调整改善自己的不良情绪及行为,就要先找到情绪背后的非理性信念,并对非理性信念进行驳斥和辩论,找出其过于绝对化、以偏概全、糟糕至极的想法和思维方式,代之以理性的信念。非理性的信念可以通过自己训练、咨询等方式来转变认知,等到合理的信念慢慢出现,个体就会产生积极的情绪及行为,心理困扰因此消除或减弱,人也就会有愉悦充实的新感觉产生。

总之,情绪是一个通往内心渴望的通道,而这个渴望是我们成长的动力和方向。通过情绪,我们可以了解到我们自己内心所需,同时我们也能通过它了解到别人的内心,体察别人的感受和渴望,有助于和别人建立良好的关

阅读随感 系,所以学会管理自己的情绪至关重要。

三、打造阳光心态

心态是一个人对事物的反应倾向,折射出对生活的根本看法。心态决定命运,有怎样的心态,就有怎样的生活,就会有怎样的命运。

1. 成功是因为态度

如果我们将达成自己预期的目标称之为成功的话,那到底是什么造就了成功呢? 或者说决定成功的最关键性要素是什么呢?

这个问题一直困扰着很多人。现在就请大家思考这个问题:不管你认为的成功人士是谁,或者是哪些人,仔细分析一下,帮助他们成功的前三个决定性因素是什么?

如果你去问不同的人,很快就可以得出一大堆答案,因为决定不同人成功的关键性要素不尽相同。针对同样的问题,有人曾经做过上万人次的调查,经过分析归纳,发现其中似乎又有些规律:在这些因素当中有一大类因素与我们的自我取向有直接关系,我们将它定义为"态度因素",如积极、主动、努力、果断、毅力、奉献、乐观、信心、雄心、恒心、决心、爱心、责任心等,这类的因素大概要占80% 。另一类要素属于后天修炼所得,我们把它叫作"技巧因素"。例如,说善于处理人际关系、口才很好、有远见、创造力很强、技术很好、能力很强等,这类要素大概要占13% 。还有一些看起来是我们无权决定的所谓"客观因素",我们把它归入"其他类",如运气、机遇、环境、背景、长相、天赋等,这类要素大概要占7% 。既然决定成功的要素80% 都来自态度似乎我们已经可以得出一个结论:成功是因为态度。当然了,你也许可能会认为这一结论有一点点牵强,因为还有20% 非态度的因素,或许你会认为它们才是真正的决定性要素。

接下来我们研究一下"技巧因素"。例如,某人有善于处理人际关系的技巧,试想:为什么他的人际关系会很好呢? 其原因不外乎两点:第一,愿意与人接触;第二,他愿意真诚地与人相处。审视此两点,其本质依然是态度。相反,假设一个人用脑做人,而非用心做人,定然会日久见人心。用技巧与人相处的结果是我们得到朋友、得到信任的速度会很快,可是,失去朋友、失去信任的速度也会一样快,甚至更快。研究分析所有的技巧因素,都会得出一个同样的结论:态度与技巧之间其实就是因果关系。所有今天的技巧都根源于我们昨天练习技巧的态度。故此,13% 的"技巧因素"如果剔除时间因素就属于态度了,因此将 13% 的"技巧因素"加到 80% 的"态度因素"当中去,我们就会发现态度已经占了成功要素的 93% 。

用同样的方法分析占 7% 的所谓"客观因素",我们不难发现:客观因素肯定是影响成功的重要因素之一,但是真正决定今天的"客观因素"是如何在个人身上起作用的,一定不是"客观因素"本身,而是昨天练就把握"客观因素"的能力与技巧,是前天对待"客观因素"的态度。故此,即使是"客观因素",对于人的成功的影响而言,其本质依然是人们面对"客观因素"时的态度。到这里,我们可以得出我们的结论了:成功 100% 因为态度。

因为成功 100% 因为态度,所以,你有什么样的态度就会有什么样的世界;你有什么样的态度,你就会有什么样的人生。成功是因为态度,失败也是因为态度。

当然,我们说成功 100% 因为态度,并不等于说能力和技巧不重要,能力技巧跟态度都是一样重要,都是百分之一百! 但我们首先要有 100% 的态度,才可能练就 100% 的技能。

2. 态度有积极与消极之分

简单地说,态度没有对错之分,但却有积极与消极之别。积极、消极,一字之差,两种不同的态度造就截然不同的结果。

积极思维者:即使是在最艰难的时刻都能鼓励自己,并且会尽量用自己的积极情绪感染周围的同伴。永远积极乐观、从不抱怨,总是积极地寻求解决问题的方法,因此他总能让希望之火重新点燃。从不自我设限,因而能激发自身无限的潜能,整天都生活在正面情绪当中,时刻都在享受人生的乐趣。

积极思维者对事物永远都能找到积极的解释,然后寻求积极的解决办法,最终得到积极的结果。接下来,积极的结果又会正向强化他积极的情绪,从而又使他成为更加积极的思维者。

消极思维者:总是在关键时刻怀疑自己,散布疑云,会尽量将自己的消极情绪传染给他人,永远悲观失望,抱怨他人与环境,因为自己行为消极,最终会让仅有的希望彻底泯灭,常常自我设限,让自己本身无限的潜能无法发挥,整天生活在负面情绪当中,不能享受人生固有的乐趣。

阅读随感

消极思维者对事物永远都会找到消极的解释,并且总能为自己找到抱怨的借口,最终得到了消极的结果。接下来,消极的结果又会逆向强化他消极的情绪,从而使他成为更加消极的思维者。

种下"积极态度"的人,必将收获爱心、决心、信心、恒心、雄心、虚心、平常心、企图心、宽容心、进取心、老板心、创新、合群、无私、自律、务实、幽默、理解、信任、责任感、荣誉感、成就感、拼搏、坚强、真诚、贡献、豁达、乐观、开朗、沉着、热情、勇气、激励、果断等积极的硕果。而种下"消极态度"的人,则滋生混日子、推诿、绝望、宿命、被动、空谈、索取、懒惰、脆弱、妒忌、侥幸、自满、贪小、冷漠、犹豫、自私、自闭、急躁、拖沓、虚荣、愤恨、抱怨、犹豫、自卑、无聊、自大、懦弱、狭隘、找借口、易怒、虚伪、放纵、气馁、怕苦等消极的苦果。

其实,真正决定事物结果的根源并非该事物的本身,而是我们自己对该事物的认知、评价与解释,即一切的根源不是事物的本身,而是有权对该事物做出不同评价的我们自己。

我们可能无法改变风向,但我们至少可以调整风帆;我们可能无法左右事情,但我们至少可以调整自己的态度。

3. 塑造积极态度的方法

培养积极、阳光、向上的心态有助于大学新生适应大学生活和发展自己。那我们怎么样才能塑造积极的心态呢? 这里介绍一个"三步法"。

(1)接纳自我。所谓接纳自我,就是对自己的优点和缺点、对自己的成功和失败、对自己的顺境和逆境等均欣然接受的一种态度。

俗语说:金无足赤,人无完人。再优秀的人也会有缺点,即使表现不怎么样的人也会有闪光点。接纳自我就是对自己要容纳百川、正确对待,它是最基本的健康心态。接纳自我者会主动选择自己的意焦(注意的焦点)。即凡事积极思考,将注意的焦点完全集中在你要的结果上,而不是不想要的地方。

(2)充满自信。在接纳自己的基础上,需要锻炼提高自己的能力。接纳自我,再加上能力,这就构成了自信的两大基石。

有时候人们会陷入这样一个怪圈:能力差,所以没有自信;因为缺乏自信,又会影响能力的发挥,如此恶性循环。这时候就需要我们勇敢地接纳自我,打破怪圈,告诉自己:"现在我的能力确实不够强,但我会尽力去做,这次要比上次做得更好。"

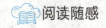

自信,就是要相信"我能""我能行",而这一点是建立在对自己的理性评价基础上的。与过去相比有所进步、有所提高就好。不是非要比别人强才算成功,更不是要过于在意他人的评价和认可。

培根说过:"幸福之神有两个女儿:一位叫自信,一位叫光荣。自信诞生在自己的心中,光荣则降生在他人的心目中。"如果自己都不认可自己,又怎能得到别人的认可呢?

(3)模仿卓越。即模仿成功者的态度。向成功者学习,系统模仿成功者的态度,是快速成功的最佳策略。这里罗列十种成功者的态度以引发大家的思考。

决心:决心表示没有任何借口。改变的力量源自决定,人生就注定于你做决定的那一刻。决心是最最重要的积极心态,成败皆由决心所致。

企图心:对达成自己预期目标的意愿。正如苏格拉底所言:"要成功,你必须先有强烈的成功欲望,就像你有强烈的求生欲望一样。"美国著名作家杰克·伦敦有一篇短篇小说《热爱生命》,它之所以脍炙人口,深入人心,就是因为主人公表现出了人类心灵深处那种强烈的求生欲望。

主动:今天,社会竞争无处不在,而竞争的本质特性就是主动地去获取主动权。成长途中应该学会主动出击,而不可被动等待,否则,必将错失机遇。

热情:也就是你对你所做的事情充满持续的热情。

爱心:内心深处的爱是你一切行动力的源泉。没有爱心的人,不会有太大的成就。你有多大的爱心,决定你有多大的成功。

学习:社会的核心竞争力,已经发展为学习力的竞争。生活在知识经济时代的当代大学生要想获取良好的成长空间,除了不断学习、不断进取,别无选择。

自信:自信不是你已经得到了才相信自己能得到,而是还没有得到的时候就相信自己一定能得到的一种态度。

自律:人人崇尚自由,然而自由的代价是自律。当然,懂得自律的人也才会真正明白:自律,是人生的另一种快乐。

顽强:用你敏锐的目光去发现机遇,用你果敢的行动去抓住机遇;用你持续的毅力把机遇变成真正的成功。持续的毅力就是你顽强的意志力。

坚持:坚持之意义与价值毋庸多言。当然,坚持不是顽固不化,而是执着于目标而不固执于行为。

第三节　走近"心理咨询"

　　刚刚来到新学校,如果发现自己不能很好地适应学校生活,或者学习上遇到了一些困难,与同宿舍的人相处不愉快,发现自己的性格有些变化,变得沉默、抑郁、经常哭泣甚至有辍学的想法时,或者当心理压力过大,内心冲突激烈,通过自我调节的方式已经很难奏效。这时应主动、及时地寻求心理咨询的帮助,学校开设的心理咨询室能够为遇到心理困扰的学生提供专业的咨询。但很多学生对心理咨询存在片面甚至错误的认识,不愿或不敢去心理咨询室,怕背上"心理有病"之名,被人议论,致使心理问题越来越严重,延误时机。下面我们就来了解一下什么是心理咨询以及如何正确看待心理咨询。

一、心理咨询的概念与功能

　　心理咨询最早应用于 20 世纪初,是以维护人们的心理健康为目标和内容的一种专业工作,是心理学为社会服务的一个重要领域,也是一门正在兴起并日益受到人们重视的新学科。

1.心理咨询的概念

　　心理咨询是受过专门训练的咨询人员运用心理学的理论与技术,遵循心理学原则,通过各种技术和方法,帮助来访者解决心理问题,最终达到助人自助的效果。

　　首先,心理咨询是一种在心理学有关理论的指导下开展的活动,以各种心理治疗理论及人格心理学、变态心理学等作为理论基础;其次,心理咨询也是一种手段和过程,是帮助来访者提高自我认识、增强自主能力、解决心理问题以促进其适应和发展的咨询过程,往往并不是一两次就能解决问题,通常分为心理评估、心理帮助、结束巩固三个阶段;再者,心理咨询过程中需要咨询师与来访者建立良好的人际关系,咨询师对来访者的共情、理解和尊重,能够使来访者愿意敞开心灵的大门,并通过咨访关系达到心理改善的效果。

　　在心理咨询中,最常见的方式就是倾诉。通过对情绪的宣泄,来帮助来访者学会管理自己的情绪，找到缓解情绪的有效方法，帮助来访者释放心头的压力。

阅读随感

一般情况下，心理咨询师会针对来访者带来的不同的问题，应用不同的方法使他们学会从不同的角度去思考问题，帮助他们统整自己，并找到解决问题的良方，使那些深陷生活旋涡、背负沉重心理压力、思路常常堵塞的来访者，能够打开心路，更加正确地对待自己，增强自信心，学会处理好纷繁复杂的人际关系，重新拥有健康的心态和人格，最终达到助人自助。

2. 心理咨询的功能

心理咨询的功能是能够为来访者提供全新的人生经验和体验，可以帮助他们更清晰地认识自己，认识自己的内部世界和外部世界的冲突，逐渐改变自己对外界不合理的思维、情感和反应方式，有机会促进自我反思，获得心理的自由，学会面对现实，并能够处理好各种人际关系，提高学习效率，付诸有效行动，改善生活状态，以便更好地发挥个人的内在潜力，发现人生的意义，获得内心的满足，最终实现自我的价值。

在心理咨询的过程中，来访者的爱的能力得到了恢复，重新感受到被爱、被关注、被肯定的积极情感。他们惊喜地发现：原来生活是这样的美好，快乐是可以去学习的。

从某种角度上来说，心理咨询起源于对人生基本命题的探索，如果人的使命感、责任感和伦理感丧失了，人就不会有真正的心理健康。

二、正确看待心理咨询

大部分人对于咨询最大的误解就是只有不正常的人才需要心理咨询。因此，当有人提到要去做心理咨询时，大多数人的第一反应就是这个人的心理一定是有问题了，心理有问题就是丢人的，所以就把做心理咨询等同于丢人。很多人可以坦然地面对自己身体上生病，如感冒发烧，可却不太能够接受自己心理感冒，这是一种认识上的偏见。正常人也同样会出现各种各样的心理问题，也可能有个人成长方面的需求，学业、情感、人际方面的困惑等。所以，我们心理咨询的对象是有着正常心理困扰的正常人。

其实任何一个人，都有可能在某个阶段遭遇某些方面（如读书考学、环境适应、情绪情感、人际关系、自我认知等）的不顺、挫折或打击，由此而产生相应的困惑、烦恼和痛苦。很多时候，种种负面情绪披着一件叫作"压力"的外套，张牙舞爪地攫夺你的身心健康，令你感到沮丧、厌倦、易怒、疲惫、不自由、失去活力和创造力，饮食与睡眠均受到影响，并且好长一段时间都没有得到改善，那么，我们可能需要找心理咨询师交流一下。

如果这些状况不影响正常的社会功能，主客观一致，知情意协调，人格也基本完善，请不要轻易说自己"心理有病"。因为我们每个人都有可能出现以上状况，这被称为"一般心理问题"。通常，咨询师在了解完情况并与你达成咨询协议后，会运用自己所学的方法（精神分析、认知行为、人本主义、系统家庭等心理咨询技术）为你咨询，注意是咨询而不是聊天，不要把咨询当作是一种闲聊。同时，要了解心理咨询师不可以进行抑郁症、焦虑症等心理疾病的诊断，当然也没有处方权，不可以开药。

如果一个人已出现诸如幻觉、错觉、妄想、哭笑无常、行为怪异、社会功能严重退化等症状，这可能是真正意义上的心理障碍或精神分裂，则应该尽快去医院就诊。

三、大学生心理咨询的原则、特点和内容

1. 大学生心理咨询的原则

（1）咨询保密原则。学校心理咨询师有责任对来访学生的咨询内容给予保密，遵守咨询伦理规范。只有这样来访学生才会打消顾虑，将积压在心里的难以向他人启齿的"秘密"袒露出来，也只有如此，咨询师才能走进来访学生的内心，从而发现问题所在，并与来访学生一起，共同找到问题解决的办法。咨询师要在咨询开始前向来访学生解释并保证咨询的内容是保密的，但当学生出现自残、自伤或者伤人行为时也会涉及保密例外。

（2）积极倾听原则。在咨询中，咨询师应集中精力积极倾听学生的讲述，给学生充分、足够的时间和机会讲完要讲的话。一般来说，积极倾听本身就会起到积极的安慰作用，学生通过讲述宣泄心中的不快和苦恼使自己的精神压抑得以解脱。当其倾诉了大量痛苦的内心体验后，咨询师应表示同情、理解与支持，对他们的各种误解和担心要给予耐心的有说服力的解释，必要时给予心理上的支持，树立他们的信心，使他们看到希望。

（3）助人自助原则。助人自助原则有两层意思：首先，咨询师的咨询不是

为来访学生出主意,想办法,而是帮助来访学生自己想清楚问题的所在,从而找出解决问题方法的过程,因此,助人自助原则指通过心理咨询帮助来访学生增强自己帮助自己的能力,给他"渔"而不是"鱼";其次,咨询师的咨询不仅可以帮助学生增强自己帮助自己的能力,在咨询过程中也可以使自身的咨询技能和心理健康水平得到提高。

(4)非指导性原则。非指导性原则是指咨询师对来访学生所咨询的问题不做直接的建议或指示,有助于加强学生自助能力的培养。作为学校心理咨询师,在咨询中,首先要放弃对学生的"权威"影响,应该把自己作为学生信任、有共同语言的"参谋""益友"。这样,一方面可以保持师生的平等友谊地位,产生最大的沟通效应;另一方面可以启迪学生的思维,提高学生的识别能力,使其自己掌握解决问题的主动权。

(5)非批评性原则。非批评性原则是心理咨询的重要咨询原则之一,同时也是一些咨询师容易忽略的。非批评性原则主要指对学生所暴露的思想、行为表现不给予任何批评和是非评价,而是鼓励学生去自我认识、自我评价,自己判断自己的思想、行为表现。无论来访学生说什么,咨询师都不要以道德的观念去评判事情的对错,来访学生所做的一切都是有他的理由的,咨询师应当对来访学生抱着积极、关注的态度,不冷漠,不攻击,充分尊重来访学生。

(6)共情性原则。共情性原则是指咨询师设身处地体会到来访学生的某种情绪、情感体验,能够将自身投射到来访学生的心理活动中去,分享其对外界事物的心理反应,以达到认知、情感与意向上的统一。共情是心理咨询成功的核心,也是其成功的前提条件。共情会使学生产生对咨询师的信任,消除其精神顾虑和负担,真正打开学生的心扉,使心理咨询顺利有效地完成。

2. 大学生心理咨询的特点

大学生心理咨询除了具有一般心理咨询活动通常的特点和作用外,在高校育人活动中还有其自身的特点。

第一,就内容而言,大学生心理咨询主要关注的是大学生的适应性和发展性的心理问题。高校除了开展心理咨询活动外,还开展各种心理知识宣传教育活动,指导所有大学生预防心理问题,增进心理健康。

第二,就对象而言,高校心理咨询的对象主要是处在青春后期的大学生。

阅读随感

与同龄人相比,大学生既有青年人的共性,又有其自身的独特性。面对人生的诸多重要课题,承载着社会和家庭的殷切期盼,大学生有着独特的发展任务和压力、挑战。有针对性的心理咨询和心理健康教育有助于大学生顺利度过人生中这一重要阶段。

第三,就咨询方法而言,大学生心理咨询以团体咨询与个别咨询相结合的方式,存在着较为轻微的心理问题的大学生可以通过参加团体咨询得到解决。

3. 大学生心理咨询的内容

学校咨询室主要设立有适应咨询、学习咨询、人际关系咨询、情绪情感咨询、就业咨询、发展咨询等项目,咨询的内容主要是心理发展咨询和心理适应咨询,个别也会涉及心理障碍咨询,具体来说主要包括三方面。

(1)心理发展咨询。这类咨询的学生心理比较健康,无明显心理冲突,能够基本适应环境。心理咨询的目的是帮助来访者增强认识能力,更好地认识自己,挖掘自己的潜力,提高学习和生活的质量,追求更完善的发展。大学生心理咨询中常见的发展性咨询主要是学业发展咨询和职业生涯规划发展咨询。

(2)心理适应咨询。这类咨询的学生是心理基本健康,但在生活中有各种烦恼、心理上有矛盾。例如,因环境改变导致自我认识的失调,因学习成绩不如意而焦虑担忧,陷入失恋的痛苦难以自拔等。对此,心理咨询的目的是帮助大学生排解心理困扰,减轻心理压力,提高适应能力。

(3)心理障碍咨询。这类心理咨询的学生是患有某种心理疾病,如焦虑症、强迫症等,为此苦不堪言,影响正常生活,损害社会功能。精神科或心理科医生对其进行了心理诊断并开具药物治疗,在此基础上,为了缓解学生的不适和痛苦,学校心理咨询可提供心理疏导的心理服务,帮助学生缓解症状,克服障碍,恢复心理平衡。在此需要强调的是,针对有心理疾病或者精神障碍的学生,正规的心理治疗需要在专科医院由心理治疗师进行,而学校心理咨询师只是提供心理恢复期的情绪疏导等咨询服务。

四、学校心理咨询中心总体设置

1. 心理咨询中心设计目标

学校心理咨询中心的目标不仅仅是帮助心理存在困扰的大学生尽快缓解心理压力和消除心理危机,更重要的是引导大学生的心理平衡发展,帮助

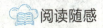

大学生健康成长。根据埃里克森人格发展的八阶段理论,针对大学生的人格发展特点,通过心理咨询和心理辅导,促使个体在适应的基础上获得最有效的发展,促进大学生自我认同的发展和人格的完善,提高大学生的自助能力,促使其各种潜能得以充分发挥,真正的成长成才。

2.心理咨询中心建设原则

科学性:以皮亚杰、埃里克森的发展理论为基础,参照颜色心理学理论、认知疗法和情绪疗法,设计心理咨询室每个功能区的颜色、布局和内涵。

通用性:心理咨询室的建设是根据大学生身心发展特点,面向全体学生,以全体学生的全面发展为中心,通过普遍开展个体辅导、团体辅导和活动辅导,逐渐提升对学生发展性问题的关注,发展学生对心理健康的积极认知,使其心理素质逐步得到提高。

针对性:关注个体差异,根据不同学生的不同需要开展多种形式的心理咨询或团体辅导,有针对性地提升其心理健康水平。

个性化:每所学校也可以针对学校学生发展特点、学校建设规划等因素量身定做心理咨询室建设方案,满足学校和学生多方位的需求,促进学校心理健康教育工作的开展和学生的健康发展,营造一种良好的学校氛围。

3.心理咨询室布局和功能划分

心理咨询室是为全校师生提供心理咨询、指导和服务的心理健康教育工作场所,需要相对完善且专业化的空间设施,科学规范的心理咨询室是心理健康教育工作的关键。因此,它对房间功能的设计布置有一定要求。

心理咨询室要选在安静的地方,同时要保证采光、通风条件良好,冬要保暖,夏要凉爽,不要太靠近办公区和教学区。设计以简洁、舒适为主,墙壁粉刷为暖色调,采光充足,窗外视野开阔,使咨询室显得温馨、亲切,以使来访或等候的学生感觉松弛、舒缓压力,更好地敞开心扉,促进双方的互动。

从空间布局和功能划分上来说,完善的心理咨询室一般包括预约接待室、个体咨询室、沙盘游戏室、心理宣泄室、心理测评室、团体辅导室、心理放松室等。

(1)预约接待室。接待室用于心理咨询开始前,有些初次来访的来访者精神状态往往比较紧张,如不缓冲一下,很难进入放松的情绪状态,这不利于心理咨询的顺利开展。预约接待室的设立就提供了一个让来访者充分休息

预约接待室

个体咨询室

沙盘游戏室

心理宣泄室

心理测评室

团体辅导室

或放松的空间，有利于下一步咨询的进行。

（2）个体咨询室。个体咨询室承担一对一的个别咨询功能或者一对多的家庭咨询。个体咨询室需要给来访者一定的安全感，使他们能够在心理咨询师面前真实地表达自己。咨询师与来访者的座位呈 L 形摆放，这样咨询师和来访者双方既能够互相捕捉到对方的目光，又不至于因为目光的直视导致来访者的紧张感，来访者能够在一种相对安全舒适的环境下真实地表露自己。

（3）沙盘游戏室。沙盘游戏是针对情感丰富的适应人群设计的行为表达性辅导技术。心理沙盘设备的构成包括：沙箱、沙子和沙具等必备的设备。借助沙盘，以游戏的方式呈现其内心的人际互动，进而了解其内心情感与情绪的真实状况，并使之在游戏过程中产生创伤愈合的效果。沙盘游戏室一般设置在与个体咨询室临近的地方，这样个体咨询室和沙盘室是相对独立的空间，同时又彼此连接在一起，当心理咨询师发现需要对来访者进行沙盘咨询时能够很方便地来到沙盘游戏室。

（4）心理宣泄室。宣泄室是指供来访者宣泄内心情绪的场地。最基本的原则是宣泄必须合理合法，要做到既不损人也不害己，并保持合适的度。设立宣泄室有助于将来访者内心冲突所产生的负性情绪、心理能量通过一个安全合适的途径和方式排解、宣泄出来，再结合心理咨询师的引导，促进个体的心理健康提高。宣泄室以舒适、安全为前提，可配上视频监控系统，墙壁要求软包，铺上地板，并配有宣泄器材。

（5）心理测评室。心理测评室主要是进行个体心理测试用，大批量团体测试可以通过多媒体电脑室进行，如每年新生入学时要集中进行心理普查，建立学生心理档案。心理测评室要保证安静独立，避免测评过程受到干扰，影响结果准确度。一般要配有心理量表、电脑和打印机，安装专业的心理软件系统，便于测评、建立心理档案和结果的统计分析，并配置有档案柜，以便相关资料的归档管理和保存。

（6）团体辅导室。团体辅导是在团体的情境下进行的一种辅导形式，通过团体内人际交互作用，促使个体在交往中观察、学习、体验，认识自我、探索自我、改善与他人的关系，学习新的态度和行为方式。团体辅导室作为开展团体心理辅导、心理沙龙、心理健康课、拓展训练的场所，面积大约 50～60 平方米，配可以挪动的桌椅，铺上地板，并配备有团体心理辅导活动的器材。

（7）心理放松室。放松室主要是通过放松技术帮助来访者缓解各种压力和情绪的场地。放松技术是通过专业的放松训练让来访者学会心理和生理放松的一种技术，是常用的一种行为治疗方法。放松室一般配备有音乐减压治疗系统，利用音乐对情绪和心理的影响，使来访者在咨询师的指导下产生平静放松的情景想象，达到缓解和消除焦虑、紧张等不良情绪，促进身心放松，提高应激能力。

阅读随感

音乐放松室

4.心理咨询人员组成

学校心理咨询中心至少需要1~2名受过心理咨询系统培训的专职老师和数名兼职咨询师。咨询室人员还可以包括具有一定心理学知识和技能的辅导员、经过培训的心理社团成员和学生志愿者等，主要从事咨询预约、值班、相关团体辅导活动辅助工作等。专兼职心理咨询师从事心理咨询都需要具备规定的任职资格，考取相应的心理证书，并遵守心理咨询中心的规章制度和伦理规范。

总之，每个人在人生的不同阶段都有可能遭遇不如意的事情，作为大学新生，我们如果发现自己通过努力也无法很好地调控自己的情绪状态时，不妨选择学校的心理咨询，和咨询师去谈一谈，一起去探索在我们的生活里发生了什么。

【乐学善思】

1.你觉得自己的心理健康吗？从哪些方面来衡量自己的心理健康状况？

2.你在进入大学以后遇到了哪些心理困扰？你是怎么进行心理调适的？

3.你了解心理咨询吗？你觉得什么情况下需要进行心理咨询？

【知行合一】

1.谈谈可以通过哪些途径来正确地认识自我？并试着做一下来更好地认识自我。

2.选择你认为最有效的情绪调控的方法，在生活中练习并掌握。

参考文献

[1]安民.深刻把握新时代坚定理想信念的实践路径[N].光明日报,2020-06-18(003).

[2]教育系统关于学习宣传贯彻落实《新时代爱国主义教育实施纲要》的工作方案[J].人民教育,2020(05).

[3]沈小平.新时代爱国主义教育的行动指南:《新时代爱国主义教育实施纲要》解读[J].党课参考,2020(01).

[4]中共中央政治局召开会议审议《新时代爱国主义教育实施纲要》和《中国共产党党校(行政学院)工作条例》中共中央总书记习近平主持会议[J].人民教育,2019(19).

[5]刘萍.新时代加强大学生理想信念教育的有效策略研究[J].思想理论教育导刊,2019(07).

[6]李文娟.自媒体时代大学生理想信念教育实效性研究[J].学校党建与思想教育,2019(07).

[7]冯建军.以理想信念教育铸就时代新人之魂[J].人民教育,2018(22):13-16.

[8]曾狄,刘帅.论高校思想政治教育的三重底色[J].学校党建与思想教育,2018(09):30-34.

[9]马东东,韩春鸿.新生入学教育文献综述[J].求知导刊,2017(31):38-39.

[10]龚雪,艾想.合理增负背景下新生入学教育探索与实践[J].才智,2020(13):121.

[11]高红为,张克森,邹仲平.论三全育人视域下的高校新生入学教育[J].高校后勤研究,2020(04):73-74.

[12]蒋英,张亚环,李德敏.立德树人背景下大学新生入学教育面临的困难及对策研究[J].科技风,2020(12):254.

[13]赵志清.大学新生入学教育需求分析[J].大学教育,2020(05):50-52.

[14]王静飞."00后"大学新生入学教育的问题与对策研究[J].当代教育实践与教学研究,

2020(06).

[15]游忆.我国大学生学习策略的现状、影响因素与提升路径[J].湖北经济学院学报（人文社会科学版）,2020,17(05).

[16]史秋衡,郭建鹏.我国大学生学情状态与影响机制的实证分析[J].教育研究,2012,33(02).

[17]畅肇沁.大学生学习特点探究[J].山西师大学报（社会科学版）,2010,37(05).

[18]张红丹."慕课"背景下大学生学习方式的转变[J].教育评论,2015(01).

[19]杨娟娟,郭雯俏,林雪丽,欧玉莹,吴安仪,丘碧群.大学新生适应与人际信任和孤独感的相关研究[J].价值工程,2020,39(01).

[20]李微光,马维娜.团体辅导促进新生宿舍人际关系的研究[J].运城学院学报,2019,37(04).

[21]靳义君.亲子依恋、社交焦虑及主动性人格对大学新生人际关系的影响[J].西北师大学报（社会科学版）,2019,56(05).

[22]张亚宁,彭海豪.大学生时间管理倾向在自我意识和学习适应性之间的中介效应:基于某中医药大学新生心理健康调查[J].山西高等学校社会科学学报,2020,32(01).

[23]罗杰,刘振会,袁方舟,谢恩慧,马源,乌云特娜,七十三.大学新生时间管理倾向的潜剖面分析[J].中国心理卫生杂志,2019,33(07).

[24]白华.大学新生休闲教育的内涵、价值与路径[J].国家教育行政学院学报,2016(05).

[25]毕淑敏.心灵七游戏[M].长沙:湖南文艺出版社,2018.

[26]岳晓东.登天的感觉[M].北京:民主与建设出版社,2018.

[27]理查德·格里格,菲利普·津巴多.心理学与生活[M].北京:人民邮电出版社,2016.

[28]罗西·马奇-史密斯.拥抱你的内在小孩[M].北京:机械工业出版社,2020.

[39]岸见一郎,古贺史健.被讨厌的勇气[M].北京:机械工业出版社,2020.

[30]亚隆.给心理治疗师的礼物[M].北京:中国轻工业出版社,2015.